普通高等学校"互联网＋"立体化教材

# 航空体育教程

李成杰　等◎主　编

北京体育大学出版社

策划编辑：邓梓维
责任编辑：宋志华
责任校对：杨　洋
版式设计：高荣华

## 图书在版编目（CIP）数据

航空体育教程 / 李成杰等主编 . -- 北京 : 北京体育大学出版社 , 2021.4（2024.8 重印）
ISBN 978-7-5644-3329-1

Ⅰ . ①航… Ⅱ . ①李… Ⅲ . ①航空运动 – 体育 – 高等学校 – 教材 Ⅳ . ① G875

中国版本图书馆 CIP 数据核字 (2020) 第 018656 号

## 免责声明

本书创作初衷是向大众提供有用的信息和知识。所有内容（包括但不限于文本、图形和图像）仅供参考及学习交流使用，不能用于对任何特定疾病症状的医疗诊断、建议或治疗。所有读者均不应参考本书所有内容作为诊断、治疗、预防、康复、使用医疗产品或其他产品的建议或意见。作者和出版社竭尽所能实现本书内容上的专业性、严谨性、合理性，且不特别推荐任何治疗方法、方案和相关内容。在此特别声明，对于因使用本出版物中的任何内容而造成的损伤及直接或间接产生的与个人或团体相关的一切责任、损失和风险，作者与出版社均不予承担。

**航空体育教程**
HANGKONG TIYU JIAOCHENG

李成杰　等　主　编

出版发行：北京体育大学出版社
地　　址：北京市海淀区农大南路 1 号院 2 号楼 2 层办公 B-212
邮　　编：100084
网　　址：http://cbs.bsu.edu.cn
发 行 部：010-62989320
邮 购 部：北京体育大学出版社读者服务部 010-62989432
印　　刷：艺堂印刷（天津）有限公司
开　　本：787mm×1092mm　1/16
成品尺寸：185mm×260mm
印　　张：16
字　　数：399 千字
版　　次：2021 年 4 月第 1 版
印　　次：2024 年 8 月第 4 次印刷
定　　价：45.00 元

# 《航空体育教程》编委会

主　审　杨鸣亮

主　编　李成杰　王　飞　刘帅元　刘克银

副主编　刘玉婷　刘　琰　王　杰

编　委　（按姓氏笔画排序）

成　静　李志超　李樟杨　杨岚凯

邹益明　宋法明　张　平　张　敏

周　翔　殷　帅　崔天意　程　刚

熊　洁

# 前　言

　　航空体育作为民航院校飞行学生的基础必修课，是一门涵盖运动训练学、运动生理学、运动解剖学、运动生物力学、航空心理学、航空医学等多学科知识的交叉学科。航空体育教育，在目标设置上，不仅需要符合普通高等学校人才培养的总体要求，还要满足飞行员培养的特殊要求；在形式和内容上，既要有对学校传统教育思想的扬弃，又要在不断地探索中进行创新和发展。经过半个多世纪的积淀和演变，航空体育已然成为一门行业独有、个性鲜明的特色课程。

　　弦歌不辍，薪火相传。经过几代人的不懈努力，我国的航空体育理论与实践研究取得了丰硕成果，为我国高等教育事业发展和民航飞行安全的稳定作出了巨大贡献。同时，伴随现代教育思想观念的革新和信息科学技术的发展，航空飞行领域出现了许多新理念、新技术和新方法，给航空体育教学提出了新的要求。因此，与时俱进地对航空体育理论与实践体系进行梳理和完善势在必行。

　　本教材理论与实践紧密结合，系统地介绍了航空体育的基础理论和实践操作方法，具有较强的针对性、实用性和科学性。

　　本教材得到了中央高校教育教学改革专项课程（编号：E20180214）的资助。编者在本教材的相应章节添加了二维码。学生可以通过扫描二维码，观看相应的技术动作视频，有助于学生理解和掌握运动项目的动作要点，具有很强的直观性和可视性，体现了"互联网+"的立体化教学模式。

　　在编写本教材的过程中，中国民用航空飞行学院的王旭、舒雁滨、黄波给予了编者许多专业指导和建议，航空体育教研室全体同仁在繁重的教学之余提供了大力的支持与帮助，在此深表感谢。

　　在编写本教材的过程中，编者参考了许多前辈和同行的研究成果，在此，谨向相关作者致以诚挚的谢意。北京世纪超星信息技术有限责任公司为本教材的出版也提供了很多支持，在此一并致谢。

　　书中疏漏之处在所难免，恳请广大读者批评指正。

# 目 录

# 第一章

# 体育概述

## 第一节 体育的概念与发展

### 一、体育的概念

#### （一）体育概念的由来

体育虽然有着悠久的历史，但是"体育"一词出现得较晚，不同时期，各地区对体育的称谓也各不相同。在古希腊，人们往往用"体操"来表示体育，其含义不同于现代的体操，它包括当时所有的身体练习，如拳击、奔跑、投掷、角力等。在我国古代，人们用"养生""导引""武术"等词汇表示体育。后来在英国，"physical education"，即身体教育，被广泛地接受和应用。17—18世纪，体育运动不断发展，从而使体育运动不断传播，人们开始关爱自我，关心身体。到了19世纪，教育发达的国家普遍使用了"体育"一词。

#### （二）现代体育概念的界定

##### 1. 国外对体育的界定

20世纪60年代以前，国外把体育界定为通过身体进行的教育。20世纪60年代中期，体育被学者认为是人类运动的技艺与科学。20世纪70年代以后，体育的概念开始出现泛化。有的学者认为人类运动就是体育。人们对体育概念的探讨多了起来。体育的概念大体可归纳为以下3种：① 体育是促进人类健康发展的教育；② 体育是促进人类全面发展的教育；③ 体育是开发人类运动潜能的活动和制度的总称。

##### 2. 我国对体育的界定

"体育"一词于20世纪初被引入我国。"强国之道，首重教育，教育之本，体育为先"是当时大多数教育家的共识。1904年，《湖北幼稚园开办章程》提出："保全身体之健旺，体育发达基地。"1905 年,《湖南蒙养院教课说略》提出:"体育功夫,体操发达其表,乐歌发达其里。"

### (三)体育的广义概念和狭义概念

综合而言,体育有广义和狭义两种概念。

(1)广义的体育即体育运动,是以身体练习为基本手段,以增强体质、促进人的全面发展、丰富社会文化生活和促进精神文明为目的的一种有意识、有组织的社会活动。它是社会文化的一部分。其发展受一定的社会政治、经济的制约,又为社会政治、经济服务。广义的体育包含 3 个方面:① 以身体练习为基本手段。体育是一种肢体运动,这是最基本的,没有身体运动,就不能称之为体育。② 体育的目的性。体育最直接的目的就是增强人的体质,促进人的全面发展,以及满足人们的精神需求。在我国,体育对精神文明建设有着极大的促进作用。③ 体育是一种有意识、有组织的社会活动。体力活动指任何由骨骼肌收缩引起能量消耗的身体运动,包括走路、爬楼梯、劳动、体育运动等。体育运动是指有计划、有组织、重复的体力活动,以保持和提高体适能为目的。

(2)狭义的体育即体育教育,是通过身体活动增强体质、传授锻炼身体的知识和技能、培养道德和意志品质的有目的、有计划的教育过程。它是教育的组成部分,是培养全面发展的人的一个重要方面。

本书中使用体育的广义概念。

## 二、体育的发展

### (一)世界体育发展简况

#### 1. 古代体育

(1)古埃及、古巴比伦、古印度和古代中国的体育特点。

古埃及,地处尼罗河下游;古巴比伦,地处两河(幼发拉底河和底格里斯河)流域;印度河与恒河流域是古印度文明的发祥地;黄河与长江流域是古代中国文明的发祥地。这些地区的生活环境较为安定,形成了其宁静淡泊的民族特点。正因如此,这些地区的体育活动多偏重于保健养生。印度的瑜伽、埃及的保健术、中国的健身气功和武术都是有代表性的古代体育项目。

(2)古希腊的体育特点。

古希腊是典型的临海国家,海运便利、商业发达。城邦经济、文化的繁荣和城邦间频繁的战争促进了古希腊体育的繁荣。其中具有代表性的是斯巴达体育、雅典教育和古代奥运会。

斯巴达体育的特点是军事体育。斯巴达城邦规定,每个婴儿都属于国家,婴儿一出生就要经过严格的身体检查,选出健康的婴儿。这些健康的儿童,7 岁前由父母代替国家抚养,进行初步教育;7 岁后被送往国家设立的学校接受教育,直到成年;满 18 岁时举行成人礼，通过考试的人方可进入士官团接受正规的军事训练；20 岁时，须宣誓效忠国家，并开始服兵役；30 岁，获得公民权，可以结婚，但仍然住在兵营，直到 60 岁年老体弱为止。

雅典教育注重培养身心和谐发展的公民。雅典是古希腊体育最发达、最先进的城邦。在那里，人们把体育与德育、智育、美育结合起来，形成了完整的教育体系。雅典人进行身体训练不仅为了军事备战，还为了使身材健美匀称、动作协调灵活。雅典人全面发展的健康体育观，对后世产生了深远的影响。

古代奥运会代表了古希腊体育运动的最高成就。奥林匹亚位于希腊伯罗奔尼撒半岛西部，阿尔菲奥斯河北岸，是古代奥运会的遗址。古代奥运会从公元前 776 年到公元 393 年，共举办了 293 届，历时 1169 年。

（3）欧洲中世纪体育的特点。

中世纪是指从公元 5 世纪后期到公元 15 世纪中期，是欧洲历史三大传统划分（古典时代、中世纪、近现代）的一个中间时期。这个时期的西方上流社会流行骑士精神，骑士教育便应运而生。

王权的统治者为了维护统治，对以军事为目的的骑士教育予以肯定。骑士教育的主要内容即"骑士七技"，包括骑术、游泳、投枪、击剑、狩猎、吟诗、弈棋。

**2. 近代体育**

14—18 世纪，经过文艺复兴、启蒙运动，资产阶级在意识形态和文化领域里取得了对封建文化的决定性胜利，为近代体育的形成和发展奠定了思想理论基础。

19 世纪，席卷欧洲的工业革命和战争对各国的生产和生活都产生了强烈的影响。各国出于强国强民的需要，开始重视体育。正是在这种背景下，各国加快了体育的社会化进程。在德国和瑞典，体操最先走出学校范围，形成了影响较大的两个体操体系：德国体操体系（以器械体操为主）和瑞典体操体系（以解剖学、生理学为科学基础）。在英国，出现了深受人们喜爱的户外运动，包括狩猎、钓鱼、射箭、登山、赛艇、帆船运动、游泳、跑步、跳高、跳远、投掷重物、足球、高尔夫球、曲棍球、网球、橄榄球等。德国和瑞典的体操体系同英国的户外运动一起，成为欧洲近代体育的三大基本组成部分，也成为当时世界体育活动的主要内容。

**3. 当代体育的发展和特点**

（1）当代体育的发展情况：① 体育越来越成为全社会的需要，成为人们生活的需要；② 学校体育成为体育事业的基础，越来越受到人们的重视；③ 现代竞技体育向国际化和高水平发展的趋势越来越显著；④ 体育科学研究高速发展。

（2）当代体育的基本特点：① 当代体育组织体系化；② 当代体育手段科学化；③ 当代体育发展全球化；④ 当代体育形式和内容多样化。

## （二）中国体育发展简况

中国体育的发展与社会的发展有着紧密的联系，体育伴随着中国几千年的历史演进不断发展变化。

### 1. 蓬勃兴起——奴隶社会

中国的奴隶社会时期是指夏、商、周时期。

这一时期的体育特点：① 军事体育发展较快；② 学校体育开始萌芽；③ 娱乐性体育活动开展；④ 哲学思想、军事思想、教育理论、体育思想与实践交融。

### 2. 跌宕起伏——封建社会

中国的封建社会时期一般是指从中国古代战国初期到清朝后期（鸦片战争前）的历史时期。这一时期的体育在不同朝代具有不同特点。

（1）战国时期：① 社会制度发生更替，注重体育发展；② 军事谋略思想盛行，重视步兵、骑兵、车兵、水兵等的军事训练；③ 医疗体育、养生体育、民间体育有所发展。

（2）秦汉时期：① 哲学思想影响体育发展；② 宫廷和民间的娱乐性体育活动丰富多彩。

（3）三国、两晋、南北朝时期：人们忽视体育运动。

（4）隋、唐、五代时期：① 社会制度创新促进体育发展；② 体育开展的范围广、规模大；③ 经济繁荣、社会发展使得体育场地和器材得以改进；④ 导引术、养生保健有新的发展；⑤ 创立武举制，军事武艺有所进步；⑥ 民间体育活动盛行。

（5）宋朝时期：① 沿袭武举制；② 开始出现体育图书的出版；③ 哲学思想束缚了体育发展。

（6）明朝时期：军事方面实行卫所制度，主张"农时则耕，闲时练习"，因此，粮多兵强，武艺得到发展。制度的创新促进了明朝体育的发展。

（7）清朝时期：沿袭武举制，政策导向促进体育发展。

### 3. 发展缓慢——清朝末期及民国时期

19世纪中叶到20世纪中叶是我国体育发展缓慢的时期。

清朝末期，内政腐败，外患频发，中国封建社会制度逐渐瓦解。鸦片战争以后，大量鸦片的输入，毒害了广大人民的身体，同时清政府为了维护其统治，"禁民习武"，致使大众体质日衰，体育的发展在此时也几乎停滞。

民国时期，人们的运动技术水平极低，开展的项目屈指可数。中华人民共和国成立之前，全国连一套标准的体操器械都没有，4次参加奥运会均未取得可喜成绩。

### 4. 复兴与快速发展——中华人民共和国成立后

中华人民共和国成立以后，社会稳定，经济发展，人民的生活水平不断提高。体育在这一时期逐渐复兴并快速发展。此时期的体育发展可大致分成4个阶段。

（1）第一阶段：初建基业阶段（1949—1956年）。

① 明确体育的方针、任务。1949年9月，中国人民政治协商会议第一届全体会议通过了《中国人民政治协商会议共同纲领》，其中明文规定："提倡国民体育。"10月，在北京召开了中华人民共和国第一次体育会议——全国体育工作者代表大会。1951年8月，中央人民政府政务院（1954年改称中华人民共和国国务院）公布了《关于改善各级学校学生健康状况的决定》，指出："增进学生身体健康，乃是保证学生完成学习任务，并培养出有强健体魄的现代青年的重大任务之一。"1952年，毛泽东同志为中华全国体育总会题词：发展体育运动，增强人民体质。

② 成立了体育组织机构，制定了体育制度。1952 年，国家体育运动委员会（1998 年改组为国家体育总局）成立。这一时期，我国成立了 6 所体育学院和 11 所体育学校，恢复了 38 所高等师范院校的体育系科。在体育制度方面，试行和推广了《准备劳动与卫国体育制度暂行条例》《中华人民共和国运动员等级制度条例》《中华人民共和国裁判员等级制度条例》等。

（2）第二阶段：两个高潮（1957—1966 年）。

第一个高潮：第一届中华人民共和国全国运动会（以下简称"全运会"）。这一阶段，我国体育思想和运动技术双丰收。1960—1962 年，我国体育战线根据党中央提出的八字方针"调整、巩固、充实、提高"，采取有力措施，取得不菲成绩。例如，1960 年，我国登山队首次登顶珠穆朗玛峰，1961 年，我国选手获得第 26 届世界乒乓球锦标赛 3 项冠军。

第二个高潮：1963—1966 年。在这一时期，我国颁布了一系列适合我国国情的体育方针政策和措施，出现了以 1965 年第二届全运会为中心的第二个体育发展高潮。共 1177 次刷新全国纪录，41 次打破和超过世界纪录，成为我国历史上创世界纪录和全国纪录最多的时期。

（3）第三阶段：发展缓慢（1966—1976 年）。

在这一阶段，我国体育发展缓慢。然而，体育领域的广大干部、群众仍积极努力地参加国内外体育赛事，力争打破沉寂局面。

（4）第四阶段：迅速恢复，阔步前进阶段（1976 年至今）。

在这一阶段，我国的体育人总结经验教训。在 1978 年召开的全国体育工作会议上，与会者讨论了体育事业发展规划和政策性的重大措施。1978 年，党的十一届三中全会是我国体育发展的转折点，各级政府贯彻改革开放的方针政策，体育事业逐步腾飞。2008 年，北京承办奥运会。2022 年，北京和张家口承办冬季奥运会。我国正在从体育大国向体育强国迈进。

# 第二节　体育的组成与功能

## 一、体育的组成

体育的组成即体育的分类，是将体育领域中的各种表现形式按照一定的标准进行区分并确定其归属。按照不同的标准，体育可以被划分为不同的类别。

以功能与管理部门为划分标准，依据各种体育实践的基本功能和特征、人们对体育基本类型的认同、体育工作的实际情况等，可将体育划分为学校体育、竞技体育、大众体育、娱乐体育、医疗体育和军事体育。

## （一）学校体育

学校体育是学校教育的组成部分，是全民体育的基础，是国家全民健身计划的重点。学校体育通过体育教学、课外活动、课余训练、体育竞赛等不同组织形式，以发展身体、增强体质、增进健康为核心，着眼于学生生存和发展的需要，力求在满足学生体育兴趣的基础上，培养学生的主动参与意识，使其重视体育锻炼的科学性，提高其体育欣赏水平。学校的体育教育与其他教育环节共同构成了一个完整的教育过程，使学生在德智体美劳方面得到全面发展，适应社会发展的需要。

## （二）竞技体育

竞技体育又称竞技运动，是指为了战胜对手，取得优异的运动成绩，最大限度地发挥和提高个人和集体在体格、体能、心理、运动技战术等方面的潜力所进行的科学的、系统的训练和竞赛，包括运动训练和运动竞赛两种形式。

竞技体育的特点：① 能使运动员充分调动和发挥自己的体力、心理等方面的潜力；② 具有激烈的对抗性和竞赛性；③ 参加者有充沛的体力和高超的技艺；④ 按照统一的规则开展竞赛，具有国际性，竞赛成绩具有公认性。

## （三）大众体育

大众体育又称社会体育、群众体育，是人们为了娱悦身心、增强体质、防治疾病和培养体育后备人才而在社会上广泛开展的体育活动的总称。大众体育的主要组织形式有锻炼小组、运动队、辅导站、体育之家、体育活动中心、体育俱乐部、个人自主体育锻炼等。

开展大众体育活动应遵循因人、因地、因时制宜和业余、自愿、小型、多样、文明的原则。广泛开展群众性的体育活动是发挥体育的社会功能、提高民族素质和完成体育任务的重要途径。

## （四）娱乐体育

娱乐体育是指在余暇或特定时间所进行的一种以娱悦身心为目的的体育活动，具有业余性、消遣性、文娱性等特点。娱乐体育主要包括球类游戏、棋类游戏、传统民族体育活动等。

娱乐体育按不同的划分标准可分成不同的类别。按活动的组织方式，娱乐体育可分为个人活动、家庭活动和集体活动；按活动环境，娱乐体育可分为室内活动和室外活动；按竞争性，娱乐体育可分为竞赛性活动和非竞赛性活动；按经营方式，娱乐体育可分为商业性活动和非商业性活动；按参加活动的方式，娱乐体育可分为观赏性活动和运动性活动。开展娱乐体育，有益于身心健康，陶冶情操，培养高尚品格。

## （五）医疗体育

医疗体育是指运用恰当的体育手段治疗某些疾病与创伤，增强机体对疾病的抵抗力和免疫力，加强机体对外界自然环境的适应力，改善和提高机体的代谢水平，恢复和改善机体功能的一种医疗方法。

与其他治疗方法相比，医疗体育具有以下特点：① 医疗体育是一种主动疗法，要求伤者主动参加治疗过程，通过锻炼治疗疾病；② 医疗体育是一种全身疗法，通过运动调节神经和神经反射机制，进而改善全身机能，达到增强体质，提高抵抗力的目的；③ 医疗体育是一种自然疗法，利用人类天生具备的运动能力作为治疗手段，一般不受时间、地点、设备条件的限制，通常采用医疗体操、慢跑、健步走、骑自行车、健身气功、太极拳、普拉提、运动按摩、瑜伽等项目作为治疗手段。

医疗体育的实施宜因人而异。患者应持之以恒、循序渐进，同时配合药物或手术治疗和心理疏导。两千多年前，我国古人已开始使用导引养生的方法（如五禽戏、八段锦等）作为防治疾病的手段，后又不断修正与发展。这些方法成为中国运动医学的重要组成部分。

### （六）军事体育

军事体育是指军人通过进行有组织、有目的、有计划的各种身体练习（如军体拳、射击、散打、跳伞、滑翔等），增强体质，提高运动技术水平，丰富业余文化生活，培养良好的道德意志品质，提高战斗力。

## 二、体育的功能

体育的功能是指体育运动对社会进步和人类发展所产生的特殊作用及影响。随着社会经济的发展繁荣，体育在人们的生活中扮演了越来越重要的角色，人们对体育作用的认识也越来越广泛和深入。一般而言，在现代社会中，体育的功能主要表现在健身功能、教育功能、娱乐功能、经济功能等几个基本方面。

### （一）健身功能

体育的基本活动方式是通过身体运动来完成的。人在进行身体运动时，身体各器官的机能水平会受到影响，并产生相应的适应性变化。良好的机体适应性变化能增强体质。因此，健身功能是体育最基本、最直接的功能，是实现体育其他功能的基础。

体育的健身功能主要表现在以下方面。

**1. 体育运动能促进人体的生长发育，提高运动能力**

骨骼是人体的支架。骨骼的生长发育不但对人体形态有着重要影响，而且对内脏器官的发育、对人的劳动能力和运动能力都有直接影响。体育运动能刺激软骨的生长，从而促进骨的生长。实践证明，经常参加体育运动的青少年，其身高增长比一般青少年要快。同时，经常参加体育运动，还能使骨骼变粗、骨密质增厚，骨骼抗弯、抗压、抗折的能力增强。人的任何运动都需要通过肌肉来完成。经常进行体育锻炼，能使肌肉发达并富有弹性，对提高人的劳动能力和运动能力有积极的作用。

**2. 体育运动能改善和提高中枢神经系统的工作能力**

在运动过程中，大脑皮质不断进行兴奋—抑制的交替。体育运动能提高中枢神经系统的转换速度、灵活性和稳定性，有助于改善大脑的调节功能，使经常参加体育锻炼的人视觉敏锐、听觉灵敏，可以提高人体的工作能力。

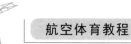

### 3.体育运动能改善人体心血管系统和呼吸系统的工作能力

经常进行体育锻炼的人，心脏机能明显增强，主要表现：心肌增强、心壁增厚、心腔容积增大。在机能上，心脏的每搏输出量增加，心率降低，出现"节省化"现象；肺功能也会因运动而获得改善，表现为肺活量增大，呼吸加深。另外，经常运动，能使血管壁弹性增强，因此经常运动的人比不经常运动的人的血压要低。

### 4.体育运动可以改善人体的适应能力

参加体育运动除了可以增强体质，还可以提高人体的免疫能力，特别是能提高人体的适应能力。实践证明，经常参加体育运动的人，很少因气候的突然变化而感冒，也不易因酷热而中暑，能比较快地适应空气稀薄的高原、山区的环境。体育运动还可以让人们适应快节奏、紧张、繁重的学习。

### 5.体育运动可以防病治病，延年益寿

我们的祖先早已对体育的医疗保健功能有了深刻的认识，并发明了运用体育运动进行强身祛病的方法。原始社会末期，我国人民就创造了"消肿舞"，用来治疗关节病；春秋战国时期，人们采用导引术、吐纳术防病治病；西汉时期，导引术已发展成为有各种套路的保健体操。东汉名医华佗创编的五禽戏、宋代的八段锦、明清时极为盛行的各家的太极拳，都体现了我国传统健身术的应用。

当今时代，人们为了强身健体，正在以更大的热情纷纷加入锻炼的队伍，积极参加各式各样的体育运动，努力使体育融入自己的日常生活，如通过跑步、健身走、登山、健美、跳广场舞等体育活动来预防疾病，提高健康水平。若要谋求体育的健身功能的最佳效益，除了坚持科学锻炼，遵循生活作息规律，保持健康的心理卫生也十分重要。

## （二）教育功能

体育是一种重要的教育方式。体育的教育功能体现在体育对人的身心的促进与发展，主要表现在以下方面。

### 1.进行身体教育

身体教育是指身体的锻炼和训练。人的坐、立、行、走都要通过后天习得，学习这些基本技能，既是发展身体的过程，也是教育的过程。

### 2.进行道德教育

体育运动本身就是具备各种规则的社会活动。参与者应严格遵守规则，确保运动顺利开展。体育对促使人们遵守社会生活准则、树立良好的道德观念、培养团结合作的精神等具有积极作用。

### 3.进行心理品质教育

体育运动能开阔心胸、陶冶情操、培养坚韧不拔的意志品质。

### 4.进行智能教育

体育运动可使人们在掌握一定的体育知识、技术和战术的同时，思维能力、记忆力、观察力等智能因素也得到发展。

## （三）娱乐功能

首先，体育的娱乐功能表现在参与者自身的兴趣得到满足。人们通过亲自参加体育活

动，特别是参加自己喜欢和擅长的项目，能够获得非常美好的体验。例如，在学习、工作之余，人们进行球类运动、游泳、登山等体育活动会感到精神振奋、心情愉悦。当人们轻松地越过跳高横杆或完成了一次漂亮的扣球时，都会从心底感到快乐。

其次，体育的娱乐功能表现在人们通过观赏体育运动获得乐趣。现代体育比赛中竞争的激烈性、胜负变化的戏剧性、姿态优美的艺术性、技巧复杂的惊险性、服从裁判的纪律性、巧妙配合的集体性，吸引着成千上万的观众。激烈、精彩的运动竞赛，以及运动员发达的肌肉、匀称的体型、优美的线条，能给人以健和美的感受。同时，一些运动员极具变化风格的运动姿势，其相互间各种动作的绝妙编排与组合，以及运动员在一定时间和空间里尽善尽美地完成难、新、尖、高的技术动作，不但展示了他们超强的体能，而且充分体现了形式美的规律特征，给人以美的享受。韵律体操、艺术体操、花样滑冰等运动项目具有更强烈的艺术美感，展现了运动的艺术效果。目前，观赏体育运动竞赛与表演，已经成为人们的一种精神享受。

### （四）经济功能

体育是一种人的活动。体育在成为一种很多社会成员都能参加的日常活动后，总是在一定的物质消费的基础上开展的，而且必然要消耗一定的人力、物力和财力。因此，与体育活动相关的服装、器材、装备、场地、设施等的市场就会随之产生，体育服务等社会经济行业就必然出现。

**1. 体育产业经济的快速发展推动了社会经济的发展**

随着卫星技术和互联网技术的广泛应用，人们可以通过电视、网络收看世界各地的精彩体育比赛。各种各样的比赛信息汇集，使得比赛更具话题性，为人们观赏比赛增添了乐趣。高水平的体育赛事在全球观众中的影响力也越来越大。另外，在现代奥林匹克运动的推动下，竞技体育的规模日益扩大，社会影响力也不断增强。目前，体育产业高速发展，在第三产业中所占比例越来越大，不但被誉为"朝阳产业"，而且已经成为各国国民经济中颇有前景的产业，还被相当一部分专家学者视为国民经济的第四大支柱产业。体育产业在很多国家已成为经济的重要组成部分，是国民经济体系中不可或缺的重要内容。

**2. 体育运动的发展为社会经济创造了无限的商机**

（1）体育运动的发展可以促进体育用品业的发展。要发展体育运动，需要建设各种体育运动设施，生产各种体育器材和装备、运动服装、运动饮料等体育用品，因此，体育运动的开展必然会推动体育相关产业的发展。例如，自全民健身计划实施以来，全民运动健身的热潮不断升温，运动服装、运动食品和饮料及各种运动器械均呈现热销势头，一批与体育相关的企业和产品应运而生。

（2）体育运动的发展可以促进建筑业和市政建设的发展。开展体育运动，尤其是承办大型的综合性运动会，不仅需要规模巨大的体育设施，还需要配套建设多项城市基础工程，如道路、机场、饭店、通信设备、休息场所等。

（3）体育运动的发展可以促进第三产业的发展。各种大型的体育竞赛活动（如奥运会、各种洲际运动会等）的参赛运动员在万人以上，加上裁判员、新闻记者、观众、游客等，人数多达几十万甚至上百万。要解决这么多人的吃、住、行，没有完备的第三产业是无法做到的。因此，体育运动的普及与发展也会带动和促进旅游业及其他第三产业的发展，从而推动经济的增长。

### 3. 体育运动对人们身体素质的塑造，促进了社会经济的发展

社会经济发展的重要标志之一是劳动生产力的提高，同时，人的素质对生产力的提高有着至关重要的作用。人的素质包括身体素质、心理素质、文化素质、业务素质、思想素质等。体育运动对于改善和提高人的素质，特别是身体素质，起着举足轻重的作用。体育运动对人的身体素质的塑造所做的贡献，间接地促进了社会经济的发展。

> 广泛开展全民健身活动，加强青少年体育工作，促进群众体育和竞技体育全面发展，加快建设体育强国。
>
> ——党的二十大报告

# 第二章

# 航空体育教育概述及航空体育的功能

## 第一节 航空体育教育的重点

### 一、紧扣飞行职业培养目标

航空体育教育是针对航空飞行人员所进行的一项特有的素质教育。其内容的设置以培养航空飞行人员为特定目标。航空体育教育的培养目标决定了其不仅要培养全面发展的现代化人才，更要为培养和塑造满足现代航空事业发展需求的合格的飞行人才服务。一名优秀的飞行员，不仅要具备现代化的科学文化知识及专业知识，还必须具备良好的身心素质。航空体育教育可达到这一目标。航空体育教育过程具有十分鲜明的特点。航空体育教育的重要手段是航空体育专门器械练习，与此练习对应的课程是专门的航空体育专业器械课程，主要器械包括旋梯、固定滚轮、活动滚轮、双杠、旋转秋千、浪木等。

### 二、加强航空体育意识和终身健身意识

#### （一）加强航空体育意识

随着科技的不断发展，航空领域更需要高精尖的现代化技术人才。因此，飞行员必须具备强壮的体力（力量、耐力、速度等），良好的飞行耐力（抗飞行疲劳能力）、前庭耐力（抗晕机能力）、高空耐力（抗缺氧能力和低气压环境适应能力），快速反应能力，时差适应力（抗生物节奏紊乱能力和适应夜航能力），良好的空间知觉能力，注意力分配广、转移快的能力，稳定情绪的能力，坚韧、果断、勇敢的意志力，思维的敏捷性及有效性，良好的记忆力等。飞行员的第一生物学素质是航空体能素质，它是构成飞行员整体素质的一个重要方面。现代航空体育在促进飞行员飞行技能的形成、提高飞行质量、确保飞行安全、延长飞行寿命等方面具有重大的意义。因此，树立良好的航空体育意识，充分认识航空体育与飞行职业的密切关系，把接受航空体育教育、加强体育锻炼变为更加积极的行动，是一名从事现代航空事业人员必须具备的素质。

### （二）加强终身健身意识

航空体育对培养合格的飞行员具有至关重要的作用。飞行员能否保持良好的身体机能水平，将直接关系到飞行是否安全、飞行寿命能否延长。因此，飞行员必须进行航空体育锻炼。飞行职业特点对飞行员身体素质的特殊要求，决定了航空体育教育的重要性。任何一名飞行员都应进行长期的航空体育训练，以保持良好的体质和高水平体能。现役飞行员要牢固地树立"健康第一"的指导思想，无论飞行任务有多紧张，都必须坚持常年进行航空体育锻炼。这对任何一名飞行员的影响都是终身的。

## 三、提高现代飞行员的综合素质

随着现代航空领域的高度信息化和高新技术化，现代航空体育也被赋予了新的内涵。它与大众体育及竞技体育有着不同的体育概念，更不是一个狭义的提高体能的过程。航空体育是针对飞行员在空中飞行的飞机驾驶舱里的特殊环境下要完成的各种长时间、大强度、高标准的飞行任务而进行的素质教育过程，包括综合生物学、生理学、心理学、运动训练学等多类学科。在现代航空领域中，随着高新科学技术的发展及其在航空领域的广泛应用，以及现代航空器中高新技术的密集应用，飞行员不仅要具备强壮的体魄，还要具备更高的综合素质。飞行驾驶是脑力、体力相结合的综合活动，因此对飞行员飞行的综合素质要求也较高。航空体育已逐步发展成为体育学与航空心理学、航空航天医学、航空环境生理学、时间生物学等交叉的学科，是具有极强交叉性的综合性应用学科，在培养飞行员的飞行能力、综合素质等方面有着十分重要的意义。

## 四、秉持科学发展理念

航空体育教育是为了培养航空领域高新技术发展所需的高素质综合人才而开展的。在新的历史时期，要想使现代航空体育教育有所发展和突破，我们必须秉持科学发展的理念。

### （一）航空体育教育应体现鲜明的职业特色

航空体育对飞行员运动能力的培养和提高应基于满足飞行职业实践的要求。例如，通常情况下，以健身为目的或以竞技为目的的体操项目会选择姿态优美、动作难度较小的内容，但是航空体育中以提高飞行员前庭耐力为目的的体操项目，无论是单杠、双杠，还是垫上运动等，均应选择滚翻、翻转、旋转等具有一定难度并符合飞行需求的技术动作。

### （二）航空体育教育应重视体育教育实践

体育具有健身、教育、娱乐、经济、外交媒介等多种功能，这些功能的提出是基于体育运动在客观上产生的诸多效果。想要使体育运动的动作对身体机能产生明显效果，需要一个转化过程，甚至较长的时间，并且体育实践对个体产生的效果既具有一致性又具有唯一性。例如，航空体育教育实践效果好的飞行员，其飞行技能也十分优秀，两者呈正相关关系。也就是说，航空体育的实践效果对飞行员的飞行技能和飞行能力有着直接的影响。这就是体育教育实践效果的一致性。然而，即使是同一个体育实践，对于不同的个体也可能产生不同的效果。例如，飞行员进行活动滚轮练习，表现优秀者也会各有各的优点。这就是体育教育实践效果的唯一性。

### （三）航空体育教育应带有强制性

体育不像衣、食、住、行一样直接关系人类的生存，人们多是在余暇才参加体育活动的。航空体育却不一样。飞行员在神圣的责任感和使命感的驱使下，在飞行职业的要求下，必须积极投身于航空体育训练，任何时候都不能懈怠、应付。航空体育教育的过程必须是严格的、严肃的，不会因参与者的兴趣爱好而改变。

### （四）航空体育教育应突出的延续性和终身性

航空职业的特点对飞行员的身心素质都有着特殊要求，这也决定了航空体育教育应是终身教育。飞行员应通过经常性的航空体育训练保持良好的体质和高水平的飞行状态。不管飞行员是在学习飞行技能的初级阶段，还是在飞行能力的保持阶段，航空体育教育对其而言都是同等重要的。一名优秀的、高水平的飞行员必须接受航空体育教育并参与训练。另外，随着科学技术的不断发展，航空体育教育也必须被注入新的内涵。无论是航空体育教育工作者，还是航空体育的受教育者，都必须牢固地树立立德树人的思想，将航空体育教育提升到新的、更高的层次，促进航空飞行事业的发展。

## 第二节　航空体育教育的内容与分类

### 一、航空体育教育的内容

航空体育教育的内容设计首先是科学地选择教学内容，即人们通常所说的开发课程内容资源。教师在选择航空体育课程的内容时要注意：必须将发展飞行职业所需的身心素质、促进飞行学生身体的全面发展、增强体质、促进健康、确保飞行安全、提高飞行质量、延长飞行寿命作为目的与任务，严格遵循增强学生体质健康、贯彻终身体育意识、注重实效、现代体育与行业特点相结合、育人育德相结合的五大原则，确保在设计课程、选择教学内容时有一定的目的性和方向性，一些相关性不强和可行性不高的项目要慎选。

根据以上要求，以下常规项目可作为航空体育教育基本教学内容：队列队形、田径运动、游泳运动、篮球运动、排球运动、足球运动、乒乓球运动、羽毛球运动、网球运动、健美操、定向越野等。除此以外，还要有航空体育的专门器械项目：旋梯、固定滚轮、活动滚轮、双杠、旋转秋千、浪木、弹跳板等。

### （一）旋梯练习

旋梯练习是指练习者在旋梯器械上所进行的前后回环练习。此练习分为站立前后回环和坐杠回环两种。旋梯练习的运动特点主要是旋转速度快、离心力大。常年练习对改善神经系统功能和调节心血管系统机能都有显著效果，可增强飞行员的抗正反负荷的能力。

### （二）固定滚轮练习

固定滚轮练习是指练习者在固定滚轮器械上，主动进行左右侧转、前后转、前后卧转、挂足前后转等练习。此项目的运动特点是转动速度快、离心力较大、对人体前庭器官刺激比较大。经常进行此项练习对提高飞行人员的前庭耐力有很大帮助。

### （三）活动滚轮练习

活动滚轮练习根据参与人数可分为单人练习和多人练习。单人练习是练习者主动在活动滚轮器械上变换各种动作进行的滚动练习。多人练习是指练习者在单人练习动作的基础上，通过与他人的协调配合进行的组合练习。

活动滚轮练习在航空体育专门器械练习项目中深受学生欢迎。此项练习的动作内容丰富、精彩、优美，具有挑战性、艺术性、技巧性，非常符合航空从业人员及青少年的生理、心理特点。另外，活动滚轮练习在培养学生的灵敏性、协调能力、团队合作能力及良好的心理素质方面都具有重要的作用。

活动滚轮练习的主要动作内容：挂足前后滚、侧滚、挂膝后滚、支撑穿杠、穿杠前滚、支撑腹回环前滚、骑撑前滚、前螺旋滚、燕式前后滚、踏环侧滚等。

### （四）双杠练习

双杠主要由横杠和立柱构成，固定安装。双杠练习是指练习者利用臂部力量撑于双杠上完成各种动作。双杠练习能有效发展人体上肢和腹背的肌肉力量，增强身体协调性和平衡能力。

### （五）旋转秋千练习

旋转秋千练习是指练习者在旋转秋千器械上主动进行的回环、旋转运动练习。旋转秋千练习具有旋转速度快、离心力大的特点，可以通过多角度运动刺激人体的平衡器官，有效地提高人体在空中的适应能力。

### （六）浪木练习

浪木练习是练习者在浪木器械上利用浪木的晃动所进行的各种跳跃、前后走动、转体等运动练习。浪木练习主要是提高人体的平衡能力。

### （七）弹跳板练习

弹跳板练习是练习者利用弹跳板起跳，进行各种跳跃、腾空、转身等运动练习。弹跳板练习主要锻炼人体的灵敏性和协调能力。

## 二、航空体育教育的分类

航空体育教育内容的构成要立足于航空飞行实践，从培养飞行技能、提高飞行质量、保障飞行安全和延长飞行寿命出发。根据航空体育的教学内容，航空体育教育可分为以下 5 类。

### （一）航空体育理论类

航空体育理论主要是为指导飞行专业学生的运动实践设立的。相关教育人员根据航空业对飞行专业学生的身体要求标准及高校飞行专业学生必须掌握的航空体育理论知识体系，结合大学生生理、心理、年龄特点和未来需求，整合航空体育和大学体育的结合点、相同点，将基础航空体育的理论与运动健康、运动能力的培养等内容融合，形成航空体育理论教学内容。

### （二）基础身体素质类

航空飞行具有特殊的职业性质，因此飞行员在身体素质（如力量、速度、耐力、灵敏性、柔韧性等）、心理素质等方面都应优于常人。在大学期间，飞行专业的学生进行体能训练的目的主要是使自己具有强健的体魄，提高力量素质、速度素质、耐力素质、柔韧素质、灵敏素质等。这些身体素质的获得，需要通过系统、科学的体能训练。拥有良好或者优秀的身体素质是飞行员从事其他文化学习或者技能学习的基础。飞行专业的学生通过参加各种运动项目训练，身体素质能够快速地提升。长期坚持锻炼还能使训练效果具有连续性和持久性，进而确保飞行安全，延长飞行员的飞行寿命。

### （三）平衡机能稳定性素质类

平衡机能稳定性素质类教育主要是航空体育专门器械项目，包括旋梯、固定滚轮、活动滚轮、双杠、旋转秋千、浪木等。这些项目除了具有一般体育项目能够增强体质的功能，还能有效地增强飞行员的平衡机能及飞行员在各种非正常状态下控制身体的能力。另外，平衡机能稳定性素质类教育在培养飞行员机智灵活、勇敢果断、团结协作等优秀品质方面也具有良好的作用。因此，提高空间定向能力素质应作为飞行员体育训练教学的重点内容之一。

旋梯、固定滚轮、活动滚轮、浪木等项目对提高飞行学员前庭分析器的机能，改善中枢神经对心血管系统的调节机能，增强学员承受强负荷的能力，提高平衡机能稳定性和判定方位的能力，锻炼肌肉放松与紧张的协调能力，增强关节、韧带和发展臂部、腹部和下肢肌肉力量，提高学员的前庭耐力和保持身体平衡的能力，以及培养学生勇敢、果断、机智等意志品质和团结友爱的协作精神都有重要的作用。

### （四）飞行耐力类

飞行耐力是指飞行员保持长时间飞行的工作能力。任何工作都要消耗人的体能储备。飞行是一种要求飞行员脑力和体力并用，并伴有种种环境因素影响的工作。飞行因技术复杂、载体运行高速、环境变化频繁且突然，故要求飞行员的精力要高度集中，以确保手脚配合协调、耳朵时刻注意听指挥与联络的信号、眼睛不断观察，从而在飞行员遇到紧急情况时能够在瞬时做出判断和处置。其实，在紧要关头，飞行员要安全完成工作的状态往往更接近于极限。例如，飞行员在复杂的气象条件下和夜间飞行中，精神负担更大，再加上缺氧、低气压、震动、摇晃、颠簸等周围环境对人体的影响，将会产生大量的神经冲动传向大脑，极易造成疲劳。由于续航时间较长，活动受限制，外界刺激单调，飞行员也容易产生疲劳。疲劳感会使飞行员疲乏无力、头昏脑涨、精力难以集中、注意力范围变小、分析问题的能力降低、反应迟钝，甚至产生错觉，同时前庭耐力也会降低，严重者甚至可能影响飞行和运输任务的完成。

增强飞行耐力有以下两种途径：一是合理安排飞行训练；二是积极地开展体育锻炼。飞行训练虽然可以提高飞行员的飞行耐力，但必须以飞行员良好的身体素质作为基础。将飞行训练与体育锻炼紧密地结合起来，可有效地提高飞行员的飞行耐力。在航空体育训练中，长距离的跑步和游泳、高强度的肌肉耐力训练、紧张激烈的球类比赛等项目都有良好的训练效果。通过训练，身体各器官、系统的功能都会发生积极变化，从而提高飞行员机体对飞行中各种不良因素影响的代偿能力。

### （五）抗负荷素质类

抗负荷素质是指飞行员对加速度的耐受能力。任何物体如果不受外力作用，将会永远保持静止状态或匀速直线运动状态。进行匀速直线运动，即使速度再快，对人体也没有太大影响。速度一旦变化，人体就会因受到加速度的影响而产生一系列的变化。航空医学上把这种因受惯性影响而使人体承受的额外负荷叫作过重负荷或超重。在飞行中，飞机的加速度越大，飞行员承受的过重负荷也越大。

在过重负荷的影响下，飞行员体内各组织、器官会发生移位或变形，致使其产生严重的不适感，甚至影响飞行员对飞机的操控。因此，提高飞行员，特别是特技飞行员的抗负荷素质是非常必要的。常用于提高抗负荷素质的训练项目有单杠、双杠、重力性力量训练、极限强度训练等。

## 第三节　航空体育的功能

功能指事物或方法所发挥的有利的作用。航空体育功能是指航空体育在一定的环境和条件下对人和社会所能够发挥的作用。它与航空体育的过程结构和航空体育的环境有着密切的关系。航空体育的功能是航空体育本质的反映，能影射出航空体育对人的物质机体和人的精神思维，以及对社会物质和社会精神的多种作用。根据系统论的理论，航空体育既是民航专业教育的一个子系统，又是学校体育的一个子系统，因此航空体育功能既是民航专业教育功能的构成部分，又与学校体育功能有着不可分割的紧密联系。

航空体育功能实际上是要回答"航空体育能够干什么"，即"航空体育能够发挥什么作用"这个基本问题。确定航空体育的功能，能明确"航空体育应该干什么"和"航空体育实际干了什么"这两个问题，即能够明确航空体育的指导思想、目标和学校体育效应。航空体育功能是航空体育基础理论中的一个核心问题。

### 一、教育功能

航空体育的基本目标是育人，因此教育功能位于航空体育功能的首位。人们对航空体育的教育功能长期以来都停留在对航空体育德育作用的探讨上。这是片面的。航空体育对航空飞行人员的教育作用是全方位的。航空体育教育蕴藏着丰富的知识和深刻的内涵。航空体育的教育功能主要表现在以下3个方面。

### （一）促进综合能力的提高

飞行员通过参加各种各样的体育活动，可以促进智力发展，这一效果对学生而言尤其明显。体育锻炼能够促进神经系统的发育，为学生的智力发展奠定生理基础。

人体在进行体育运动时，眼睛、耳朵等多个感官均要参与工作，各感官获得的信息不断传入大脑皮质，活化、刺激脑细胞，改善大脑的供氧量，有利于促进大脑思维活动所需物质——脑啡肽的分泌，使人头脑清醒、思维敏捷。

航空体育本身既是一项有针对性的专项性项目，同时也是一项创造性的活动，蕴涵着丰富的开发智力、培养创造力的内容，对全面培养航空人员的观察能力、训练记忆能力、启迪发展想象力和提高思维能力都具有重要的作用。此外，有研究表明，体育运动有助于开发大脑右半球的功能，对发展学生的直觉、空间转换、形体感知等形象思维及创造力具有重要作用。

### （二）促进优良品德的形成

航空体育是德育的重要内容和手段，对航空飞行学员个体的社会化过程和人格完善过程起着重要作用。航空体育的德育作用表现：① 航空体育可以培养航空飞行学员的道德意识与信念，如公平、守法、遵规、守纪、尊重他人、团结合作、民主、竞争等；② 航空体育能有效地营造一个特殊的德育环境——微缩的社会，使航空飞行学员的道德信念通过体育活动得到强化，并内化为学员具体的道德行为准则；③ 航空体育能有效地培养航空飞行学员的个性和意志品质，如勇敢、顽强、抗挫折能力等；④ 航空体育可以培育航空飞行学员的集体主义和爱国主义精神，以及培养其责任感和荣誉感，这一点非常符合航空飞行学员的职业需求。

### （三）培养审美能力

航空体育是航空航天类高校美育既重要又特殊的途径。体育运动的过程始终伴随着美学，航空体育不仅可以塑造身体美，还可以培养心灵美、行为美及运动美，并使四者在运动实践中得到完美结合。

航空体育塑造健美身体的作用是非常直接的，即通过航空体育锻炼，航空飞行学员可以获得健美的体魄、匀称的身材、优雅的姿态，做到动作矫健。这些既是健康的标志，也是人体美的表现。运动中的形体美、动作美、韵律美都将给航空飞行学员以强烈的美感体验，使其得到美的享受和情感的升华。航空体育培育学生鉴赏美、表现美和创造美的作用是独特的、具体的，有着极强的实践性。这是其他学科无法比拟的。

## 二、健身功能

航空体育的健身功能是航空体育原始的、本质的、独特的功能，无论是在过去、现在还是将来，它都将是航空体育主要的育人功能之一。航空体育的健身功能主要表现在以下4个方面。

### （一）形成正确身体姿态

大多数航空飞行学员都处于生长发育的关键时期，身体的可塑性比较大。实践证明，航空体育锻炼对矫正体姿、保持航空飞行学员正确的体姿，促进学员机体的生长发育具有重要作用。另外，经常参加体育活动，可以促进骨组织的血液循环，使骨密质增厚，骨骼的坚固性、抗弯行、抗断性和耐压性显著提高。

### （二）提高机体功能水平

航空体育锻炼可以有效地提高机体的功能水平。参加体育活动能使人体的能量消耗增加，代谢产物增多，新陈代谢旺盛，从而使机体的各个器官、系统的功能水平得到提高。

### （三）发展身体素质和基本活动能力

航空体育锻炼对发展身体素质（如速度素质、力量素质、耐力素质、灵敏素质、柔韧素质等）和基本活动能力（如走、跑、跳、投、攀登、爬越等）有着重要的作用。

### （四）增强对飞行环境的适应能力

飞行环境是一个特定的环境，包含了飞行时的物理环境和精神环境。航空飞行学员的机体必须随时调节各器官、系统的功能来适应环境的变化，使人体的内外环境能保持相对的平衡。经常参加航空体育锻炼可以提高航空飞行学员对特定环境的适应能力。

值得注意的是，现代科技的发展和人民物质生活水平的提高，客观上会对人和社会的发展产生一些不良影响。例如，人的生物性的退化、现代"文明病"的产生、社会应激增加、人与人之间关系的淡化等，给航空体育的健身功能提出了新的挑战和任务。航空体育的健身功能将从增强体质的单维结构拓展为促进航空飞行学员的生理、心理发展和社会适应能力、人格完善的多维结构，这既是人类自身发展的需要，也是时代赋予航空体育的新的使命。

## 三、针对性培养功能

航空体育的培养对象主要以航空飞行人员为主。飞行员的职业要求与一般行业从业者的职业要求有区别。飞行员的职业特点决定了其工作地点在天空而不在地面。这就要求飞行员在高速飞行中要对变化多端的复杂情况及时且准确地作出判断和处置，同时要能抵抗由飞行中连续颠簸、摇晃、噪声等因素引起的晕机症状，此外还要具有对抗长时间飞行疲劳的能力等。概括而言，飞行员必须具备的素质应包括灵敏素质、协调能力、较强的前庭耐力、长时间飞行的耐力及对航空环境变化的适应能力。以上这些能力的获得对于飞行员（包括航空飞行爱好者）而言至关重要。它关系到飞行员能否在熟练地驾驭航空器的同时保证飞行安全。航空体育是专门培养航空飞行人员所必须具备的素质的一种专项体育运动，具有很强的针对性，对于职业飞行员或业余飞行爱好者而言都具有十分重要的意义和作用。

## 四、休闲娱乐功能

航空体育课余锻炼是航空飞行专业学生课外活动的重要内容。一方面，学生通过参加航空体育活动，可以增强相关技能、增进感情、丰富生活，缓解由长时间学习所带来的精神紧张和疲劳；另一方面，学生通过观赏体育比赛和航空体育器械表演等，可以得到心理上的满足和精神上的享受。更为重要的是，航空体育在某种程度上会对学生未来的生活方式产生潜移默化的影响。学生在航空体育活动中所获得的乐趣和成就感体验，不仅会影响他们对体育的态度，甚至还会影响他们未来的人生态度。这种影响对学生的益处将是终身的。

## 五、文化功能

航空体育的文化功能是航空体育主要的社会功能，表现在航空体育是航空院校校园文化的重要组成部分。航空体育是传播校园体育文化的重要途径。学校通过对学生进行全面的、系统的身体教育，可以使学生掌握航空体育专业技能，学习健康保健等方面的基础知识、运动技术及科学锻炼身体的方法。不仅如此，在这一教育过程中，航空体育文化也被一代代传承。航空体育对校园体育文化的创新与发展具有重要的作用。校园体育文化无论是在理论讲授方式还是在实践展示手段的创新与发展方面，都与航空体育有着密切的关系。

## 六、经济功能

航空体育的经济功能虽不明显，但其未来的发展势头值得关注，如业余航空飞行体验、跳伞运动、滑翔运动、热气球运动等。当然，航空体育最根本的经济功能还是通过改善和提高未来的航空飞行人员的素质，来促进民航事业的发展和国民经济的增长。

# 第三章

# 航空体育与职业素养及安全教育

## 第一节 航空体育与职业素养的培养

航空是国家综合交通运输体系的重要组成部分。其中，民航事业的发展更事关人民安全和国家安全。党和国家领导人多次对民航工作作出重要指示和批示。习近平在会见四川航空"中国民航英雄机组"时强调："完善风险防控体系，健全监管工作机制，加强队伍作风和能力建设，切实把安全责任落实到岗位、落实到人头，确保民航安全运行平稳可控。"加强队伍作风和能力建设，尤其是加强飞行员队伍的思想作风建设，就是要将作风建设贯穿于每个飞行员的职业生涯。在飞行员职业生涯各阶段中，高等教育阶段对飞行员进行职业素养培养的必要性、重要性不言而喻。在专业教育的开始阶段就进行职业素养的培养，这对飞行员的整体职业发展具有"培根固本"的作用。

### 一、通过航空体育课程培养职业素养的必要性

航空体育课程作为学校体育的重要组成部分，担负着以课堂为载体来提升学生身心素养和立德树人的时代任务。新时代，党和国家对教育改革与发展提出了更高的要求。鉴于航空体育课程对培养合格飞行员具有至关重要的作用，挖掘课程蕴含的思政要素和其所承载的育人功能是在民航强国目标下进行飞行员职业素养培养的必然选择，特别是对思政要素的挖掘是迫切的、必要的。

### 二、航空体育课程培养职业素养的内容

#### （一）恪尽职守的责任意识

飞行员在飞行过程中掌控飞机的各项操作，飞行员的能力和责任感关系着全体机组人员和旅客的生命安全，因此，培养飞行人员恪尽职守的责任意识，是维护国家安全、确保人民生命财产安全、确保社会稳定的迫切要求和有效举措。航空体育课程对培养学生"责任担当"的核心素养具有重要作用。在日常的训练过程中，当危险出现时，学生应积极与他人协作，应对危机，并对同伴给予必要的陪伴、安抚和帮助，这是飞行员这一职业本身

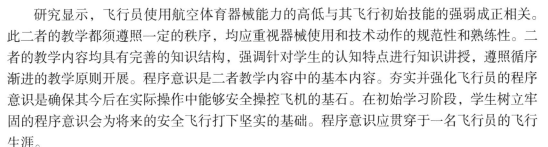

赋予学生或从业者的职责。责任意识在飞行训练、体育运动中的表现形式不同，但二者对航空从业人员需要具备高度责任感的要求是统一的。

### （二）严格遵守规章的程序意识

研究显示，飞行员使用航空体育器械能力的高低与其飞行初始技能的强弱成正相关。此二者的教学都须遵照一定的秩序，均应重视器械使用和技术动作的规范性和熟练性。二者的教学内容均具有完善的知识结构，强调针对学生的认知特点进行知识讲授，遵照循序渐进的教学原则开展。程序意识是二者教学内容中的基本内容。夯实并强化飞行员的程序意识是确保其今后在实际操作中能够安全操控飞机的基石。在初始学习阶段，学生树立牢固的程序意识会为将来的安全飞行打下坚实的基础。程序意识应贯穿于一名飞行员的飞行生涯。

### （三）精益求精的工匠精神

体育教学、比赛中优异成绩的取得，离不开练习者挥汗如雨的艰苦训练，离不开练习者长久的坚持，离不开练习者对技术动作优化的不断思索，离不开练习者对技术细节的精心打磨。由此看出，运动成绩提升的过程正是一种精益求精的理念、一种爱岗敬业的态度、一种执着追求的品质、一种淡泊名利的价值观的综合反映。同理，在航空领域，精湛的飞行技术的习得，同样离不开工匠精神。工匠精神是人类不断地学习、创新、积累的一种具有传承性的、求实的、把工作做好的基本职业精神，是各行各业的工作者从事业内活动的标准和要求。

### （四）居安思危的忧患意识

航线飞行的风险和难度在于飞行过程中存在诸多不确定因素，很多时候并不一定能够按照既定的方向发展。即使工作人员在飞行前已经进行了完备细致的检查，也可能在飞行过程中面对各种各样的突发情况，如旅客突发疾病、天气因素导致飞行不安全等。因此，培养飞行专业学生居安思危的忧患意识非常重要，即"起飞想着中断，巡航想着备降，落地想着复飞"。要培养飞行专业学生的这种居安思危的意识，可以借助体育运动中出现危机的不确定性这一特点。让学生通过体育锻炼，提升其对危险隐患的洞察力，增强其对风险危害程度的研判能力，提高其在压力情况下快速、恰当地解决问题的能力。

### （五）机组协同的团队精神

飞行实践表明，机组资源管理训练能积极地改善机组在突发意外险情之时的应急能力表现——遭遇飞行的意外险情时，没有经过训练的机组，面对骤然飙升的工作负荷和安全压力，飞行人员的情绪稳定能力水平会急剧下降，其甚至会陷入无助状态，导致飞行技术受到影响，进而影响飞行安全。

航空体育教学对提高大学生的团队合作能力具有十分明显的作用。它是培养学生团队合作能力的重要手段。航空体育教学中的机组协同训练中有明确的规则和岗位职责，对每一位参与者的职责有明确要求，学生在实施过程中既要各司其职，又要高度配合。

## 三、航空体育课程培养职业素养的方式

### （一）以课程所蕴含的发展史为主线，培养大学生浓厚的家国情怀

高校培养民航飞行专业的大学生始于 20 世纪 50 年代中期的中国民用航空局航空学校（1987 年更名为中国民用航空飞行学院）。当时正值中华人民共和国成立初期，国力不足，民航业发展缓慢，民航飞行员生源主要来自空军。在当时特殊的历史背景下，苏联航空体育教育体系成为我国航空体育教育效仿的标杆，我国的航空体育教育主要模仿苏联的航空体育教育模式。在此阶段，我国的航空体育课程具有典型的"仿苏"特征，课程内容涵盖了旋梯、固定滚轮、活动滚轮等航空体育专业器械训练。这些器械训练对培养学员的飞行能力效果显著，被沿用至今。

20 世纪 80 年代初，中国民用航空总局（2008 年改制，更名为中国民用航空局）推行出台了飞行员身体锻炼办法和锻炼标准，但其主体内容仍参照了《空军飞行员的健康条例》。此阶段延续了以空军模式发展民航的思路，航空体育教学内容较多参照空军的课程设置。

1987 年，随着改革开放政策的实施，民航迎来了发展的春天。国家对民航进行了一系列改革，如民航脱离军队建制、航空公司与机场体制改革，进一步激发了行业活力。航空体育课程的发展也受到了外部环境变化的影响，中国民用航空飞行学院的部分教师以敢为人先的精神开始涉足航空体育研究，为航空体育的后续发展奠定了基础。

2000 年以后，我国民航业进入高速发展期，开始由民航大国向民航强国迈进。飞行员的培养数量无法满足行业快速发展的需要，国内多所飞行器驾驶员培训学校开始参与飞行专业大学生的培养。民航业的发展也促使航空体育课程的内容日趋丰富，相关从业人员和教师从专项身体素质、运动损伤、教学方法、心理健康等方面进行了深入广泛的研究。

一门课程的发展折射了一个国家由弱到强的时代变迁。通过对航空课程历史的学习，学生应明白，在国家发展和个人前途的交汇点上规划人生才能让人生更有意义。航空专业的学生应认清民航发展的时代背景，树立自己与国家、与民族"同呼吸，共命运"的情怀。

### （二）以课程所蕴含的教学资源为着力点，树立大学生坚守秩序的价值取向

在教学中，加强对飞行专业学生程序意识的培养，即要培养学生遵照事物的运行规律办事的能力，要树立学生的红线意识和底线意识，要牢固树立学生坚守规则的意识。这样有助于学生更系统地掌握知识和技能，具备缜密的逻辑思维能力，在今后的飞行中保证飞行任务向安全、有序的方向发展。

在教学实践中，教师应将"眼到、口到、手到"的检查制度内化于教学的各环节，在学生练习时，教师应观察其是否存在盲从他人、急功近利等违反原则的情况。若出现，应勒令练习者及时停止练习，并引导其对违反程序的思想和做法做出细致分析，挖掘错误思想和行为的根源，如"为什么要违反程序？""违反程序后，自身和他人受到了哪些影响？""违反程序的危害是什么？"并分享在危险发生时的感悟，扫除思想盲区，使学生充分认识到程序化操作是实现安全和效率协调发展的前提和保障。在学生日常练习的过程

中，可令其边做动作边复述动作名称，以强化练习者对动作程序的熟悉程度，让练习者明白，之前自己做了什么，现在正在做什么，之后准备做什么。此外，在设置一定障碍或难度（如考试）的情况下，检验学生在压力环境中的程序化操作能力。例如，学生在他人的注目和呐喊中，完成体操类成套动作的展演。同时，利用航空体育游戏、航空体育运动项目规则对学生的行为进行引导和约束，让其了解运动规则制定的依据及违反的后果，并从职业发展的角度对学生的程序意识不强、执行程序不规范情况的危害进行解读，将课程培育能力与职业素养有机地结合起来。

### （三）以课程所蕴含的不断超越自我的理念为追求，践行精益求精的工匠精神

习近平曾指出："伟大出自平凡，英雄来自人民。"首先，任何一项伟大成就的取得都离不开超乎常人的投入。对于航空体育知识的学习不应局限于课堂内，而应该延伸到课堂外。其次，任何一项伟大成就的取得都离不开"工匠们"对精湛技艺不懈的追求。为了一次完美的动作展示、一项身体素质的提高和突破，练习者需要受得了孤独、耐得住寂寞，需要挑战身体极限、高难度的定型技术和畏惧心理。正是由于日复一日、年复一年的艰辛练习，学生们的认识才能日趋成熟，学生们的理想才会日益坚定。这正是工匠精神在航空体育教学中的真实体现。最后，任何一项伟大成就的取得都离不开"工匠们"锲而不舍的积累。这就需要将航空体育中要求学生具备的坚毅的品质与职业发展紧密联系起来。飞行专业学生应该了解，进行飞行实操时，在狭小空间内，高空、低温、辐射、噪声等工作环境对飞行员的身体素质要求较高，这就要求学生严格进行健康管理，养成良好的健康生活习惯。这不仅是维护个人健康的需要，也是保证航空事业安全稳定发展的需求。学生应树立"坚持锻炼是职业发展的重要保障"的信念。在日常生活中，唯有将职业责任内化于心，才能维持学生持久学习的动力；唯有不断强化"超越自我"的信念，才能够让学生不断学习，以适应新形势、新环境的工作要求。

### （四）以课程所蕴含的风险防范为抓手，筑牢大学生的责任长城

飞行专业学生责任意识的养成，取决于其对责任意识的认知程度、对安全程序和技能的掌握程度、对外部责任氛围的感知能力。航空课程中对于责任感的培养主要体现在安全教育和风险防控两个方面。安全教育主要采用场地安全线、警示牌、安全事件通报、案例解析、运动安全提醒等形式，形成安全氛围，以期达到强化责任意识的目的。教学中，采用"安全隐患重预防，事件发生重控制，安全伤害降损失"三条防线筑牢学生的责任长城。

在进行实操练习前，教师可引入失败典型案例，使学生清楚易犯错误的原因及后果，增强其对正确技术动作的认知，尽快地建立起保护与帮助的动作概念。失误发生时，一人或多人积极采取必要措施，使同伴脱离险境，并控制安全危害程度。注重对学生发现险情、分析险情的能力和意识的培养。在危险来临时，确保其不退缩、不逃避、敢于担当。在动作失误发生后，其他学生应积极地采取措施，尽可能地减轻由已发生的失误带来的影响。例如，在学习侧滚的过程中，身体处于倒立位时，手臂自始至终要保持伸直状态，这样可大大降低事故发生的概率，以及减轻造成的损害。在授课过程中，教师的言传身教也会潜移默化地灌输给学生责任感的意识。只有学生内心认可、思想重视，他

们的责任意识才能扎根落地，入脑入心。

（五）以课程所蕴含的运动的观点为视角，强化大学生处置危机的辩证思维能力

危机处置训练是航空体育课程的教学特色，旨在培养学生敏锐的洞察力和对事物发生、发展趋势精准的研判力，提高其果断处置任务的能力。通过航空器械训练，让学生体验并了解时空特征、熟悉情境，增强其在特定环境中接受信息和处理信息的能力。例如，在活动滚轮练习中，学生要对活动滚轮与其他活动滚轮的相对位置、运动状态及自身所处的时空位置有清晰的认知。滚轮转动前，学生应评估完成动作时的距离。在滚轮转动的过程中，学生应尽可能地准确感知方位和掌握恰当的落地时机。

学生能够做到动作技术清晰、准确认知环境是进行危机处置训练的前提。根据危机发生状况，采用适合的手段化解危机的能力就是危机处置能力。若要学生具备此项能力，教师应能够掌握器械在什么状态下为学生助力，在什么阶段直接给予帮助，在什么情况下学生自我保护。例如，在侧滚练习中，若滚轮速度不够，就需要助力使其转动。在水平位时，学生屈腿易造成掉杠，那么，教师就须采用直接助力的方法，即一手扶学生的髋关节，另一手扶学生的膝关节，并帮助学生树立信心。在倒立位时，曲臂直腿易造成跌落，教师要根据学生的学习情况，有针对性地采取措施帮其掌握动作。对初学者或手臂力量较小者而言，保护措施就要采用提肩、扶髋的方法，以提高其身体在器械中的稳定性。若学生正处于动作的分化、自动化阶段，保护方式可采用语言提示、拍打肘关节等方法，以培养学生的直臂意识。

针对在航空体育教学中出现的情况，教师需要从运动的角度，以发展的眼光，实事求是、审时度势的态度来教育学生如何看待危机，并注重培养学生危机来临时的从容不迫和理智分析的能力。

（六）以课程所蕴含的集体项目为载体，培育具有共同价值追求的团队协作精神

当今的驾驶舱活动是多人制机组为了安全到达既定目的地而进行的协作活动，团队精神和协作意识是这一活动过程中相关参与人员必备的品质。

航空体育项目可以较好地培养和锻炼学生的机组协同能力。在航空体育集体项目的训练过程中，与他人建立有效沟通是推动任务进行的基础。沟通能力包含了清晰表述任务、耐心倾听他人意见、准确表达自己的观点等内容。人与人之间应充分地了解、沟通，以便能尽量做到通过一个眼神、一个动作就让同伴知道下一步行动。在集体项目中，学生凭借个人的精湛技艺完成任务变得十分艰难，与他人的协调、配合在完成任务的过程中则发挥着越来越重要的作用。团队精神的本质是一种价值观的认同，是团队成员为了实现比赛目标，在技战术理解上、在价值取向上趋于大同，并将这一观念认真地贯彻到训练的全过程中。团队成员既要以各自的方式在所处位置上完成既定的目标，又要在瞬息万变的比赛形势下配合他人完成比赛，使团队的效能得以最大限度地发挥。

在实际教学中，体育游戏、体育集体项目、拓展训练、定向越野等内容为培养飞行专业学生团队精神提供了广泛的素材。在教学中，体育游戏因其所具有的娱乐性深受学生喜

爱。教师可在航空体育课前设置拔河、网鱼、贴膏药等游戏活跃课堂气氛；足球、篮球、排球等集体项目对学生协同配合能力、规则意识、集体荣誉感的培养有重要作用。由此看出，教师应加大集体项目的开发力度，同时，结合航空职业对从业人员在注意力分配、空间定向方面有特定要求这一职业特点，可增加定向越野、素质拓展类内容，使学生的团队协作练习更具有针对性。

# 第二节　航空体育课程中的安全教育

安全教育在学校体育教学中具有重要的价值和功能。安全教育不仅是体育和职业发展的本源要素，还是航空体育教学与飞行技能学习的一个重要的内容。航空体育课程中的安全教育并非取消一些看似危险的训练项目，而是加强学生的安全意识，使学生掌握安全防范方法，以此确保未来长久的安全。航空体育课程的安全教育，将生命至上的安全观、安全精飞的职业观、终身锻炼的体育观联系在一起。航空体育课程不仅能提高学生的运动素养，还能培养学生的责任感，确保学生掌握自救、他救、互救等安全生存技能。

航空体育课程中涵盖的教学内容广泛，不仅有旋梯、固定滚轮、活动滚轮等专业器械活动，还有有氧耐力性项目、单双杠、篮球项目、爆发力练习等。每个项目各具特点，对安全措施的要求也各不相同。因此，教师要系统分析、区别对待各项目的教学模式，强调教学和训练过程中安全的重要性，确保学生能安全地掌握各项技能。

## 一、航空体育课程发生安全事故的主要因素

### （一）安全意识淡薄

安全意识淡薄是造成安全事故的主要原因。认知上的漠视、思想上的麻痹是体育安全事故频发的重要内因。安全事故的发生有时会呈现隐性特点，即并非每次运动都会造成安全事故。久而久之，人们便心存侥幸，事故往往就在意识放松之际发生。例如，在实际教学中，在开展耐力项目练习前，部分学生认为"做准备活动是在浪费体力"，对准备活动的重要性、必要性认识不足；在炎热夏季开展体育锻炼时，有学生认为"身体已经很热了，不需要再热身了"，这些都是缺乏运动安全意识的表现。学生仅依靠自我感觉，不遵守锻炼的原则、运动的规律行事，为事故的出现制造了可乘之机。

### （二）场地、器材安全检查的缺失

场地、器材安全检查的缺失为隐患的发生创造了条件。平稳应对在航空体育器械高速转动过程中出现的特殊情况，对人的危机处置能力的要求极高。在开展航空体育日常教学前，教师、学生及相关设备管理员需要认真检查各项体育设施是否安全，器械是否与身高体重相适宜，确保无安全隐患后再进行练习。在旋梯、固定滚轮、活动滚轮转动之前，须对练习场地地面的防滑性进行检查，并对器械的运行情况进行检测，如通过使机械完成一

定频次的转动，查看器械转轴转动是否顺畅，器械的焊接处是否有裂纹，器械下方是否有安全护具等。在做双杠练习前，应检查是否有同伴进行现场保护，练习场地是否平整，垫子位置是否摆放正确等。强化预防风险的观念，耐心细致地检查每一个细节，是飞行专业学生树立安全意识的基石。

### （三）练习者身体素质薄弱

学校伤害事故频繁出现的另一个重要内因是学生体质较弱，无法承担相应教学内容的训练负荷，进而引发安全事故。例如，上肢力量、核心力量偏弱，会大大增加在完成航空器械时跌落的风险；活动滚轮的侧滚、固定滚轮的侧转倒立位支撑，需要练习者具备克服自身体重完成动作的能力；练习使用活动滚轮完成挂膝后滚、支撑前滚、穿杠前滚、骑杠前滚动作时，需要练习者具有爆发力和良好的柔韧性。因此，具有良好的综合身体素质是胜任航空体育课程训练的重要前提。另外，练习者若存在特异体质或特定疾病，也会为其参与大负荷训练带来较大的风险，如患有贫血、高血压、心脏病、哮喘等疾病，以及过度肥胖、过度消瘦和特殊病史。因此，学生对自身疾病的了解是保证安全或减少身体受到损伤的重要前提。

### （四）保护者安全技能缺失

不同的教学内容，其安全预防措施存在一定的差异，这就需要教学参与者掌握一定的保护与帮助方法。以旋梯和活动滚轮为例，二者的安全预防措施呈现不同特点。旋梯的保护与帮助重点是，保护者位于梯架内侧，精力高度集中于练习者。遇到危险时，注意对运动场景、情景的观察，评估风险状况后果断地确定提供帮助的时机，从而有效地保障自身及同伴的人身安全。活动滚轮的安全保护措施的实施，要求保护者在运动过程中观察练习者的情况，根据练习者的体位变化等信息选择适宜的保护手段。若保护者不能牢固掌握保护与帮助的要领，不能灵活采取保护与帮助措施，则会增加危险发生的概率。

### （五）不恰当的心理预期

不恰当的心理预期也容易导致运动安全事故的发生。有研究认为，在体育活动中，身体风险概率的提高与不同个体之间对运动安全评估的认知结果有一定关系。例如，练习者受到同伴的言语刺激，对自身的能力盲目自信或对危险估计不足，为证明自身具备完成动作的能力而冒险进行尝试。又如，在考核中，被试者明知自己无法达到考核要求却心有不甘，在"搏一搏"心理的支配下，采取冒险行为，导致事故出现。再如，练习者在学习器械时出现受过伤或曾掉下器械等情况，练习者内心产生心理阴影，当其再次完成器械运动时，之前发生意外的场景会映现在脑海中，给自己造成一定的思想压力，从而无法专注于运动，无法全身心投入，导致危险发生的概率增高。由此看出，过度紧张是诱发风险的因素之一。

### （六）恶劣的天气

有研究证实，在冷、热、缺氧等环境中，人体的各项功能会受到不同程度的抑制，这在某种程度上会增加学生运动损伤事故发生的概率。例如，雨天会对室外体育课程的开展

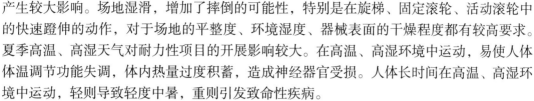

产生较大影响。场地湿滑，增加了摔倒的可能性，特别是在旋梯、固定滚轮、活动滚轮中的快速蹬伸的动作，对于场地的平整度、环境湿度、器械表面的干燥程度都有较高要求。夏季高温、高湿天气对耐力性项目的开展影响较大。在高温、高湿环境中运动，易使人体体温调节功能失调，体内热量过度积蓄，造成神经器官受损。人体长时间在高温、高湿环境中运动，轻则导致轻度中暑，重则引发致命性疾病。

### （七）教师教学设计和组织方式不当

体育教师严格履行自己的职责是预防安全事故发生的主要措施之一。教师教学设计的科学性及教学组织管理的严谨性会对飞行专业学生的体育锻炼的安全性产生较大影响。教师在进行教学设计时，应充分考虑本班学生的身体素质水平和运动技能水平，设计适合当前学生能力的练习，并且应将注意事项和对突发事件的应急处理设计在教学讲解内容中。在组织教学的过程中，教师应综合考虑环境、器械、学生人数、练习内容、运动风险等方面，合理安排练习计划。

## 二、航空体育课程中安全防护策略

### （一）加强安全意识，提高自我保护技能水平

学生作为体育教学中安全防范的受保护者和安全防范的主体，在体育课程中提高自律能力和防范意识是非常重要的。间接的安全保障主要是由教师、同伴等对运动过程进行实时动态监测，在不同的环境下采取相应的安全管理措施。

在航空体育教学过程中，相关参与者都应加强安全意识，担负起保护自己、照顾他人的责任，具体应做到如下几点。

（1）依照教学规定要求着装并进行动作规范化练习。

（2）不怂恿他人做超出其能力范围的动作。

（3）按照运动的规律、教师布置的练习内容，有序地活动。

（4）清晰地认识到自身技能水平与完成动作所需体能和所要求的技术标准之间的差距，特别是在做有难度、较危险的动作或还无法将动作流畅地完成时，要引起警觉。

（5）将安全意识落实到运动的各层面，安全思想之绳常紧不懈。安全意识须体现在每节课、每个环节之中。练习者的自身安全意识直接影响着体育安全，体现在运动过程中就是要提高专注度，尤其是在完成动作和保护他人时，即使短短数秒的注意力分散都将增大体育伤害事故发生的风险。

（6）在运动过程中规范地做出技术动作和正确地使用场地器材。

（7）飞行专业的学生不仅需要对健康知识和运动损伤常识有所了解，还需要掌握处理常见运动损伤的方法。

（8）不断提升自我保护技能水平和团队合作能力是减少安全事故的重要条件。

（9）在航空器械教学中，保护者的站位、时机的把握、力量的控制、动作的规范、练习者与保护者有效的沟通等构成了保障安全的要素。

## （二）仔细检查场地、器材和清晰认识自身状况

在航空体育教学中，合理布置活动空间的器械位置，预防练习人员过密，这是减少事故发生的方式之一。目前，各学校都面临招生人数不断增加的情况，教学场地和器材数量相对有限，在进行练习时可能存在几个班同时开展运动或交叉进行练习的现象，导致教学空间受到挤压。若活动空间内人数过多、秩序混乱，则易构成发生事故的潜在风险。因此，做好器械的规范使用与检查是保障安全的前提。教师或器械管理员应掌握器械检查的方法，了解器材、设施的特性及使用方法，做好器械的安全性、可靠性检查。学生应根据自身情况挑选适宜的器械，在使用器械时，保留一定的安全裕度，并注意观察运动环境。

大学生越了解自身的体力状况或技术水准，就越能避免运动损伤。在参与体育运动时，若身体出现呼吸困难、头痛、走或跑摇晃、心率显著加快、冒冷汗、动作不协调、注意力不集中等情况，应及时停止锻炼，及时报告，及时就医。不宜带伤、带病参加体育锻炼，不宜隐瞒遗传病史，以免导致更大的损伤。肥胖、消瘦或有特殊病史的学生，在运动前应获得医生的同意，并应循序渐进地增加锻炼的强度、时间、频率，以增进自身体适能，提高自身运动技术水平与团队合作能力。

## （三）增强身体对季节性变化的适应能力

飞行专业的学生，在今后的实际操作中，可能会面对多种特殊环境，因此必须增强自身对温度、环境的适应能力。

在高温、高湿环境中开展各项体育运动时，运动者需要加强热适应，从而更好地适应环境变化，保持机体的运动能力。一般情况下，热适应的训练周期是 7 ～ 14 天。通常6 ～ 10 天，运动者才能获得近乎完整的心血管和泌汗运动神经的适应性变化，2 周才能使人体在热环境中的有氧运动能力最优化。

基于以上情况，建议若训练周期为 30 天，则训练频率为每 3 天 1 次；若训练周期为10 天，则训练频率为每天 1 次。需要注意的是，机体若处于高温、高湿环境中，热适应需要保持的最大摄氧量不能低于 50%，才能真正提高人体的运动能力。同时，每次训练的时间一般长达 45 分钟左右，从而使机体更好地适应高温、高湿的运动环境。

严禁超长时间进行热适应练习，以免增大人体消耗量。在严寒的冬季进行体育锻炼时，应做好充分的准备活动，以防肌肉拉伤。同时，应注意保暖，运动后及时换上干燥的衣服。

## （四）熟练掌握安全技能，理性认识运动中的心理变化

学生应按照规范技术进行练习，当教师讲解技术要点时，学生在思想上要高度重视，注意力要集中。当教师发现学生的错误动作技术时，应按照规范操作程序给予纠正。

教师和学生都应熟练掌握安全技能，以进行自我保护和保护他人。应重视练习过程中呼吸的深浅快慢、出汗量、脉搏快慢等身体反应，对运动事故的发生、发展有预判能力，能够在运动事故发生之前，敏锐地捕捉到危险的先兆，对危险有清晰的感知，并具备阻止事态进一步恶化的能力。

在保护他人时，教师和学生应具备在较短时间内对运动环境、练习者处境进行快速、

准确判断的能力，积极与陷入危险情境的学生沟通并了解其情况，除了自身积极提供帮助，还应积极组织协调他人对受伤者进行救助。学生应注重在实践和案例中学习和运用具体的安全知识与技能，通过情景模拟练习，分析人在面临危险时的心理反应过程，提高自身观察和解决问题的能力，增强处理危险情况的自我效能感，培养临危不惧的心理品质。

体育活动过程是社会化过程。体育作为一种教育方式，能够使练习者积极塑造社会角色、职业角色。体育活动能培育练习者良好的职业心理适应能力。

参加航空体育活动的学生应注意：① 对运动中的冒险、好胜、恐惧的心理应有理性认知，主动培养参与体育锻炼的良好的情绪控制能力；② 避免因争强好胜造成他人或自己的运动损伤，应遵循运动规律、教学规律，按照教学步骤开展练习；③ 选择与自身能力相符的项目或锻炼内容；④ 根据实际情况调整运动负荷，避免在极度兴奋或过度疲劳的状态下运动，否则容易产生心力衰竭或因肌力不足、反应迟钝、协调力差而发生运动损伤。

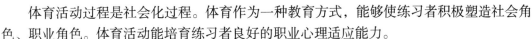

统筹职业教育、高等教育、继续教育协同创新，推进职普融通、产教融合、科教融汇，优化职业教育类型定位。

提高公共安全治理水平。坚持安全第一、预防为主，建立大安全大应急框架，完善公共安全体系，推动公共安全治理模式向事前预防转型。推进安全生产风险专项整治，加强重点行业、重点领域安全监管。提高防灾减灾救灾和重大突发公共事件处置保障能力，加强国家区域应急力量建设。

——党的二十大报告

# 第四章

# 航空体育的相关学科基础

## 第一节 航空体育的运动学基础

### 一、参加体育运动时的运动学特征

人们参加体育运动是在一定的时间和空间内进行的。运动学是研究人体（或器械）在空间的位置随时间变化的规律，研究人体（或器械）运动的轨迹、速度、加速度等，从而揭示人体（或器械）运动的外部状况，并对其外显特征进行描述。在参加体育运动时，人体运动的动作种类繁多，动作形式也非常多。这些动作都具有一定的时间特征、空间特征和时空特征。

#### （一）体育运动中的时间特征

**1. 时刻**

在体育运动中，时刻是人体（或器械）位置的时间量度，是时间坐标轴上的一个点。它主要用于记录运动开始、结束和过程中的许多重要瞬时。在体育运动实践中，把握参与者的运动状态出现显著变化的时刻非常重要。该时刻往往是一个运动时相的结束和下一个运动时相的开始，如在跑步过程中，脚蹬离支撑点的时刻便是蹬地时相的结束和腾空时相的开始。

任何一个运动项目的运动技术都是由若干技术环节组成的，每个技术环节之间的连接是分析运动技术的关键。同时，此时刻的运动技术特征对分析运动技术也至关重要。在分析运动技术时，该时刻的运动图像称为特征画面。

**2. 持续时间**

持续时间是运动结束时刻与运动开始时刻之间的差值，是运动始末两个时刻之间的间隔。在体育运动中，人们常常把持续时间作为一个过程量，用以说明某些比赛、某些动作的过程长短。例如，某人进行 200 米跑，秒表从 0 开始，跑至终点，秒表显示为 30 秒，则此人的运动持续时间为 30 秒。运动持续时间对于评价运动成绩和动作技术而言是一个非常重要的运动学参数。

### 3. 频率

频率主要是指单位时间内重复进行的动作次数。单个动作的持续时间越长，频率越低，反之亦然。在体育运动的一些周期性动作中，频率是衡量动作技术的一项指标。例如，在跑步技术中的步频、游泳技术中的划频、皮划艇和赛艇技术中的桨频等均是对项目运动员进行技术评价时的重要参考指标。一般来说，技术水平高的运动员的动作频率要高于技术水平低的运动员的动作频率。

## （二）体育运动中的空间特征

### 1. 路程

路程是指人体从一个位置移到另一个位置时，人体运动的实际路线的长度，也是质点运动轨迹的全长。例如，运动员从200米起点跑到终点，其所经过的路程即为200米。如果运动员从起点绕400米田径场跑道内道跑3圈，那么其所经过的路程即为1200米。路程只表明运动轨迹的长度，不表明运动的方向。

### 2. 位移

位移表示的是人体在整个运动过程中位置的总的变化，位移既有长短也有方向，位移也可以被看作人体初始位至终止位的直线距离，并不是物体所经过的路程。位移是矢量，只有直线运动中的位移才与运动路程（轨迹）重合；在曲线运动中，位移与路程不重合。除了单向直线运动，其他情况的位移的大小不等于路程，且位移一般小于路程。在田径比赛中，田赛项目的成绩是以位移的长度来计算的，如投掷的远度、跳远的距离等。在径赛中，运动的长度是按照路程来度量的，如100米跑从起点线跑到终点线，此时人体位移为100米，在400米田径场内道跑800米时，位移则为0米。

### 3. 角位移

角位移是描述人体在转动过程中的空间物理量。人的身体或关节绕某轴转动时，转过的角度称为角位移。通常规定，当人体在一个平面内转动时，逆时针转动的角位移为正值，顺时针转动的角位移为负值。

## （三）体育运动中的时空特征

### 1. 速度

人们通常所说的速度，即物理量中的速率，是指人体运动所经过的路程与通过这段路程所用的时间之比。在大多数体育运动项目中，速度是非常重要的评价指标。很多项目都以速度为比赛标准，如游泳、赛艇、皮划艇、自行车、赛马、田径运动中的径赛项目等；很多对抗性项目（如各种球类、击剑、武术等），不仅要求运动员的移动速度要快，还要求器械运动的速度要快，使运动员在比赛过程中占据主动，有利于取得比赛的胜利。

### 2. 瞬时速度

瞬时速度是指人体在某一时刻或通过运动轨迹某一点时的速度。瞬时速度是当时通过某一位置时的速度，比这个位置稍前或稍后都不一定以这个速度运动，只有通过这个位置的时刻的人体是以此速度运动的。在分析运动技术时，瞬时速度是不可忽视的指标，通过了解瞬时速度可知道动作临界状态的特征。例如，在跳高、跳远项目中，助跑踏跳时刻的速度、起跳时刻的速度都是瞬时速度；在投掷项目中，器械出手时刻的速度也是瞬时速度。瞬时速度的大小直接决定运动成绩的优劣。

### 3. 平均速度

平均速度是人体在某一段时间内通过的路程与此时间之比。平均速度只能概括地描述人体运动的速度情况，若要具体描述运动员在运动过程中的速度情况，应结合其瞬时速度进行分析。

### 4. 角速度

角速度是指人体（或器械）在单位时间内转过的角度，用以表示物体转动的快慢与转向。人体局部环节的运动，都是绕关节轴的转动。单位时间内关节角度的变化量即角速度，能表现关节转动的时空特征。例如，人体绕关节的转动、单杠运动员在单杠上做大回环动作等，可通过对其角速度值的定量分析，判断运动员运动技术的合理性。

### 5. 加速度

加速度是指单位时间内人体速度的变化量，是描述人体运动速度变化快慢的物理量。加速度存在于所有体育项目中。任何动作都是从静止开始的，正加速度使运动速度逐渐增大，达到一定值后出现负加速度，动作结束回到静止。

在训练、比赛中，合理运用正、负加速度对运动员创造优异成绩非常重要。从比赛实践出发，在训练中应该运用各种手段，提高运动员快速调整和改变加速度的能力。在直线运动中，加速度方向与速度方向在同一条直线上，但运动速度的方向与加速度的方向不尽一致。当加速度的方向与运动速度的方向一致时，将使运动物体的速度增加；反之，将使运动物体的速度减小。

在运动技术分析中，用瞬时速度或瞬时加速度来描述运动特征尤为重要。人体运动的瞬时特征才是动作技术的关键，而不是平均值。然而，在长距离项目中，为了制订比赛策略、进行战术安排，常常取一定距离段的平均速度或平均加速度作为指标。速度、加速度是矢量，在直线运动中，由于运动方向固定，往往采用平均速度、平均加速度作为指标；但在曲线运动中，由于运动方向不断变化，平均值指标的物理意义不够明确，因此很少被采用。

### 6. 角加速度

角加速度是指人体在转动中，单位时间内的角速度变化率。人体所有环节的运动都是绕关节轴的转动，因此，经常采用角加速度来反映环节运动状态的变化情况。在运动技术分析时，角加速度指标中的瞬时角加速度、平均角加速度分别具有不同的物理意义。

## 二、体育运动中的人体运动学原理

### （一）运动的相对性

在研究人体运动时，要明确是研究局部肢体还是整个人体，以及是相对于哪个参照系来研究运动学特点的。例如，对人体某一环节的研究，以地面作为参照系或以其相邻的环节作为参照系，其结果是不同的。在描述人体的运动情况时，需要选定一个或若干个物体作为参照物，观察人体与这个参照物的相对位置的变化情况。如果人体与参照物的相对位置没有发生变化，那么人体就是相对静止的；如果人体与参照物的相对位置发生了一定变化，则说明人体或参照物发生了相对运动。从这个意义上讲，运动是相对的，不同的参照物会呈现物体不同的运动状态。

### （二）直线运动

在体育运动中，单纯的直线运动并不多见，人体（或器械）的自由落体、竖直上抛运动可被近似地看作直线运动。在拳击、击剑、跑步的蹬伸动作中，通过肩关节、肘关节、髋关节、膝关节等的组合运动，可分别使远端的手、脚和头都做直线运动。

### （三）曲线运动

在体育运动中，人体（或器械）的运动大多数是曲线运动。曲线运动主要包括抛体运动和定轴转动。抛体运动是一种曲线运动，它在空中的运动轨迹是抛物线，如投篮时的篮球，田径运动中被掷出的铅球、铁饼、标枪等所做的运动都是抛体运动。定轴转动是人体运动中比较常见的一种运动形式，如人在腾空时的翻转、人体整体的绕轴转动及人体关节的转动。

## 第二节　航空体育的生理学基础

### 一、人体运动与肌肉工作

#### （一）肌肉的一般知识

人体有 600 多块骨骼肌。通过肌肉的收缩和舒张，人得以进行多种运动和保持各种优美的姿势。

肌肉接受神经冲动后，会产生收缩引起身体的运动。骨骼肌收缩时，会牵引它所附着的骨骼产生运动。肌肉只能拉不能推。对每一块引起运动的肌肉来说，总有另一块肌肉产生与其相反的动作。例如，一块肌肉能使人们的腿弯曲，同时还会有另一块肌肉将腿拉直，前者被称为主动肌，后者被称为拮抗肌。

#### （二）肌肉的收缩形式

肌肉收缩时会产生长度和张力的变化。根据肌肉收缩时长度和张力变化的特点，肌肉收缩可分为等长收缩、等张收缩和等动收缩 3 种形式。根据运动形式，等张收缩又可分为向心收缩和离心收缩。

**1. 等长收缩**

当肌肉收缩产生的张力等于外力时，肌肉积极收缩，但长度不变，这种收缩形式被称为等长收缩，如站立、悬垂、支撑等。

**2. 等张收缩**

（1）向心收缩：肌肉收缩时长度缩短的收缩。其特点是肌肉收缩使肌肉的长度缩短，起止点相互靠近，引起身体的运动，如哑铃屈肘等。

（2）离心收缩：当肌肉收缩产生的张力小于外力时，肌肉积极收缩被拉长，收缩时肌肉起止点逐渐远离。

体育锻炼中向心收缩和离心收缩通常体现在一个动作中，如哑铃弯举时，举起是向心收缩，放下是离心收缩，还有引体向上、跑步等。

### 3. 等动收缩

在整个关节运动范围内，肌肉以恒定的速度进行的最大用力收缩，如自由泳中手臂的划水动作。在日常锻炼中，等动收缩需要专门的器械，最常见的就是等速拉力器。

## 二、体育锻炼的能量供应

### （一）物质代谢

糖类（又称"碳水化合物"）、脂质（又称"脂类"）、蛋白质、水、无机盐、维生素和膳食纤维七大营养素是人生命活动的物质基础。人体活动的能量来自食物在人体内经过物理、化学变化进行的物质代谢。人参加体育运动时，肌肉频繁收缩和舒张，脏器活动增强，能量消耗大大增加，这就是体育锻炼可以促进人体的新陈代谢过程、提高机能活动水平、增强体质的原因所在。

糖类是生命活动中能量的主要供应者。它在体内除供应能量外，还可以转变成蛋白质和脂肪储存能量。人在进行体育运动时，体内能量消耗大，肝脏储存的糖原便转化成葡萄糖进入血液，由血液输送到肌肉中供运动需要。经常参加体育运动，体内糖类储备量增加，机体调节糖代谢能力加强，能使血糖在较长时间内保持稳定，提高身体耐力。

脂质是由脂肪酸与醇（甘油、神经酰胺、胆固醇等）作用脱水缩合生成的酯及其衍生物的统称。它在体内氧化所释放出的能量约为同质量的糖类或蛋白质的两倍。其中的脂肪还可以起到保护器官、减少摩擦和保持体温的作用，但脂肪过多对人体也是有害的。经常参加体育锻炼，可以防止肥胖，预防因脂肪过多而造成的疾病。

蛋白质是生命的基础，是细胞的主要组成部分，也是能量的来源之一。肌肉收缩、神经系统的活动、血液中氧的携带和参与各种生理机能调节的许多激素都与蛋白质有关。人体内有一类能加速各种化学反应的酶，其化学本质也是蛋白质。参加体育锻炼，能提高酶的活性，有利于增加人在运动时体内能量供应和运动后消耗物质的补充。

水在人体的组成中含量最高。水不但可以维持人体体温，参加体内的水解，促进物质的电离，而且在体内有润滑作用。水还是运输营养物质及代谢废物的工具。锻炼者在运动中和运动后补水，可以保持机体水代谢的平衡。

无机盐也是人体细胞的组成部分。它在维持体液的渗透压、血液的酸碱度、神经及肌肉的应激性方面起着重要的作用。因此人体在运动时要注意补充无机盐。

维生素是维持生命和人体正常机能不可缺少的一种营养素。它起着调节物质代谢、保证生理功能的作用。有的维生素直接影响人体的运动能力。若维生素摄取不足，则人体的正常代谢和生理机能就会受到影响；若摄取过多，则会引起体内代谢的紊乱。因此，控制人体摄取维生素的量十分重要。

膳食纤维是指不被消化、吸收的食物性物质，包括纤维素、半纤维素、果胶等。膳食纤维的主要功能是维护肠道生态平衡、预防心血管疾病、减脂等。

## （二）能量代谢

肌肉活动是人体运动的动力，肌肉收缩时能量的直接来源是腺苷三磷酸（ATP）的分解，最终来源是糖类或脂肪的氧化分解。

肌肉活动时，肌肉中的腺苷三磷酸在酶的催化下，首先迅速分解为腺苷二磷酸（ADP）和无机磷酸，同时释放出能量。肌肉中的腺苷三磷酸的储备量很少，必须边分解边合成才能保证持久的肌肉活动。事实上，腺苷三磷酸一旦被分解，就会立即同其他产物再合成腺苷三磷酸。当肌肉中存在腺苷二磷酸时，肌肉中的另一种高能磷化合物——磷酸肌酸（CP）立即被分解为磷酸和肌酸，释放能量供给腺苷二磷酸再合成为腺苷三磷酸，但肌肉中磷酸、肌酸的含量也是有限的，也必须不断地再合成。各磷酸、肌酸再合成所需要的能量，均来自糖类的氧化分解。根据当时机体氧供应的情况，糖类的供能有两种形式：当氧供应充足时，来自糖类或脂肪的有氧氧化；当氧供应不足时，即来自糖类的无氧酵解，其结果是形成乳酸。乳酸最后在氧供应充足时，一部分又继续氧化，释放能量使其余部分再合成为肝糖原。因此，肌肉收缩能量的最终来源是糖类和脂肪的有氧氧化。

运动时，人体以何种方式供能取决于需氧量与吸氧量的相互关系。当吸氧量能满足需氧量时，机体即以有氧氧化供能。当吸氧量不能满足需氧量时，其不足部分即依靠无氧酵解供能。运动时的需氧量主要取决于运动强度。运动强度越大，需氧量越大，无氧酵解供能的比例也就越大。

有氧氧化与无氧酵解是人体在不同活动水平上根据需氧量的不同情况而进行的紧密相连、不可分割的两种供能方式。人在进行任何一种项目的体育锻炼时，其能量供应总是包含有氧与无氧这两种方式，只不过两种比例不同而已。这种比例上的差距既是不同运动项目的供能特征，也是采用不同锻炼方法的依据之一。

## 三、体育锻炼与氧运输

人体的氧运输是由循环系统中的心血管系统和呼吸系统完成的，把氧气和营养物质运输到组织，同时把代谢废物等排出体外。

### （一）心血管系统

心血管系统是由心脏和血管组成的管道，血液把人体所需的氧气和养料，通过复杂的血管网运送到全身各处。血管主要有3种类型：将血液输出心脏的动脉、将血液输送到心脏的静脉，以及遍布全身组织并且连接动脉和静脉的毛细血管。心血管系统功能的强弱决定着组织、器官获得氧气的多少。就运动过程而言，心血管系统往往决定着机体的供氧能力。

### （二）呼吸系统

在氧运输中，呼吸系统功能的强弱决定着血液和外界环境气体交换的多少。氧运输系统工作的第一个环节是肺的呼吸运动，实现肺与外界环境的气体交换及肺泡与肺毛细血管血液间的气体交换。

经常锻炼者与不锻炼者的心血管系统和呼吸系统的各项生理机能指标不同。（表4-2-1）

**表4-2-1　经常锻炼者与不锻炼者的心血管系统和呼吸系统的各项生理机能指标对比**

| 指　　标 | 经常锻炼者 | 不锻炼者 |
|---|---|---|
| 最大每搏输出量/毫升 | 180 | 120 |
| 安静时心率/（次·分$^{-1}$） | 40 | 70 |
| 心容积/升 | 0.95 | 0.75 |
| 血红蛋白/（克·升$^{-1}$） | 13.7 | 11.6 |
| 运动时最大血流量/（升·分$^{-1}$） | 135 | 110 |
| 每分钟最大摄氧量/升 | 6.5～8 | 3～4 |

# 第三节　航空体育的心理学基础

## 一、体育运动中的运动知觉

运动是一切事物存在的基本形式，必须要在一定的空间和时间中进行。离开空间和时间，运动就无法表现。运动知觉是人脑对当前运动物体或动作在空间、时间上位置的反应。它是一种复杂的知觉，根据反应对象的不同，可基本分为以下3种。

### （一）本体运动知觉

本体运动知觉是运动者对自身各部位运动和位置变化的反应。它包括5种知觉：动作知觉，如躯干的弯曲和伸直、四肢的动作、头部的位置等；运动形态知觉，如直线运动、曲线运动、圆周运动等；运动方向知觉，如运动方向的向左、向右、向上、向下、向前、向后等；运动时间和速度知觉，如时间的长短、运动的节奏、运动速度及其变化等；运动用力知觉，如用力的大小、阻力、重力等。

本体运动知觉在体育运动中具有十分重要的意义，是个体能够完成身体运动的前提和基础。例如，做前滚翻需要低头团身，初学者若抬头展体，就不能完成动作。

### （二）客体运动知觉

客体运动知觉，即运动者对外界物体的运动知觉，是由物体的运动方向、距离、形状、大小、速度等因素组成的。客体运动知觉包括运动者对他人的感觉和对外界物体的感觉，前者如对手、伙伴，后者如球、铁饼、标枪等可移动物体。对外界物体的运动知觉能力，是发展相关技术不可缺少的素质。

### （三）专门化的运动知觉

专门化的运动知觉也称专项运动知觉，是通过运动训练形成的高度分化的运动知觉。

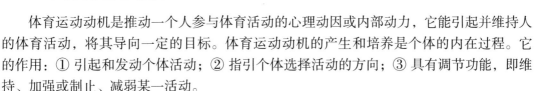

根据运动者所参加的运动项目的不同，专项运动知觉有不同的表现形式，如篮球运动中的"球感"、游泳中的"水感"、器械体操运动中的"器械感"等。个体在形成和发展专门化运动知觉中所花费的时间有长有短，最终的发展水平也有较大差异，这主要是由个体分析器系统的机能水平的不同造成的。

运动知觉的形成和发展是分阶段的，了解这一特点，有利于学生掌握动作技术。

## 二、体育运动动机

体育运动动机是推动一个人参与体育活动的心理动因或内部动力，它能引起并维持人的体育活动，将其导向一定的目标。体育运动动机的产生和培养是个体的内在过程。它的作用：① 引起和发动个体活动；② 指引个体选择活动的方向；③ 具有调节功能，即维持、加强或制止、减弱某一活动。

### （一）体育运动动机的产生

引起体育运动动机的条件有以下两个方面。

（1）内在需要：对人们参与体育活动的内在需要的调查分析显示，这类需要主要包括生理需要、心理需要和社会需要。所谓生理需要，即参加体育活动为的是保持身体健康，增强体质；所谓心理需要，即参加体育活动是为了调节和控制情绪，保持良好的精神状态；所谓社会需要，即参加体育活动是为了扩大社交范围，结交更多的朋友，增强集体凝聚力，提高自身竞争能力和社会适应能力。

（2）外部诱因：包括物质因素和精神因素，二者统称为环境因素。环境因素有很多，如体育设施和器材的质量、教师的表扬或批评、同伴之间的情绪感染、考试分数、竞赛的奖励（包括精神的、物质的）等。

### （二）体育运动动机的培养

体育运动动机的培养可以从以下方面进行。

（1）树立正确的体育价值观，这是提高参加体育运动自觉性的思想基础。

（2）设置目标，如设置长跑、游泳的距离或体操动作的次数、质量等。当这种目标转化为练习者的内心需要时，练习者就会采取主动，提高努力程度和动机水平，调动积极性。

（3）积极反馈。在运动过程中，无论是反馈正确的动作信息，还是反馈错误的动作信息，都有利于练习者坚持目标或修正目标，有利于鼓励练习者坚持目标，使已有动机得到强化。在进行反馈时，应注意做到：及时反馈，即在动作练习当中或完成之后立即给予反馈；积极反馈，即反馈的内容应以积极性内容为主；反馈得法，即不同的练习者视自己的能力做出适量的反馈，过量或不合适的反馈信息会使练习者的信心受挫，动机下降。

（4）创设情境。情境具有诱发动机的功能。在有限的时间内，学生在教师设计的情境中进行学习或锻炼，由于情境的不同，效果会有很大的差异。例如，体育活动使人际交往频繁，在练习的过程中，学生能体验到老师的认同、悦纳，以及同伴的亲近和关心，进而产生继续练习的意向，提高动机水平。

## 三、体育兴趣

### （一）体育兴趣的概念

体育兴趣是人们力求认识和从事体育活动的心理倾向，具有积极的情绪色彩，是人们参与体育运动的基本动力。

### （二）体育兴趣的培养

体育兴趣是在人们对体育活动需要的基础上，在各种各样的体育活动中形成的，对体育活动的实践起着主导作用。

（1）体验成功。在进行体育活动的过程中，每一次成功和胜利都会使练习者深受鼓舞，产生积极的情绪体验，使其更关心体育活动，对更大的成功和胜利产生信心和希望。因此，产生体育兴趣的前提条件是练习者有获得成功、品尝胜利果实的体验。

（2）寓教于乐。人都有趋乐避苦的倾向，教师在教学中以优美的示范动作、生动的语言和和蔼的态度使学生感到亲切、可敬，从而驱除学生练习时的惧怕心理，教师的"乐教"就会转化为学生的"乐学"。

（3）激发兴趣。培养学生的体育兴趣离不开教师的引导。教师在教学训练中用各种方法持续激发学生兴趣是学生形成体育兴趣的重要条件。例如，新颖的教法、生动形象的语言、准确优美的示范动作、与时俱进的体育信息介绍等，都能激发学生对体育的兴趣。

## 第四节  航空体育的生物化学基础

### 一、运动与糖代谢

#### （一）运动能力与糖原

**1. 运动能力与肌糖原**

（1）肌糖原与无氧代谢运动能力。

在短时间的剧烈运动中，肌肉由于缺氧，糖原通过糖酵解方式转变为乳酸释放能量，以供机体运动所需。如果人体内的肌糖原储存较少，就会抑制血液中乳酸的生成，降低无氧代谢能力。因此，通常而言，以无氧代谢供能为主的运动项目，在运动前要补充足够的肌糖原。

（2）肌糖原与有氧代谢运动能力。

人在长时间运动时，主要通过糖原的分解代谢提供能量。在长时间、大强度运动中，运动者在运动前体内肌糖原的储量决定了其运动力竭的时间。总而言之，人体内糖原的储量与人体的有氧运动能力有密切关系。在长时间运动的最后冲刺阶段，肌糖原水平的高低可能是决定胜负的关键因素。

体内糖原的储量取决于个体的运动水平、训练状况和饮食中糖的含量。未经训练的人，尽管其营养状况良好，但其在安静时，体内肌糖原的含量仅为 70～110 毫摩尔每千克体重，而耐力运动员的肌糖原含量却能达到 110～140 毫摩尔每千克体重。

**2. 运动能力与肝糖原**

（1）运动时肝糖原的生成。

在参加体育运动时，为弥补血糖消耗，肝糖原释放的速率随着运动负荷的增大和运动时间的延长而加快。肝糖原的生成包括肝糖原分解和糖异生作用。

肝糖原分解：正常进食后，安静时，肝糖原释放量较低，为 0.8～1.1 毫摩尔/分。其中，肝糖原分解速率为 0.54 毫摩尔/分，只能满足大脑和依靠糖酵解供能的组织需要。一天处于饥饿状态或饮食缺糖，肝糖原储量接近零，糖原分解速率也下降到零或接近零，此时肝糖原的释放基本来自糖异生。当人进行体育运动时，肝糖原分解速率加快，分解速率与运动强度约呈线性关系。当人体进行短时间、大强度运动时，体内肝糖原生成以肝糖原分解为主（约占 90%），其分解速率大大提高，但由于运动持续时间短，肝糖原完全排空的概率很小。当人体参加长时间、大强度运动时，体内肝糖原分解速率也明显提高。进行 1 小时大强度的自行车运动，肝糖原分解速率约为安静时的 7.6 倍，当肝糖原接近排空时，肝糖原分解减少到最低程度；当进行 40 分钟中等强度的运动后，肝糖原分解占肝葡萄糖释放总量比例逐渐减少，而糖异生作用生成的葡萄糖所占比例增大。

糖异生作用：当人体进行短时间、大强度运动时，糖异生作用不明显。当进行长时间的持续运动时，运动开始后的 40 分钟内，人体内糖异生速率变化不大，动用的基质主要是乳酸，相对的葡萄糖生成和输出量占肝糖输出量的 6%～16%。运动 40 分钟左右，生糖氨基酸的糖异生作用可达到最大值，其中以丙氨酸最为重要。葡萄糖-丙氨酸循环成为肌肉、肝糖代谢的重要桥梁。当人体进行长时间、中等强度运动时，随着体内肝糖原储量的下降及血浆糖异生基质的浓度逐渐升高，糖异生供糖的相对比例在运动 3～4 小时可达 40%～45%，绝对的代谢速率提高 2～3 倍，但最大速率不超过每分钟 1 毫摩尔/升。当肝糖原趋于耗竭时，血糖的来源几乎全部依靠糖异生作用提供。长时间运动的后期，甘油糖异生作用的重要性随脂肪供能的增强而加大，利用量可以增大 10 倍。

（2）运动时肝糖原的分解。

从运动过程中肝糖原分解速率和糖异生过程的变化特点可知，运动时，人体内肝糖原释放速率是随运动强度增大而加快的。在长时间、中低强度运动时，肝释放葡萄糖的速率经历先加快、后逐渐减慢的变化过程。在运动前期，人体内肝糖原储量充足，是葡萄糖的主要来源，但是随着肝糖原被逐渐消耗，糖异生的基质浓度逐渐上升，后者生成的葡萄糖是血糖的主要来源。运动的后期，肝糖原输出速率下降，表明糖异生的激活和增强并不能完全补偿肝糖原分解的减弱，从而使血糖的来源与去路之间的平衡失调，致使血糖水平下降。

**（二）运动能力与血糖**

人的正常血糖浓度在空腹时为 3.9～6.1 毫摩尔/升。安静时，肌肉吸收血糖的量不多。运动时，血糖浓度的变化取决于肝输出葡萄糖的速率（包括运动前、运动中的补糖和消化系统吸收葡萄糖的速率）及相关组织对葡萄糖的摄取量，主要由工作肌的摄取利用量来决定。

（1）在进行1～2分钟的短时间、大强度运动时，骨骼肌主要依靠肌糖原酵解供能。由于运动持续时间较短，血糖浓度基本上无明显变化。

（2）在进行4～10分钟的全力运动时，骨骼肌仍依靠糖酵解及有氧代谢供能，摄取利用血糖的速率增加。然而，由于肝输出葡萄糖的速率已明显加快，进入血液中的葡萄糖速率明显超过组织、器官摄取葡萄糖的速率，因此血糖浓度明显上升，甚至超过肾糖阈，达到10～11.1毫摩尔/升，出现尿糖现象。

（3）在进行15～30分钟的全力运动时，骨骼肌以糖的有氧代谢为主要供能方式。由于肌糖原消耗增多，吸收和利用血糖供能的比例上升，消耗血糖的速率达到或超过肝释放葡萄糖的速率，血糖浓度开始回落至7.2～7.7毫摩尔/升，但仍显著高于人体安静状态时的血糖浓度。

（4）在进行1～2小时的长时间运动至疲劳时，由于肌糖原被大量排空，骨骼肌摄取利用血糖的速率显著提高，此时，利用糖异生作用生成和输出葡萄糖逐渐变得重要起来，血糖供能比例高达总耗氧量的40%，人体吸收、利用血糖的速率接近最大值。此时，肝释放葡萄糖的速率低于葡萄糖利用速率。

（5）进行超过2小时的运动至疲劳时，如果没有外源性葡萄糖的补充，且利用糖异生产生和输出的葡萄糖已经很难满足肌肉运动的需要，则可能会出现低血糖症状，严重时还会出现低血糖性休克。

由以上内容可以看出，运动时，人体内的血糖浓度的变化与运动强度、运动持续时间、营养状态、训练水平、情绪状态，以及运动前或运动过程中补糖的情况都有密切的关系。

### （三）运动能力与乳酸代谢

#### 1. 安静时的血乳酸

安静时，人体血液中含有少量的乳酸，为1～2毫摩尔/升。运动员安静时的血乳酸浓度与普通人无异，但在比赛期间或比赛前，有些运动员安静时的血乳酸浓度可比平常训练日高2～3倍。

#### 2. 运动时血乳酸浓度变化

在进行运动时，肌肉是生成乳酸最多的部位。运动中所能达到的血乳酸最大值，一般可以反映运动员无氧酵解的极限水平。因此，采用大强度的间歇训练，对发展运动员的糖酵解能力效果最好。

#### 3. 乳酸阈及其在运动中的意义

在进行递增强度的运动时，血乳酸的浓度会不断增加，当运动强度增加到某一负荷时，血乳酸浓度会出现急剧上升的拐点，一般以4毫摩尔/升的血乳酸浓度所对应的运动强度来表示。这一拐点是机体由以有氧代谢供能为主向以无氧代谢供能为主转变的转折点。乳酸阈常被用作评定运动员有氧能力的重要指标。在运动训练过程中，如果发现运动员的乳酸阈提高，说明进行耐力训练的运动员的有氧代谢能力得到提高。

#### 4. 乳酸的代谢途径

骨骼肌既是乳酸生成的主要场所，又是乳酸消除的主要场所。进行极限强度运动时，骨骼肌生成的乳酸主要在运动后的恢复期消除。进行亚极量以下强度的运动时，乳酸在骨骼肌内生成的同时便开始消除。乳酸主要通过以下 3 种途径进行消除。

（1）氧化分解：当人处于安静状态或进行亚极量强度运动时，肌肉所产生的乳酸的代谢途径主要是被氧化成二氧化碳和水，这一过程主要发生在骨骼肌和心肌。对人体内乳酸转换和氧化速率的相关研究表明：安静时，经氧化途径消除的乳酸约占乳酸总消除量的 50%；在持续的亚极量强度运动中，乳酸氧化速率的相对量和绝对量增高；在进行 50% 最大摄氧量强度的运动时，乳酸氧化的数量占乳酸总消除量的 90%，其氧化速率也增加为安静时的 3.5 倍；进行乳酸氧化的部位主要是骨骼肌。就乳酸的消除速率而言，有训练者比无训练者快，进行活动性休息时比采取静止性休息时快。

（2）发生糖异生作用：在正常生理条件下，乳酸随血液循环至肝，可经糖异生作用合成葡萄糖或肝糖原。运动时，经糖异生作用消除的乳酸远不如经氧化途径消除的乳酸多。运动后的恢复期内，随着肝血流量增大，乳酸的糖异生作用进一步加快，其生成的葡萄糖可用于肝糖原和肌糖原的合成。经糖异生作用消除的乳酸约占肌肉中乳酸总量的 20%。

（3）合成其他物质：运动中生成的乳酸，在运动后于肝脏中合成脂肪酸、胆固醇、酮体、乙酸等其他物质；也可以经转氨基作用合成丙氨酸，参与体内蛋白质的合成代谢。此外，运动过程中产生的乳酸也有少量会直接随汗液、尿液排出体外。

## 二、运动与脂质代谢

### （一）运动中的脂肪供能

当机体需要时，脂肪可以被动员分解以供给机体能量，1 克脂肪在体内完全氧化时可释放 38 千焦能量，是 1 克糖原或蛋白质氧化所释放能量的 2 倍以上。当人在进行低强度、长时间的运动时，脂肪是最主要的能量物质。当运动强度低于 70% 最大摄氧量，持续运动时间分别为 40 分钟、90 分钟、180 分钟时，脂肪供能占机体所需能量的比例分别为 37%、37% 和 50%。脂肪供能比例增加时，可节约糖原的消耗，提高运动员的耐力。

### （二）运动中的脂肪代谢

脂肪在进行供能时，主要以 3 种形式进行分解供能。

**1. 骨骼肌中的甘油三酯**

骨骼肌中的甘油三酯主要以脂滴形式存在，虽然肌细胞内的甘油三酯含量很少，但在进行长时间、中等强度的耐力运动时，肌细胞内甘油三酯的氧化供能具有重要的作用。有研究表明，在进行 25% 最大摄氧量强度、65% 最大摄氧量强度和 85% 最大摄氧量强度的运动时，肌细胞内甘油三酯在能量代谢中的贡献率占总能量消耗的 7%、26% 和 8%，其中，在 65% 最大摄氧量强度的运动中，骨骼肌内甘油三酯的供能作用最大。通过耐力训练，人体利用甘油三酯的能力得以增强。因此，耐力运动员在运动时可以消耗较多的甘油三酯；且其在运动时，肌细胞内甘油三酯在总能量消耗中所占比例增大。

**2. 血浆中的甘油三酯**

一般而言，血浆中的甘油三酯的供能作用很小。机体在进行中等强度运动时，血浆中的甘油三酯浓度变化不明显，但转换速度加快。因此，运动员应长期坚持运动训练，使体内血浆中的甘油三酯的浓度降低。

### 3. 脂肪组织中的甘油三酯

相关研究证明：运动 30 分钟后，脂肪分解的速率进一步加快；运动 2 小时后，血液中甘油三酯生成的速率提高 4 倍。在脂肪细胞中，脂肪水解所产生的甘油三酯不能重新被细胞利用。甘油三酯会被全部释放入血液，经过血液循环运输到肝等组织进一步代谢。

### （三）运动中的脂肪酸利用

血浆游离脂肪酸是脂肪酸在血液中的运输形式。人体在运动时，骨骼肌氧化的脂肪酸一方面来自肌内甘油三酯的水解，另一方面来自血浆游离脂肪酸。随着运动时间的延长，血浆游离脂肪酸的供能逐渐起主要作用。在运动过程中，血浆游离脂肪酸的浓度升高。在安静状态、低强度运动和中等强度运动时，血浆游离脂肪酸能够积极参与各种组织、器官的氧化功能。

在进行短时间大强度运动时，骨骼肌摄取血浆游离脂肪酸的数量有限。因此，血浆游离脂肪酸参与供能的意义不大。人体在进行超过 30 分钟的中等强度运动时，血液中的游离脂肪酸持续且缓慢地升高，肌细胞摄取血浆游离脂肪酸供能的比例增大。相关研究表明：在进行中等强度运动时，骨骼肌氧化的脂肪酸总量中，大约有一半来源于血浆游离脂肪酸。在运动最初的 30 分钟内，总能量消耗的 48% 来自肌内脂肪。随着运动的持续进行，骨骼肌才会进一步摄取血浆游离脂肪酸并参与供能。

### （四）运动中的酮体代谢

运动对酮体的影响与运动强度、运动时间和运动训练水平有关。在进行短时间剧烈运动时，酮体无明显改变；在进行长时间的耐力运动时，尤其是在糖储备较少时，脂肪会被大量动员分解，酮体浓度明显升高，并与血浆游离脂肪酸浓度的升高保持一致。正因如此，进行耐力运动时，血液、尿中的酮体浓度的升高能间接反映体内糖储备的情况。在正常情况下，脑组织依赖摄取血糖氧化供能。长期处于饥饿状态时，酮体是脑组织主要的能量补充途径，所供能约占脑所需能量的 50% ～ 75%。因此，人体在运动时，酮体在一定程度上可代替血糖为脑组织和肌肉供应能量。酮体对脑组织具有重要意义：在机体糖储备减少时，可以降低脑组织对血糖的依赖性；防止中枢疲劳；节省血糖以保持运动能力；等等。此外，人体在运动时，一方面，酮体浓度的升高可以通过刺激胰岛素的释放，使血浆胰岛素浓度升高，从而抑制脂肪的脂解作用；另一方面，酮体还能直接抑制脂肪组织中的脂解作用。这两种代谢调节步骤，可以及时中止运动后超常的脂肪酸动员速率，促进机体的快速恢复。

## 三、运动与蛋白质代谢

### （一）氨基酸代谢与运动

体内 80% 的游离氨基酸存在于骨骼肌的氨基酸代谢库中，大多数氨基酸都可以进入糖代谢的过程之中。因此，氨基酸代谢库的大小决定了氨基酸参与供能程度的高低。丙氨酸是葡萄糖异生作用的关键氨基酸。肝内利用丙氨酸合成葡萄糖的速率远远超过其他氨基酸。丙氨酸本身在肌肉中并没有丰富的蛋白质资源，但其所含的蛋白质资源在运动时表现出明显增加的趋势，并且这种趋势与运动强度成正比。葡萄糖-丙氨酸循环的意义：丙氨酸在肝内异生成为糖，一是有利于维持血糖的稳定；二是可以防止在参与运动的肌肉中丙酮酸浓度过高导致乳酸增加；三是可以将肌肉中的氨气以无毒的形式运输到肝，以避免血氨浓度过度升高，这对保持健康及维持运动能力很有利。

### （二）蛋白质代谢与运动适应

长期进行运动训练或体育锻炼的个体，其骨骼肌蛋白质代谢的适应性改变主要体现在两个方面：一方面，外观上骨骼肌较之前变得粗壮发达，其蛋白质的合成代谢水平提高；另一方面，骨骼肌的代谢能力增强。

运动训练可以使蛋白质代谢增强、骨骼肌变粗、骨骼的皮质增厚、关节囊及韧带变厚、酶蛋白增多，以及使线粒体数量、体积产生变化。因此，蛋白质代谢是机体在参加力量训练或耐力训练过程中发生适应性改变的必要前提。不同类型的运动训练对肌肉蛋白质代谢的作用不同。例如，肌原纤维蛋白在肌肉蛋白质中占55%左右，主要包括肌球蛋白、肌动蛋白、肌动球蛋白、原肌球蛋白等，其合成主要受力量训练的影响。耐力性运动主要对线粒体蛋白及参与代谢的酶类物质起主要作用。这两种运动类型共有的特征是促使体内蛋白质代谢维持在正平衡的状态，且合成代谢大于分解代谢。

力量训练可以促进蛋白质的合成代谢，使肌肉增大，加快损伤后肌纤维的修复速度。力量训练可使骨骼肌体积增大，从占体重的40%增加到50%左右。耐力训练使骨骼肌中的线粒体数目增多，酶活性增强，提高了机体有氧代谢的能力。耐力训练通常具有低负荷、高重复性特点。长期进行高重复性的运动将引起骨骼肌代谢发生显著的适应性变化。尽管慢肌纤维在耐力训练影响下产生适应性粗大，但同时快肌纤维会产生适应性萎缩。因此，耐力训练对骨骼肌纤维整体大小的影响不大，但对骨骼肌抗疲劳性的提高具有重要作用。

# 第五节　航空体育的生物力学基础

## 一、骨的生物力学

人体骨骼在受到外力作用时，会出现几种不同形式的受力形式，包括拉伸、压缩、弯曲、剪切、扭转和复合载荷。这些外力载荷会在骨内产生拉应力、压应力和剪应力，并产生伸长、缩短和截面错位，对骨的结构造成一定的影响。

骨的横截面积会在一定程度上影响骨的强度和刚度。横截面积越大，骨的强度和刚度也就越大。骨越长，则其受到外力作用弯曲时所获得的弯矩越大。骨在扭转时，其截面惯性矩越大，骨的强度和刚度越大。

## 二、关节的生物力学

关节的主要功能是传递人体运动的力和保证身体各部位之间的灵活运动。人体的各种关节既能承受各种负荷，又能自如地进行各种快速运动和慢速运动。关节中的关节软骨可以润滑关节，增强关节面的适应性，起到缓冲的作用，并具有一定的渗透性、压缩性和拉伸性。

### （一）肩关节的生物力学

肩关节是典型的球窝关节，其关节囊薄且松弛、关节腔比较宽大，其中的关节和韧带较少也比较弱，不太稳定，容易发生关节脱位。肩关节是人体最灵活的一个关节，可以在三维方向进行运动，包括前屈、后伸、外展、内收、内旋、外旋和环转运动。在进行正常活动时，肩关节屈可达 $70° \sim 90°$ ，伸可达 $40° \sim 50°$ ，外展约 $90° \sim 120°$ 。

### （二）髋关节的生物力学

髋关节是人体中一个比较稳定的球窝关节，由球形股骨头和凹形的髋臼组成，是全身位置最深的关节，具有相对稳定的骨性结构，并由坚韧的关节囊和韧带及强大的肌肉群保护。髋关节既坚固又特别灵活，它可以将躯干的重量传达至下肢，具有负重和活动功能。髋关节的稳定性与关节活动的位置有关。髋关节全伸的同时微外展和内旋，此时髋关节最为稳定。当髋关节屈曲或内收时，股骨头进入髋臼的深度减小，髋关节的稳定性就相应减弱。髋关节可以前屈、后伸、内收、外展、内旋、外旋等。髋关节做屈伸活动时，股骨头沿横轴在髋臼内旋转；大腿内、外旋转时，以股骨头中心至股骨髁间的凹连线作为其活动的轴心。因此，股骨头在髋臼内还能做一定的滑动。人的股骨屈伸可达 $140°$ ，外旋和内旋约为 $75°$ 。

髋关节是一个轻微不和谐的关节，即髋臼与股骨头的不同部位并不承担相同的压力。例如，当人们行走时，髋关节摆动，髋臼仅在前部、后部与股骨头接触，承受压力，顶部则几乎没有压力；当单腿站立时，髋臼产生弹性应变而与股骨头的关节面完全接触。

### （三）膝关节的生物力学

膝关节是人体中较大且较复杂的关节之一。膝关节由股骨、髌骨和胫骨组成。长骨的结构特点决定了其在受到任何异常外力时，都会在作用点上显著地扩大。因此，膝关节比身体其他关节更易发生损伤。

髌骨是伸膝装置中的重要结构，髌骨改变了股四头肌拉力的方向，使肌力臂变长，提高了肌力效能，并且可以保护膝关节的前部。在膝关节的骨性结构、半月板、关节囊及附属韧带结构的共同作用下，膝关节可以保持静态与动态的稳定性。膝关节在完全伸直位时，关节将发生扣锁，以获得最大的关节稳定性，其原理：膝关节处于完全伸直位时，股骨在胫骨上向内旋转；处于过度屈曲位时，股骨则向外旋转，此时将通过关节面的咬合和交叉韧带的制动作用增加关节的稳定性。由此看出，膝关节的稳定性更多地依赖于关节周围的结构，尤其是侧副韧带的平衡。膝关节前部的稳定性有赖于伸膝装置的稳定，尤其是股四头肌的力量。

膝关节的稳定结构还有赖于前、后交叉韧带的制约，内、外侧副韧带的平衡，以及伸膝装置与股四头肌和腘绳肌的力量均衡。在膝关节屈曲时，后交叉韧带可防止胫骨相对于股骨后移，避免过分伸直。前交叉韧带能防止胫骨相对于股骨前移，即防止股骨向后移位，避免膝关节过分屈曲。腿部固定不动时，能防止股骨内旋。外侧副韧带从股骨外侧髁向下到达腓骨茎突，它在膝关节完全伸直时是绷紧的、在屈膝时便松弛。这有助于维持膝关节的稳定性。

半月板是膝关节的重要结构，其纤维的排列在前部主要是环形，与后部斜行韧带分成两个部分，呈现高度的各向异性，具有较大的强度。它可以使负荷分布在较宽的面积上，可以将股骨传来的压力分散到胫骨平台。日常生活中，膝关节屈伸幅度为 0° ～ 110°，内旋和外旋幅度为 10° ～ 15°；正常行走时，其屈伸角度约为 70°；下楼时，其屈伸角度约为 90°；上楼时，其屈伸角度小于 90°；坐位时，其屈伸幅度在 90° ～ 110° 最为适宜。

当人体处于正常的直立位时，重力线在膝关节中心前方，膝关节所受的力只有体重减去小腿重量和足重的差的一半。当人的站立体态不正确时，膝关节会产生力矩。当人的膝关节处于弯曲状态且站立或慢步上楼时，膝关节可能承受 3 ～ 5 倍体重的力。人在正常行走时，作用在膝关节上的力约为体重的 3 倍。

### （四）脊柱的生物力学

人的脊柱以椎体为功能单位，各椎体之间通过复杂的关节、韧带相互连接在一起。脊柱具有固有的韧带稳定性，其机械稳定性则取决于发达的肌肉动力系统。脊柱向骨盆传导来自头和躯干的重力，维持躯体在三维空间内的生理运动，如伸、屈和轴向旋转，以防止脊髓受到暴力冲击的伤害。腰部是躯干的主要负重区。当人处于坐位时，肌肉比较松弛，腰部的负荷比直立时大。若此时在腰后垫以靠枕，以使上体挺胸斜靠，则腰部受力可显著减轻。对于一个体重为 70 千克的人来说，当他处于直立位时，第 3 腰椎间盘的内压力约为 70 千克；如果其腰椎前屈，则椎间盘内压力可达 120 千克；若在此情况下再负重 20 千克，则椎间盘内压力可骤升至 340 千克。当身体前屈加大转动力矩后，椎间盘的负荷也会随之增加。

## 三、骨骼肌的生物力学

人体进行运动时，通过肌肉收缩牵拉骨骼绕关节转动，实现人体环节的运动或者使环节运动作用于外界环境。依据肌肉结构力学模型的性质，肌肉收缩时产生的总张力是由收缩成分产生的主动张力和弹性成分产生的被动张力叠加而成的。

肌肉表现最大张力时的长度称静息长度。当肌肉长度大于静息长度时，肌肉收缩时张力下降；当肌肉长度短于静息长度时，肌肉收缩时张力下降。肌肉中的结缔组织具有一定的弹性。肌肉处于平衡长度或小于平衡长度时，处于没有张力的放松状态。肌肉变长后会产生张力。人体在完成动作时，肌肉被拉长后应及时收缩，才能充分利用肌肉弹性成分的被动张力。在下蹲之后有停顿和无停顿（不加摆臂）的纵跳实验中表明，有停顿的纵跳高度较低，其原因：停顿时，肌肉及肌腱中的弹性成分松弛，如果停顿时间大于松弛时间，则肌肉产生的被动张力会被完全耗散，后续动作就只能单纯依靠肌肉收缩力来完成。当肌肉处于平衡长度时，肌肉不收缩，则总张力为零；当肌肉处于静息长度时，肌肉收缩，则总张力为被动张力与主动张力的生物叠加，此时肌肉总张力最大；当肌肉过于拉长时，肌肉收缩，此时主动张力下降，有可能导致总张力下降。

相关研究表明：为了发展肌肉力量，应尽可能地增加运动负荷；为了发展肌肉的收缩速度，应尽可能地减少运动负荷；为了使肌肉得到最大的功率输出和发展速度力量，应考虑力量与速度的组合效应。

## 四、韧带和肌腱的生物力学

韧带和肌腱中主要含有胶原纤维、弹性纤维和成纤维细胞，人体中的肌腱和韧带大多是胶原纤维，只有项韧带和黄韧带是弹性纤维。

胶原纤维的强度会随着负荷的增加迅速增加，直至达到屈服点。过了屈服点之后，胶原纤维就会产生非弹性变形，直至被破坏，破坏变形的范围为 6% ～ 8%。前交叉韧带及其他以胶原纤维为主的韧带主要分布于关节内外，其主要功能是稳定处于活动状态的关节，防止机体动作幅度过大，以保护关节。因此，这些韧带可变形的范围很小。

弹性纤维被施加较小的负荷，便可产生非常大的伸长变形。随着负荷的增加，弹性纤维的强度会突然增加，并且毫无变形地突然破裂。黄韧带和项韧带主要由弹性纤维组成，仅分布于脊柱，其作用是既要使脊柱有较大的灵活性，又要防止脊柱受到机械冲击。黄韧带和项韧带给椎间盘施加预应力，使脊柱产生固有的稳定性，从而使它的活动范围不能过大。因此，黄韧带的拉伸长度可以较大，但拉伸长度超过其原长度的 50% 以后，刚性就会迅速增加。

肌腱的功能是将肌肉附着于骨或筋膜上，并传递肌肉至骨或至筋膜的牵拉负荷，由此引起关节运动。跟腱是小腿三头肌（即腓肠肌和比目鱼肌）的肌腹下端移行的腱性结构，是人体最粗最大的肌腱，对人的行走、站立和维持平衡有着重要意义。据研究，当小腿三头肌收缩牵拉跟腱时，在 0 ～ 160 千克范围内，跟腱的长度变化与张力变化近似呈线性关系。正常人的跟腱的张力，在站立时为 10 千克，行走时为 100 千克，从 1 米高的位置跳下的落地瞬间为 200 千克。

# 第五章

# 飞行人员专项身体素质训练

## 第一节　提高灵敏性、协调性及反应速度

　　灵敏性、协调性及反应速度既是飞行员必须具备的身体素质，又是飞行员动作技能和各种运动素质在运动过程中的综合表现。灵敏性、协调性及反应速度建立在力量、速度（反应速度、动作速度）、柔韧性、节奏感等多种素质和技能之上，这些素质和技能的水平取决于神经系统的灵活性和可塑性，以及已建立的动作的储备数量。本节将介绍相关的练习方法，要求飞行学员在时空急剧变化的条件下能迅速地对动作做出准确判断，灵活应变，以及能表现出快速敏捷的反应速度、高度的自我控制能力及迅速改变身体或身体某部位运动方向的能力，达到提高灵敏性、协调性及反应速度的目的。

### 一、灵敏性、协调性及反应速度的基本原理

#### （一）条件反射的形成

　　灵敏性、协调性及反应速度是在极其稳固的运动技能基础上表现出来的，也就是在大脑皮质分析与综合能力高度发展的情况下才能体现出来。因为大脑皮质的分析与综合能力是在时间和空间上紧密结合进行的，所以学习每一个动作都必须按一定顺序进行。人脑皮质根据动作难易程度所给予的刺激按一定顺序形成反射，然后经过多次重复，形成熟练动作。因此，反复练习能使技术动作熟练化、自动化，使大脑神经过程兴奋与抑制的转换能力增强，进而提高大脑神经过程的灵敏性，使个体最终可以在任何环境中都能把技术动作熟练地完成。实践证明，掌握的基本技术正确且熟练，不仅能使飞行学员学习新的运动技能的速度加快，还能使技术运用得更加灵活；技术运用得越灵活，飞行学员就越富有创造力，灵敏性、协调性及反应速度也就表现得越好。

#### （二）条件反射形成后的强化

　　掌握技术动作后，还必须反复练习，不断强化，使之形成动力定型。条件反射形成后，如果不予以强化，暂时神经联系就会中断，条件反射就会消退，灵敏性也会降低。

### （三）前庭分析器

机体的前庭分析器对转体、维持平衡等动作的灵敏性的提高有重要作用。当身体向任何方向旋转或腾空时，由于前庭分析器的作用，机体才能感觉到身体在空间位置的变化，进而借助各种反射来调节肌肉紧张程度，以完成动作。因此，可利用体操、球类、田径等项目的一些特定动作改善前庭分析器的机能，以提高灵敏性、协调性及反应速度。

## 二、灵敏性、协调性及反应速度与飞行能力的关系

灵敏性、协调性及反应速度是指在各种突然变换的运动条件下，机体具有迅速、准确、协调地改变身体姿势和运动方向及方式的能力，是运动技能和各种运动基本素质在运动实践过程中的综合体现。

飞行能力是指在飞行持续时间长、飞行中跨时区等因素影响下，飞行人员仍能对复杂多变的情况及时且准确地做出判断及处置的能力。

灵敏性、协调性及反应速度与飞行能力水平的提高的关系主要从以下方面进行衡量。

（1）飞行员是否具有快速的反应、判断、维持平衡和随机应变能力。

（2）在完成动作时，飞行员是否能自如地控制自己的身体，在任何不同的条件下都能准确、熟练地完成动作。

（3）飞行员是否能把力量、速度、节奏感等素质通过熟练的动作表现出来。

由此可以看出，灵敏性、协调性及反应速度与飞行能力存在着明显的正相关关系，都受到大脑皮质神经过程灵活性的影响，都与技能信息的储备及熟练程度相关联。因此，灵敏性、协调性及反应速度是飞行人员必须具备的身体素质。学生在体育训练中学习各种各样的运动技能的过程，就是在大脑皮质中建立大量的暂时神经联系的过程。这种联系越多、越巩固，自动化的程度就越高，身体表现就越灵活，学习新的运动技能的速度也就越快，并且这些能力又能很容易地迁移到学习飞行技能的过程中。这对于掌握和提高飞行技术，确保飞行安全，顺利完成飞行任务都是很有利的。

## 第二节 提高前庭耐力、飞行耐力

前庭耐力是指飞行员在飞行中对连续颠簸、摇晃、翻滚的耐受能力。前庭耐力水平低的人，飞行中就会出现头晕、恶心、面色苍白等晕机症状。飞行员若前庭耐力水平低，就会影响飞行训练和将来的航线飞行，甚至危及飞行安全。那么，晕机是怎样产生的？怎样提高前庭耐力？要解决这些问题，首先就需要了解前庭耐力和飞行耐力。

## 一、前庭耐力

### （一）前庭耐力的基本原理

人体感知空间的体位变化的能力和维持平衡的能力，有赖于前庭分析器、视觉分析

器、本体感受器、触觉分析器和运动分析器的综合作用。晕机主要是因前庭分析器受到过强的刺激，超过了它的耐受限度引起的。前庭分析器的外围部分在内耳，内耳由半规管、前庭、耳蜗等组成（图 5-2-1）。内耳（图 5-2-2）管道曲折复杂，形状如迷宫，因此又被称为迷路。

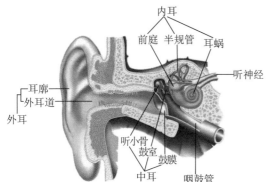
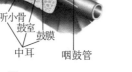

图 5-2-1　　　　　　　　　　　　　　图 5-2-2

　　3 个半规管由 3 个半月形的弯曲小管组成，位于内耳迷路的后上方。3 个小管互相垂直，分别叫作上半规管、后半规管、外半规管（水平半规管）（图 5-2-3）。3 个半规管内均有淋巴液，且都与椭圆囊相通，每个半规管的一端都有一个相对膨大的壶腹。壶腹内有一个小的隆起叫作壶腹嵴（图 5-2-4）。壶腹嵴是一个感觉器，主要感受旋转变速运动的刺激，由支持细胞和毛细胞组成。毛细胞上有一层胶状物叫作壶腹顶。毛细胞的纤毛插入壶腹顶，形状像一个毛刷（图 5-2-5）。每一个毛细胞上都有长短不等的单毛，其中一种较粗的毛是动纤毛，是传导壶腹顶位移刺激的感觉细胞纤毛；其他较细且长短不等的毛是静纤毛，在壶腹顶发生弯曲时，静纤毛有使之恢复原位的功能。当人体做旋转运动时，半规管里的淋巴液受惯性力的影响落后于半规管的移动，同时带动壶腹顶向与旋转相反的方向弯曲。这时，动纤毛把刺激传到毛细胞，经前庭神经传至中枢神经，使其感知体位的变化。由于 3 个半规管是互相垂直的，无论身体向任何方向旋转，中枢神经都能感知其变化。当人体做匀速运动时，半规管里的淋巴液随半规管一起运动，同时静纤毛使壶腹顶逐渐恢复到原来状态。此时，机体没有运动感觉。运动一旦停止，半规管里的淋巴液受惯性力的影响仍继续运动，冲击壶腹嵴，从而产生停止的感觉。（图 5-2-6）

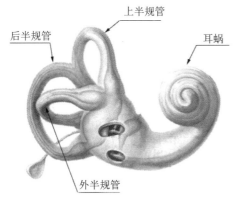

图 5-2-3

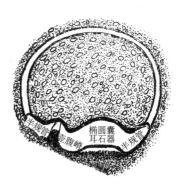

图 5-2-4

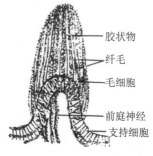

图 5-2-5

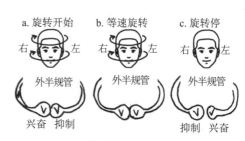

图 5-2-6

椭圆囊和球囊位于内耳的中部，其囊内有一个增厚的感觉上皮组织叫作囊斑。囊斑由支持细胞和毛细胞组成，其中，毛细胞与壶腹嵴的毛细胞基本相同，不过囊斑上的纤毛要比壶腹嵴的纤毛短。毛细胞的表面覆盖着一层胶质层，胶质层附有碳酸钙结晶，这就是耳石。当头部处于端正位置时，耳石均匀地压在毛细胞的表面，因这种均匀的压力已成习惯，末梢神经对此已经适应，故不会产生兴奋；当头部倾斜时，耳石受重力影响也向一侧倾斜，对毛细胞的压力发生变化，末梢神经随即产生兴奋。当兴奋传到中枢神经后，便会使人感知头部位置的改变（图 5-2-7）。耳石除了与感知头部位置的变化有关，还与感受直线运动、加速与减速运动、震动的刺激有关。

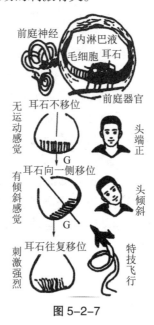

图 5-2-7

由于椭圆囊的囊斑位于椭圆囊的外层壁且略呈水平状，而球囊的囊斑位于球囊的前壁，二者互相垂直，无论机体向哪个方向改变，中枢神经都能感知人体姿势的变化。

组成前庭分析器的第二部分是传导部分。它与前庭发生的动眼神经相联系，可以反射性地引起眼肌有规律的收缩，产生眼震；它与支配颈部、四肢和躯干部位的运动神经相联系，可以反射性地引起四肢躯干肌力正常关系失调，使上体向一侧倾倒，导致不能沿直线行走，定向能力下降或遭到破坏；它与植物神经相联系，会产生一系列植物神经反应，如晕眩、恶心、呕吐、出冷汗、面色苍白、脉搏和血压改变等。

### （二）前庭耐力与飞行素质的关系

在飞行中，飞机的连续摇晃、颠簸及各种加速度是造成晕机的主要原因。一般情况下，直线加速度和径向加速度引起的重力变化，主要刺激椭圆囊和球囊的囊斑；小半径的转弯能刺激半规管的壶腹嵴；角加速度也主要刺激壶腹嵴。物体旋转且在半径变化的情况下，或在另一个平面上做旋转运动时，会产生科里奥利加速度（简称科氏加速度）。例如，飞机在做曲线飞行时，飞行员若低头看仪表再抬头看舱外，则容易产生科氏加速度。产生科氏加速度时，人的壶腹嵴及耳石会同时受到刺激，容易晕机，并且容易产生飞行错觉。除了上述主要原因，还有其他的原因。例如，体弱、过度疲劳，以及因大脑皮质功能不良而使前庭器官的控制能力减弱；因长期停飞使前庭耐力适应性减退；胃肠功能不良、心血管功能障碍、缺氧；等等。这些原因都能使前庭功能反应增高，使飞行员容易产生晕机症状。

提高前庭耐力的最好办法就是开展针对性的体育训练。飞行员可以通过增加飞行训练次数来逐渐提高前庭耐力，但这种方式成本较高，产生明显改善作用所需时间较长。飞行员在前庭耐力有明显改善前，一旦在飞行中发生晕机，就会影响其对飞机的控制，危险性较高；另外，经常晕机容易形成恶性条件反射，挫减飞行员的飞行信心。当然，也可以采取服用药物的办法，通过降低中枢神经系统的兴奋性来降低对过强的前庭刺激的敏感性，使前庭反应减轻。然而，这种"镇静"作用只是暂时的，并且会有副作用。实验证明：最好的办法是通过系统的体育训练来提高前庭耐力。空军航空医学研究所曾对43名有晕机症状的飞行员进行矫治锻炼，有效率达85.4%。在某空军飞行学院，将24名前庭耐力水平低的飞行学员分为两组进行对比实验：其中一组进行矫治锻炼后，全部通过了垂直定域的关键性科目；而另一组进行一般锻炼后，其晕机现象仍很明显，严重地影响飞行训练。该学院不得不对其中几名飞行员做停飞处理。

### （三）前庭耐力训练方法简介

根据上述前庭器官的解剖生理特点和训练教学的经验，主要介绍以下可增强前庭器官耐力水平的训练方法。

#### 1. 被动训练

被动训练是指应用各种加速旋转的器械使人体接受被动的旋转训练。例如，在离心机和转椅上，每天进行定量的旋转训练；在四柱秋千上，由他人推动，进行被动摆荡训练。考虑到视觉对晕机有影响，操练者在进行被动训练时，应采取睁眼与闭眼交替进行的方式。

被动训炼的优点：旋转的速度、摆荡的时间可随意控制，便于操练者掌握运动量和进行对照，训练效果比较好。被动训炼的缺点：操练者主观感觉欠佳，训练过程对人体的健康水平不利，并且消极适应产生的效果消退得也比较快。

#### 2. 主动训练

主动训练是指编制一些具有旋转、回环、摇晃等动作的训练内容，由飞行员在训练器械（旋梯、滚轮、旋转秋千、弹跳板、弹跳网等）上自行操练。摇头体操是一种简单易行的训练方法，包括左右摇头、前俯后仰、向左旋转360° 等动作。头动的频率为每秒1～2次，每种动作做50秒，5分钟为1组，然后休息5秒；每天早晚各做2次，每次做2组，坚持3～6天就会有效果。若在做摇头体操时感到难受，则头动频率可减慢，锻炼时间可缩短，运动强度可因人而异、循序渐进。"打地转"也是一种好的训练方法，即站位体前屈旋转加做头部上下左右摆动，然后在刚刚结束旋转时就立刻进行辨认方向等行为。这种训练的过程中可以产生科氏加速度，对提高前庭耐力有较好的效果。

主动训练的优点：操练者主观感觉良好，前庭耐力锻炼与身体素质的点、面提高相结合，效果易于巩固，效果消退速度也较被动训练慢。

### 3. 混合训练

混合训练是把被动训练和主动训练相结合进行，可用于对前庭耐力不良的飞行员进行专门的矫治训练炼。

## （四）提高前庭耐力应遵循的原则

根据前庭器官的构造与机能，前庭耐力的训练应遵循以下原则。

### 1. 在全面发展的基础上突出前庭耐力的训练

人体各器官、系统是在中枢神经系统调节下的统一整体，机体的各个组成部分都是互相联系、互相影响的。只有在全面发展身体素质的基础上，才能更好地提高某种身体素质。也就是说，如果对一个体质很弱的人只进行前庭耐力训练，是不可能取得显著效果的。只有在全面发展其身体素质的基础上，突出前庭耐力的训练，才能使其前庭耐力迅速提高并使效果持久。前庭器官的解剖生理研究表明，耳石与半规管之间在功能上相互影响较小，且它们各自形成的适应转移性较差。因此，每次锻炼时，学员应该选择一些能使半规管和耳石都能得到锻炼的练习方法。训练时应变换头部的位置，使某一个半规管的平面与旋转方向一致，以加强对这一个半规管的锻炼；也应使头部向左右或前后倾斜，从各个角度训练前庭器官。

### 2. 训练应持之以恒

前庭耐力的训练积累50小时即可见效，但训练效果消退得也比较快。一般情况下，停止训练5～7天就会出现消退现象。经过系统地训练，训练效果最多可以保持4个月，因此要持之以恒地训练。飞行员间断飞行时间比较长时，要加强地面训练；经常飞行期间，飞行员可以减少训练次数。

### 3. 训练应循序渐进

前庭分析器对旋转和摆荡刺激有一个适应过程，因此训练的次数、时间、强度应逐渐增加，不能操之过急，切忌刺激量过大，造成前庭器官的永久性损伤。一般应根据每个学员能够耐受的刺激量的一半作为其开始刺激量。

### 4. 经常变换练习方法

学员在进行旋转练习时，应以睁眼与闭眼交替进行、快速与慢速交替进行。在旋转时，如果能不断改变头部的位置，则可以产生科氏加速度，使半规管和耳石同时受到刺激，从而增强训练的效果。在旋转时，闭上眼睛并做突然停止，再做相反方向的旋转，对防止出现错觉有较好的效果。

总之，在训练时，每个学员应考虑到不同个体对各种训练动作会有不同反应，安排训练任务时要因人而异，有所侧重。

## 二、飞行耐力

### （一）飞行耐力简介

飞行耐力是指飞行员保持长时间飞行的工作能力。飞行是一种脑力与体力并用，并伴有种种环境因素影响和精神紧张的工作。飞行工作具有技术复杂、高速、机动及瞬间情况千变万化等特点，故要求飞行员的精神要高度集中、手脚要协调操作、耳朵要听指挥与联络的信号、眼睛要不断观察。一旦遇到突发情况，飞行员必须能在瞬间做出判断和处置，而且在紧要关头对飞行员工作能力的要求往往更接近于极限。飞行员在复杂气象条件下和夜间飞行中，精神压力更大，再加上缺氧、低气压、震动、摇晃、颠簸等作用于机体，将会产生大量的神经冲动传向大脑，极易引起疲劳。民航飞行员由于续航时间较长，活动受限制，外界刺激单调，容易产生疲劳。疲劳会使飞行员疲乏无力、头昏脑涨、精力难以集中、注意力范围变小、分析问题的能力降低、反应迟钝，甚至产生错觉，同时前庭耐力也会降低，从而影响飞行和运输任务的完成。

### （二）航空体育训练提高飞行耐力的生理学依据

疲劳是一种正常的生理现象，是机体需要从工作转为休息的信号，具有保护机体的积极意义。

活动给机体带来消耗，休息又可使机体所消耗的能量得到恢复，即机体的消耗与恢复是对立统一的。实验证明，在一定范围内，肌肉运动量越大，消耗过程越剧烈，其恢复作用也就越显著，这个规律叫超量恢复。这是通过体育锻炼可以提高耐力的生理依据。

对高级神经活动的研究证明：大脑皮质的调节具有机能定位的作用。大脑皮质的某一个区域的兴奋过程，可诱导已经产生疲劳的区域的抑制过程，而抑制过程有利于对所消耗的能量进行恢复。因此，航空体育训练可以缓解飞行员的过度紧张心理，加速疲劳消除，从而提高飞行耐力。

### （三）航空体育训练提高飞行耐力的途径

提高飞行耐力有如下两种途径。

#### 1. 合理安排飞行训练

不间断的飞行训练能使适应了的机能不消退，特别是神经系统对身体器官、系统的调节机能的改善，更有利于发挥代偿机能，抵抗疲劳的产生。通过飞行训练，飞行员的飞行技术日趋熟练，达到自动化程度，从而避免过度紧张，推迟疲劳的产生。由此看来，合理地安排飞行训练对提高飞行耐力有着独特的意义。

#### 2. 积极地开展飞行员的体育锻炼

飞行训练虽然可以增强飞行员的飞行耐力，但必须有飞行员健壮的身体作为基础。因此，把飞行训练与体育锻炼紧密地结合起来，能有效地提高飞行耐力。在体育锻炼中，凡能发展耐力素质的项目都有利于提高飞行耐力，如长距离的跑步、游泳、滑冰，紧张激烈的球类比赛，体操成套练习和综合练习等。通过训练，身体各器官、系统的功能发生深刻的变化，从而提高机体对飞行中各种不良因素影响的代偿能力。

飞行后的体育锻炼应富有趣味性。它可以作为积极性休息的手段来缓解飞行员在飞行中的过度紧张心理，消除飞行疲劳，以便让飞行人员有更充沛的精力和耐力来迎接新的飞行和运输任务。

# 第三节　提高对航空环境的适应能力

飞行人员对航空环境的适应能力是指飞行人员在高空缺氧和低压条件下所表现出来的工作能力。随着飞行高度的增加，空气逐渐稀薄，大气压力逐渐降低，人吸入的氧气也不断减少。在缺氧和低气压的影响下，人体会出现一系列的不良反应，如呼吸短促、心跳加快、血压升高、头痛、耳鸣、关节和肌肉疼痛、皮肤刺痛、全身疲乏、反应迟钝、记忆力和判断力减弱等。在现代民航运输过程中，飞机的飞行高度可在很短的时间内达到万米，且一次国际航班飞行可能会在短时间内跨过若干个气候区，外界气压、气温都会有很大变化。基于上述情况，飞行员必须增强心血管系统和呼吸系统的功能，使氧气能够被身体充分且迅速地吸入、运送和利用。因此，在航空体育教学和训练中，学员必须进行系统的高强度间歇性锻炼，如中长距离的耐力跑、快速跑、游泳，以及一些球类竞赛等，而且每项锻炼都应变换强度，以使身体经常在体内氧气不足的情况下工作，达到锻炼效果。

## 一、提高对缺氧的适应能力

### （一）缺氧及其类型

一切生命活动都需要能量。机体获取能量的生物过程是将化学结构复杂的食物氧化成化学结构简单的二氧化碳、水和其他物质。在这个过程中，氧是必不可少的物质，而且氧是维持人体生命活动所必需的物质。如果人体组织、细胞得不到正常的氧气供应，或者不能充分利用氧来进行代谢活动，就会导致组织的代谢、功能和形态结构发生异常变化，这个病理过程被称为缺氧。根据病因学和发病机理，可以将缺氧分为以下 4 种类型。

#### 1. 低张性缺氧

低张性缺氧是以动脉血氧分压降低为基本特征的缺氧，可导致组织供氧不足，又称为乏氧性缺氧。这种类型的缺氧对机上乘务员的影响较大。

#### 2. 贫血性缺氧

贫血性缺氧是指由于各种原因的严重贫血，使体内血红蛋白量减少，氧容量降低，氧含量也随之降低，由此造成组织、细胞的供氧不足。这种类型的缺氧对于评价有这种临床诊断（贫血）的旅客进行空中旅行的可行性非常重要。

#### 3. 局部缺血性缺氧

局部缺血性缺氧是由循环机能不全（如闭塞性动脉硬化、冠状动脉粥样硬化等）所致。这种类型的缺氧是空勤人员的体检内容。

#### 4. 组织中毒性缺氧

组织中毒性缺氧是指由于剧毒物质使组织细胞受到毒害，组织不能利用氧。这种类型的缺氧多发生于空难事故中的幸存者身上。

在航空事业高速发展的今天，虽然有了各式各样的密闭增压座舱和供氧设备，但国内外飞行事故的调查资料均显示，急性高空缺氧造成的飞行事故及飞行事故症候仍然占相当大的比例，原因是增压座舱不能经常保持海平面的压力。在高空飞行时，座舱内的压力可造成中等程度缺氧。尤其值得注意的是，高空缺氧所导致的飞行事故发生迅速，而且多在飞行人员毫无察觉的情况下发生，因此作为一名飞行人员，了解一些高空缺氧的知识是完全有必要的。

### （二）人体缺氧的表现

飞行是在大气中进行的。随着飞行高度的增加，空气愈加稀薄，飞行员极容易缺氧，进而引起机体的一系列生理变化。在海平面高度，人体内血氧饱和度是95%，人体工作能力正常。在3000米高空飞行时，人体血氧饱和度减少到90%，会出现轻度缺氧症状，但可以通过代谢作用使心跳加快、加强，使呼吸加深，增加心输出量，保证机体的供氧。这时，对于大部分人来说，除了视力稍受影响，仍能保持正常的工作能力。在5000米高空飞行时，人体血氧饱和度只有75%，会出现中度缺氧症状，这时身体虽然仍可坚持，但时间一长就会感到疲劳、嗜睡，甚至头痛、头晕、耳鸣、气喘，判断能力和思维能力下降。在6000米高空飞行时，血氧饱和度会下降到70%，出现严重缺氧症状，导致记忆力消失，四肢失去控制，动作变得不协调，此时飞行员处于危险状态。如果飞行高度继续增加，空气中氧的含量会越来越少，甚至吸入人体内的氧分压比血液里的氧分压低，氧气不但不向血液里弥散，血液里的氧还向外散逸。这时，若不采取措施，就会有生命危险。

### （三）影响缺氧耐力的因素

影响人体对急性高空缺氧适应能力的因素较多，在不同个体之间或同一个体不同条件下，其缺氧耐力均有差别。

首先是缺氧条件。除了上升高度这一决定因素，暴露时间和飞机上升速度对机体的缺氧耐力也有一定的影响。暴露时间越长，影响越大。特别是缺氧的后遗症，其与暴露时间的长短有密切的关系。如果在3000～5000米高度停留几小时，则回到地面后会出现头痛、恶心、疲乏、头晕等症状达数小时之久。即使是在恢复期，也可能出现视觉障碍、眼肌功能障碍、智力障碍等症状。飞机上升的速度越快，留给机体代偿反应的时间也就越短，缺氧症状也就越严重。

其次是机体的健康状况。例如，睡眠不足、吸烟、饮酒、空腹和过饱、各种急性感染、过度疲劳、病后机体衰弱等因素均会使缺氧耐力下降。

最后，一些合并因素也会使机体的缺氧耐力下降，如缺氧同时伴有高温、低温、加速度等。

### （四）航空体育训练对飞行员缺氧耐力的提高

在航空体育训练中，常采用长跑、游泳、球类比赛等。这些运动项目可以有效地增强心血管系统和呼吸系统的功能，提高造血机能，使红细胞的数量增加，利于氧的吸收、运送。这样，人体在轻度缺氧时就能充分发挥代偿作用，提高缺氧耐力。锻炼时应有意识地增加运动强度，使身体出现运动后的过量氧耗，达到呼吸急促的程度，有助于提高缺氧耐力。实践证明，平时经常进行锻炼的飞行人员，在高原机场执行飞行任务时会很快适应，缺氧症状也较轻。低压舱试验也证明：训练有素的运动员不戴氧气面罩上升到 7500 米高度，平均可停留 21 分 44 秒；受过一般训练的运动员可停留 16 分 20 秒；未受过训练的运动员有的只能停留 4 分钟，有的会呈现近乎昏迷的状态。由此可见，体育锻炼对缺氧耐力的提高很有效。

经常进行体育锻炼的人，其屏息时间会比一般人长。据实验测试可知：一般人吸气后屏息时间为 35～45 秒，呼气后屏息时间为 20～30 秒；男游泳运动员吸气后屏息时间为 50.8 秒，呼气后屏息时间为 51.2 秒，这个时间比普通人长一倍左右。如果飞行人员的缺氧耐力较好，一旦机舱供氧设备在空中失效，形成爆发性缺氧时，则可立即屏住呼吸，并有足够的时间改用紧急供氧设备，然后尽快下降到安全高度。因此，在航空体育训练中设置长跑和游泳项目，对改善和提高飞行员的缺氧耐力非常有效。

## 二、提高对冷热程度和冷热变化的适应能力

人体刚从高温环境转移到寒冷环境或刚由寒冷环境转移到高温环境时，都要发生一系列较强烈的生理反应，即人体会表现出不安的状态，体温平衡也会受到干扰；在这种环境中生活数天后，人体的不安状态会逐渐改善，各种生理活动也会逐渐正常化，脑力劳动和体力劳动也能逐渐照常进行。这种变化便称为气候适应，它是人体适应性的一种表现。飞机在飞行中的特定气候条件，不但要求飞行员对寒冷酷热要有耐受能力，而且要求飞行员对在短时间内的冷热剧变也要有相应的适应能力。

### （一）冷热程度和冷热变化对机体的生理影响

体温保持相对恒定是进行新陈代谢和正常生命活动的必要条件。体温的相对恒定有赖于中枢神经系统不断地对产热过程和散热过程进行精确调节。中枢神经系统接受内、外温度感受器传入的冲动，也接受血液温度变化的直接刺激，从而通过神经和神经–体液的途径来改变有关效应器的活动，实现体温的相对恒定。

当外界温度降低时，皮肤冷觉感受器受到刺激，传达到产热中枢，然后经运动神经和交感神经系统反射引起肌肉紧张，以及肾上腺髓质、皮质和甲状腺的分泌加强，从而加强肝糖原的分解和组织的氧化过程，产生大量的能量来增加体温。当外界温度升高或体内产热过多时，又可使散热中枢兴奋，引起皮肤血管舒张、汗液分泌增加等反应来散热。

产热中枢与散热中枢之间有着密切的联系。当产热中枢兴奋时，将通过相互诱导机理使散热中枢受到抑制，于是体温升高；当体温升高后，产热中枢又反过来刺激散热中枢，使散热中枢兴奋。这样，体温才能得以保持相对恒定。

在正常机体内，体温调节中枢受大脑皮质制约，寒冷或温热的刺激都能产生条件反射。夏季，飞机在停机坪停放时会受到太阳的照射，会发生典型的温室效应。太阳辐射透过机舱窗口进入舱内，内部设备加温，且舱内的热量又不容易散发到舱外，致使机舱内温度升高，最高可达 60℃。飞行过程中的温室效应是指飞机空气动力的加热作用、机舱电子设备的散热作用、空调设备失灵等因素造成的机舱内温度升高，从而增加飞行员的热负荷。高温会使飞行员出现倦怠、嗜睡、注意力难以集中、反应慢、缺氧、耐力差等现象。

冬季，当飞机发动机尚未发动时，机舱内会异常寒冷，尤其是在寒冷地区，机舱内的温度常常在-30℃左右。飞机起飞后，高空空气稀薄，空中受地面的热辐射较少。高度越高，气温越低，每上升1000米，气温平均下降约6℃。低温会使飞行员肌肉紧张、关节僵硬、手脚麻木，导致飞行员身体的灵活性和协调性降低，从而影响飞行员的操作动作。即便飞机上有加温设备，飞机在寒冷地区尚未发动以前，机舱中的温度还是会很低。

我国地域辽阔，各地气候受纬度、海拔、地面状况等条件影响，差异很大。冬季，北方早已千里冰封，南方却温暖如春。飞行员在一次转场飞行过程中，在很短时间内可能会经过若干个气候区，经历较大的温度变化。例如，飞机从地面起飞时，机舱温度可能会很高。在飞行过程中，随着高度的增加，气温将快速下降，几分钟后飞机即可进入-56℃的平流层飞行；当飞机由高空飞行突然降为低空高速飞行时，机舱温度又可能出现高温。这就要求飞行员对短时间内的冷热剧变有相应的适应能力。

## （二）航空体育训练对飞行员冷热适应能力的提高

### 1. 航空体育训练时的体温变化与调节

进行航空体育训练时，飞行员体内物质能量代谢加快、产热增加。虽经体温调节加强了散热过程，但仍因散热过程落后于产热过程而使体温升高。体温的适度升高对人体是有利的，但当体温升高到40℃时，会对人体不利。研究证明，人体活动的最佳温度是37.2℃，肌肉活动的最佳温度则是38℃。如果继续升高温度，血液供应就会转向皮下，由不显汗蒸发形式散热变为以分泌大量汗液来散热。

体温升高的程度与航空体育训练时的运动强度、持续时间、活动时的气象条件（气温、水温、风速、空气湿度），以及飞行员的训练水平有关。一般情况下，运动强度越大，持续时间越长，体温上升得也越高。例如，中距离跑步后，腋下温度可升高到37.5～38℃；长距离跑步后，腋下温度可升高到38.5℃；超长距离跑步后，腋下温度有时甚至超过40℃。因此，在高温、高湿的条件下，长时间运动可增强飞行员对高温的适应能力。

随着航空体育训练水平的提高，飞行员体内产热和散热的调节机能日趋完善，对环境温度的变化也更加适应。

### 2. 航空体育训练可提高飞行员对冷热的耐受能力

飞行员在航空体育训练中，要不惧严寒酷暑，要有意识地对冷热的适应能力进行锻炼。在严寒和酷暑的条件下进行航空体育训练，能更好地提高体温调节能力，从而更加有利于增强体质和提高对冷热的耐受能力。科学研究证明，人体在一定限度内可以通过神经调节使产热过程和散热过程得到改善，提高对冷热的耐受能力。在自然气候条件下，完成提高冷热耐受能力的训练所需要的时间一般为两周左右。如果强度较大、体力活动较多时，则约80%的人最多在5天内就可以达到同样的效果。一旦机体能适应环境温度后，机体的不良反应便可减轻，体温调节效应器官会发生适应性改变，表现为出汗反应加快、时间延长、出汗率上升，从而有利于散热。另外，汗盐浓度较适应前减少了一半以上，也有利于水盐平衡。

飞行员在低温环境中长期生活或持续性地锻炼，能逐步增强对低温的适应能力，表现为代谢率升高，寒战性产热被非寒战性产热代替，皮下脂肪的隔热性能增加、散热减少，受冷部位血管收缩性减轻。在低温诱发下，血管舒张性反应发生得早、幅度大且频繁，使局部皮肤温度升高，提高耐寒能力。

## 三、提高飞行员的暗适应能力

目前的研究已经证明，飞行员在飞行中所需的信息有80％以上都是由视觉提供的。在飞行活动中，飞行员通过视觉观察仪表和外部特征，通过听觉实现对空中交通管制员（Air Traffic Controller，ATC）通话信息、甚高频全向无线电信标（Very High Frequency Omnidirectional Radio Range，VOR）、无方向性无线电信标（Non-Directional Beacon，NDB）等听觉信息的监听与鉴别。然而，人眼在结构上和功能上都存在着局限，在特定条件下会严重危及飞行安全。为防患于未然，每一个飞行学员和飞行员都应了解人眼在飞行活动中存在的局限，从而提高自己的处境意识和收集信息的能力。

### （一）飞行中视觉适应的生理学基础

视觉适应可分为对暗的适应和对光的适应。对暗的适应过程称为暗适应，对光的适应过程称为明适应。例如，从明亮的阳光下进入已熄灯的电影院时，刚开始眼前一片漆黑，经过一段时间以后，眼睛就能够分辨出物体的轮廓了。这种现象便是暗适应。暗适应是环境刺激由强向弱过渡时，由一系列相同的弱光刺激使得视觉对后续的弱光刺激感受性不断提高。暗适应的生理机制是杆状感光细胞中的视紫红质（对弱光敏感）的合成增多，对弱光刺激的感受性便逐渐提高，慢慢地就能看清周围物体了。暗适应的时间很长，大约需要30分钟才能全部完成。明适应的速度则很快，几秒便能完成。

视觉的适应现象在飞行活动中随处可见。例如，在夜间飞行时，飞行员由明亮的休息室进入相对昏暗的驾驶舱内、由日照区转向黑暗的仪表区；在傍晚着陆时，由1万米的高空迅速进入相对昏暗的低空；飞越不同时区的上空；等等。这些情况都会使飞行员经历暗适应。然而，在暗适应状态下，飞行员往往视物不清，使仪表识读的时间增加。很显然，在这种状态下起飞与着陆，将有可能影响动作的准确性，甚至造成撞击障碍物或偏离跑道，以及拉平、接地时机判断失误等后果。如果此时有其他飞机在同一航线上飞行，则可能因"视而不见"或发现太晚而危及飞行安全。因此，对于飞行员来说，提高暗适应能力是非常重要的。

视网膜是接受光作用的器官。光刺激引起视觉的过程，首先是光线透过眼的折光系统到达视网膜，并在视网膜上形成物像，同时使视网膜感觉细胞兴奋，其所产生的神经冲动经视神经传导到大脑皮质的视觉中枢，从而产生视觉。视网膜有两种感光细胞，即视锥细胞和视杆细胞。视锥细胞感受强光刺激，在明亮的光线下能分辨物体的大小、形状和颜色，它分布在视网膜的中间，越靠近黄斑越密集，越靠近边缘越稀少；视杆细胞感受弱光刺激，能识别微弱光线下的物体，分布在视网膜的周边区域，距黄斑的中央凹5～6毫米的区域最多，是低照明下最敏感的视网膜区。因此，夜间观察目标时，不应利用黄斑中心凹区域的视网膜进行注视，而应将视线稍偏离，使物像正好落在视杆细胞最多的部位。这种利用周边视觉观察目标的能力是可以通过锻炼得以提高的。

## （二）促进暗适应的措施

（1）夜航飞行前和飞行期间应避免强光照射。飞行员可在夜航飞行前30分钟进入座舱，在此期间要避免诸如前灯、着陆灯、频闪光灯、闪光灯等强光源的照射。

（2）如果突然遭遇强光，飞行员可闭上一只眼睛以保持该眼对暗光的感受力，这样做可使该眼在强光消失后仍能看清暗光下的物体。

（3）如果是由明亮的区域逐渐飞入黑暗的区域，则飞行员可戴上太阳镜，以便逐渐适应黑暗。

（4）夜航飞行时，根据需要可调节仪表内的照明灯并保持在适宜的亮度范围内，这有助于飞行员克服外景与仪表之间视线转移造成的暗适应现象。当飞行员感到视觉模糊时，较频繁地眨眼也有助于促进暗适应。

## （三）航空体育训练对飞行员暗适应能力的提高

### 1. 视觉在体育训练中的作用

视觉在机体与外界环境的相互作用之间起着非常重要的作用。人类的视觉器官十分敏感，能分辨出物体的大小、形状、明暗、距离、动静，以及物体在空间里的相互作用。视觉是进行体育活动时所发生的各种综合感觉分析的重要组成部分。例如，飞行员在掌握动作技能过程中和没有熟练掌握动作技能之前，视觉起主导作用。视觉机能对于人体在运动时掌握环境的状况、产生空间的感觉、控制本身的动作，以及观察赛场上的变化等均具有非常重要的意义。在对抗性运动项目中，如击剑、拳击、摔跤等，要求有敏锐的视力，在球类运动的对抗比赛中，要有良好的主体视觉、开阔的视野等，才能发挥高超的技术水平。

视觉在维持身体平衡方面也起着重要的作用。在前庭分析器完全损坏的情况下，甚至是在丧失了来自身体的大部分本体感受性信息以后，一个人仍可以依靠其视觉机能来有效地维持身体平衡。视觉机能可以通过检查直立姿势来帮助一个人维持平衡。许多前庭分析器已完全损坏的人，只要睁着眼睛且缓慢地完成各种运动，就能保持正常的平衡，但当进行快速活动或闭上眼睛时，就会立即失去平衡。当视觉机能发生障碍时，人体就会丧失方向感和平衡感，导致不易保持身体平衡和正确的姿势。因此，在航空体育训练中要注意加强视觉机能的训练。

### 2. 航空体育训练提高飞行员暗适应能力的途径

一方面，视觉在航空体育训练中起着非常重要的作用；另一方面，航空体育训练可以改善飞行员的视觉，提高其暗适应能力。

（1）为配合夜航训练，可组织飞行人员在黄昏或月夜开展篮球、排球运动的教学比赛。

（2）在体育馆内进行羽毛球比赛，灯光由亮逐渐变暗。

（3）让飞行员戴上特制的眼镜（可取消周围视觉或取消中央视觉）进行练习。

# 第六章

# 身体素质训练

## 第一节　力量素质训练

### 一、悬吊练习

#### （一）胸部肌群练习

**1. 俯卧撑**

两脚分别套入悬吊训练绳的两个握环中，腰背平直，肩、腰、大腿在同一直线上，两手间距略宽于肩，两臂自然伸直并垂直于地面（图 6-1-1）。屈臂时，上臂与地面平行（图 6-1-2）；撑起时，两臂伸直。动作过程中，身体始终保持平直，腰背收紧。

图 6-1-1

图 6-1-2

**2. 俯撑交替触臂**

两脚分别套入悬吊训练绳的两个握环中，腰背平直，肩、腰、大腿在同一直线上，两手间距略宽于肩，两臂自然伸直并垂直于地面，两手交替触异侧臂（图 6-1-3）。动作过程中，身体始终保持平直，腰背收紧，身体尽量不要晃动。

**3. 脚抬高俯卧撑**

两脚分别套入悬吊训练绳（长度适当缩短）的两个握环中，腰背平直，肩、腰、大腿在同一直线上，身体与地面形成一定角度，两手间距略宽于肩，两臂自然伸直并垂直于地面（图6-1-4）。屈臂时，上臂与地面平行；撑起时，两臂伸直。动作过程中，身体始终保持平直，腰背收紧。

图6-1-3

图6-1-4

### 4. 胸推

两脚分开与肩同宽，两手掌心朝下握住悬吊训练绳的两个握环，两臂向体前伸直，将悬吊训练绳绷紧，肩、腰、大腿在同一直线上（图6-1-5）。屈臂时，上臂与前臂成90°角（图6-1-6）；撑起时，两臂伸直。动作过程中，身体始终保持平直，腰背收紧。练习者可以通过调整身体与地面的夹角来提高动作难度。

图6-1-5

图6-1-6

### 5. 一侧手臂外伸推

两脚分开与肩同宽，两手掌心朝下握住悬吊训练绳的两个握环，两臂向体前伸直，将悬吊训练绳绷紧，肩、腰、大腿在同一直线上。一侧手臂弯曲至上臂与前臂成90°角，另一侧手臂向侧直臂伸展（图6-1-7）。撑起时，弯曲的手臂伸直。动作过程中，身体始终保持平直，腰背收紧。练习者可以通过调整身体与地面的夹角来提高动作难度。

### 6. 半俯卧推

两膝着地，两手掌心朝下握住悬吊训练绳的两个握环，两臂向体前伸直，将悬吊训练绳绷紧，肩、腰、膝在同一直线上。屈臂时，上臂与前臂成90°角（图6-1-8）；撑起时，两臂伸直。动作过程中，腰背收紧。

图 6-1-7

图 6-1-8

## （二）肱三头肌练习

### 1. 跪姿下压

两手正握悬吊训练绳的两个握环，两膝跪地，身体重心前移，两肩打开，两臂伸直上举，肩、腰、膝在同一条直线上（图 6-1-9）。屈臂时，身体前倾至两肘关节靠近头部；撑起时，两臂伸直撑起，回到开始姿势。动作过程中，腰背收紧。

图 6-1-9

### 2. 站姿下压

两手正握悬吊训练绳的两个握环，两脚并拢，身体重心前移，两臂伸直上举，肩、腰、大腿在同一条直线上（图 6-1-10）。屈臂时，两臂弯曲，身体前倾至两肘关节靠近头部（图 6-1-11）；撑起时，两臂伸直。动作过程中，身体保持平直，腰背收紧。

图 6-1-10

图 6-1-11

### 3. 伸肘

两手正握悬吊训练绳的两个握环，两脚并拢，身体重心后移，上臂与前臂成90°角，上臂靠近身体，肩、腰、大腿在同一直线上（图6-1-12）。伸肘时，两臂伸直靠近身体；屈肘时，回到开始姿势。动作过程中，身体保持平直，腰背收紧，上臂始终靠近躯干。

### 4. 跪姿单臂下压

两手正握悬吊训练绳的两个握环，两膝跪地，身体重心前移，两肩打开，两臂伸直上举，肩、腰、膝在同一直线上。一侧手臂弯曲，身体前倾至肘关节靠近头部，另一侧手臂向斜上方伸直保持直臂姿势（图6-1-13）。身体重心后移，弯曲的手臂伸直，回到开始姿势，换对侧手臂重复练习。动作过程中，腰背收紧，躯干正直。

图 6-1-12

图 6-1-13

## （三）肱二头肌练习

### 1. 屈肘

面对悬吊训练绳，两手反握悬吊训练绳的两个握环，两脚并拢，身体重心后移至两臂完全伸直（图6-1-14），肩、腰、大腿在同一条直线上。上拉时，两臂屈肘，使前臂尽量靠近上臂（图6-1-15）。然后，两臂缓慢伸直，回到开始姿势。动作过程中，身体保持平直，腰背收紧。

图 6-1-14

图 6-1-15

### 2. 坐姿屈肘

面对悬吊训练绳，两手反握悬吊训练绳的两个握环，坐于地面上，身体重心后移至手臂完全伸直（图6-1-16），腰背挺直。上拉时，两臂屈肘，使前臂尽量靠近上臂（图6-1-17）。

然后，两臂缓慢伸直，回到开始姿势。动作过程中，腰背收紧。

图 6-1-16

图 6-1-17

### 3. 上肢伸展（单手拉）

面对悬吊训练绳，两臂弯曲，两手抓握悬吊训练绳的两个握环置于胸前，肩、腰、大腿在同一条直线上。一侧手臂随着身体重心后移伸直；另一侧手顺势松开握环，随着身体的转动，松开的手臂向后伸直，与悬吊训练绳在同一条直线上。上拉时，松开的手抓住握环，两臂弯曲，回到开始姿势，换对侧手臂重复练习。动作过程中，身体保持平直，腰背收紧。

### （四）背部肌群练习

#### 1. 反向直腿划船

直体仰卧，两手握住悬吊训练绳的两个握环，两臂伸直且与悬吊训练绳成一条直线，肩、腰、大腿在同一条直线上，脚跟着地（图 6-1-18）。上拉时，屈肘至上臂平行于地面，两侧肩胛夹紧（图 6-1-19）。然后，两臂伸直，回到开始姿势。动作过程中，身体保持平直，腰背收紧。

图 6-1-18

图 6-1-19

#### 2. 低身划船

直体仰卧屈膝，两手握住悬吊训练绳的两个握环，两臂伸直且与悬吊训练绳成一条直线，肩、腰、膝在同一条直线上，两腿屈膝成 90°角，两脚着地（图 6-1-20）。上拉时，屈肘至上臂平行于地面，两侧肩胛夹紧（图 6-1-21）。然后，两臂伸直，回到开始姿势。动作过程中，腰背收紧。

图 6-1-20

图 6-1-21

### 3. 反向T形飞鸟（屈臂、直臂）

面对悬吊训练绳，两手握住两个握环，身体重心后移，两臂伸直且与悬吊训练绳成一条直线。上拉时，屈肘至上臂平行于地面，或两臂直臂外展至身体两侧，两侧肩胛夹紧。然后，两臂伸直，回到开始姿势。动作过程中，身体保持平直，腰背收紧。

## （五）腹肌练习

### 1. 悬吊手支撑卷腹

直臂俯撑，两脚分别套入悬吊训练绳的两个握环中，肩、腰、腿在同一条直线上。屈膝收腹，膝关节前收至腹部位置（图 6-1-22）。然后，直腿伸膝，回到开始姿势。动作过程中，两臂始终保持直臂支撑，臀部不得过高。

### 2. 悬吊平板支撑

屈肘俯撑，两脚分别套入悬吊训练绳的两个握环中，肩、腰、腿在同一条直线上（图 6-1-23），支撑至规定时间。动作过程中，身体保持平直，腰背收紧，身体不要晃动。

图 6-1-22

图 6-1-23

## （六）下肢力量练习

### 1. 单腿深蹲

面对悬吊训练绳，单脚站立，另一侧腿向前伸直且与地面平行，两手握住悬吊训练绳的两个握环。下蹲时，抬起腿保持不变，支撑腿屈膝、屈髋深蹲，两臂伸直且与悬吊训练绳成一条直线（图 6-1-24）。起身时，屈肘回拉，支撑腿蹬地伸直，回到开始的单腿站姿，换对侧腿重复练习。动作过程中，抬起的脚不得着地。

### 2. 悬腿背支撑

平躺仰卧，两脚分别套入悬吊训练绳的两个握环中，两肩着地，肩、腰、腿在同一条直线上，两臂向两侧伸直（图 6-1-25），支撑至规定时间。动作过程中，身体保持平直，腰背收紧，身体不要晃动。

图 6-1-24

图 6-1-25

### 3. 仰卧屈腿

仰卧，两脚分别套入悬吊训练绳的两个握环中，两肩着地，肩、腰、腿在同一条直线上，两臂向两侧伸直。回拉时，股后肌群发力，顶髋屈膝至大腿与小腿成 90° 角（图 6-1-26）。然后，直腿伸膝，回到开始姿势。动作过程中，腰背收紧。

### 4. 登山式

直臂俯撑，两脚分别套入悬吊训练绳的两个握环中，肩、腰、腿在同一条直线上。一侧腿保持伸直，另一侧腿提膝至胸部高度（图 6-1-27）。之后，提膝腿伸直，回到开始姿势，换对侧腿重复练习。动作过程中，始终保持直臂支撑，腰背收紧。

图 6-1-26

图 6-1-27

## 二、活动滚轮力量练习

### （一）单人练习

#### 1. 上肢力量练习

（1）上斜俯卧撑：站至活动滚轮外侧，两手撑于圆环上，腰背挺直，身体成一条直线，屈臂至胸部接近圆环（图 6-1-28）；然后两臂伸直推起，还原至起始姿势。

图 6-1-28

（2）俯身划船：俯身站至活动滚轮内侧，两脚分开至略宽于肩，两腿屈膝至大腿与小腿约成 130° 角，上体挺直且稍向前倾，两手（间距略宽于肩）抓握圆环，背部发力将活动滚轮上拉至胸部稍下高度。（图 6-1-29）

图 6-1-29

（3）跪姿推举：跪立于活动滚轮外侧，腰背挺直，两手紧握下方圆环，将活动滚轮直臂撑起；然后，屈臂，使活动滚轮降至胸前。（图 6-1-30）

图 6-1-30

（4）站姿推举：站至活动滚轮外侧，上体正直，两腿分开至与肩同宽，两手抓握下方圆环撑于体前，保持腕、肘、肩在一条直线上，屈臂下放活动滚轮至胸前。（图 6-1-31）

图 6-1-31

（5）肱二头肌弯举：站至活动滚轮内侧，身体正直，两手反握圆环，上臂保持固定，屈肘，使活动滚轮靠近肩部。（图6-1-32）

图6-1-32

（6）靠杠臂屈伸：背对活动滚轮外侧站立，两手撑于圆环上，挺胸收腹，两腿伸直，脚跟着地，屈肘至上臂与地面平行后，直臂推起还原。（图6-1-33）

图6-1-33

（7）引体向上：两脚踩上杠，两手抓握下杠，待保护者将活动滚轮固定后，练习者背部发力，将身体向上牵拉至下颌与下杠齐平（图6-1-34）；然后控制身体缓慢下降，重复进行。

**2. 腰腹力量练习**

（1）悬垂举腿：两脚踩下杠，两手抓握上杠，两臂伸直，保持躯干稳定，两腿并拢伸直并向上抬至最大限度（图6-1-35），下放还原并重复。

图6-1-34　　　　　　　　　　图6-1-35

（2）四点支撑：俯卧于活动滚轮上，手脚四点支撑，两手抓握上杠，两脚踩下杠，腹部收紧，保持身体稳定，依次完成抬单手、抬单脚，以及同时抬异侧手脚的动作（图6-1-36）。

图 6-1-36

### 3. 下肢力量练习

（1）单腿下蹲：上体正直，两臂侧平举，右腿站在圆环上，左腿抬起，随后右腿屈膝下蹲至最大限度；在下蹲过程中，左腿始终保持抬起并伸直（图 6-1-37）。略做停顿后，还原至起始姿势。完成后，换另一侧练习。

图 6-1-37

（2）硬拉：站至活动滚轮外侧，正对活动滚轮，屈膝下蹲，两手抓握圆环，腰背平直，两腿蹬地发力，挺髋，将活动滚轮拉离地面，身体直立（图 6-1-38）略做停顿后，还原至起始姿势。

图 6-1-38

（3）保加利亚单腿蹲：背对活动滚轮，左腿单腿站立，右脚脚背搭在圆环上，两臂屈肘置于体侧，腰背挺直，左腿屈膝下蹲至最大限度（图 6-1-39）。然后，发力站起，还原至起始姿势。完成后，换另一侧练习。

图 6-1-39

（4）跳深：右腿单腿站立于圆环上，左腿前伸抬起，上体正直，左腿前迈并自然下落；两脚同时着地后，两臂快速向上摆动并向上跳起。（图 6-1-40）

图 6-1-40

（5）支撑跳：站至活动滚轮外侧，两手抓握圆环，两腿并拢微屈，下肢发力，由活动滚轮外侧跳至内侧（图 6-1-41）；再由内侧跳至外侧，连续进行。

图 6-1-41

### 4. 平衡练习

独木桥：站至圆环上，两臂侧平举以保持身体平衡，沿圆环行进。（图 6-1-42）

图 6-1-42

## （二）多人练习

### 1. 上肢力量练习

（1）颈后臂屈伸：站至活动滚轮内侧，两腿开立至与肩同宽，上体正直，两臂肘关节内收，两手（间距与肩同宽）抓握圆环置于肩后侧；上臂不动，两臂伸直，将活动滚轮举至头上方。（图 6-1-43）

图 6-1-43

（2）颈前推举：站至活动滚轮外侧，两腿左右开立，上体正直，两手（间距略宽于肩）抓握圆环，将活动滚轮抬至胸前；两臂伸直，将活动滚轮举至头上方（图 6-1-44）；然后，两臂屈肘，将活动滚轮降至颈后，重复进行。

图 6-1-44

**2. 下肢力量练习**

（1）半蹲：站至活动滚轮内侧，两腿开立至与肩同宽，上体正直，两手（间距略宽于肩）抓握圆环，将活动滚轮举至颈后三角肌上部，屈膝下蹲至膝关节弯曲约成 90° 角（图 6-1-45）；然后，还原至起始姿势。

图 6-1-45

（2）弓步蹲：站至活动滚轮外侧，两腿直立，上体正直，右手抓握圆环，左腿向前迈出，两腿同时屈膝下蹲至膝关节约成90°角（图6-1-46）；然后，还原至起始姿势，两腿交替练习。

图 6-1-46

（3）站姿提踵：站至活动滚轮内侧，两腿开立至与肩同宽，上体正直，两手（间距略宽于肩）抓握圆环，将活动滚轮举至颈后三角肌上部，踝关节发力，向上抬高脚跟（图6-1-47）。稍做停顿后，脚跟下落，重复练习。

图 6-1-47

# 第二节 速度素质训练

## 一、速度素质的概念

速度素质是指人体或人体某一部分快速位移、快速完成动作或对外界刺激做出快速运动反应的能力，是提高人体运动能力必不可少的重要条件。

## 二、速度素质的分类

速度素质可分为反应速度、动作速度和位移速度。

### （一）反应速度

反应速度指人体在接受各种信号（光、触、声）刺激后做出反应的速度，主要依赖人体中枢神经系统的反射能力，包括视觉、触觉、听觉对各种信号刺激的快速反应能力。例如，径赛运动员听到发令枪声后的起跑反应速度，篮球运动员的跳球反应速度。

### （二）动作速度

动作速度指人体完成单一动作或成套动作的速度。例如，田径跳跃项目的起跳速度，田径投掷项目的出手速度，篮球运动员的传球速度、投篮速度，拳击运动员的出拳速度、踢腿速度，等等。人们通常用单位时间内所能完成的动作次数来衡量速度。

### （三）位移速度

位移速度反映的是人体在单位时间内完成相应位移的速度，主要通过人体的步长和步频实现。

## 三、影响速度素质的主要因素

### （一）力量

力量是决定人体速度素质的主要因素之一。根据力量与体重的关系，力量可分为绝对力量和相对力量；根据肌肉收缩的形式，力量可分为静力性力量和动力性力量；根据力量的表现形式，力量可分为最大力量、快速力量和力量耐力。提高人体各部位的肌肉力量是提高人体速度素质的关键因素。

### （二）技术

技术是决定速度素质的主要因素之一。运动员要想具备良好的速度素质，运动技术就必不可少。在拥有较好力量素质的同时，注重技术训练是运动员提高速度素质的关键。现以短跑技术为例，对如何提高速度素质进行详细介绍。

#### 1. 短跑技术的阶段

短跑一般分为起跑、加速跑、途中跑、终点跑4个阶段。

（1）起跑。

起跑的目的是使人体获得向前的推进力，从而使人体尽快摆脱静止状态，为后续加速跑建立一个良好的基础。短跑项目采用蹲踞式起跑方法，过程主要分为"各就位""预备"和鸣枪3个阶段；中长跑或长跑采用站立式起跑方法，过程分为"各就位"和鸣枪2个阶段。

"各就位"时，运动员走到起跑器前，两手撑地，两脚依次踏在前、后起跑器的抵足板上，后膝触地，两手、两脚、后膝五点支撑于地面上。两手虎口自然分开，两臂自然伸直或微屈，两手间距稍比肩宽，身体重心在两手、两脚和后膝之间。（图6-2-1）

"预备"时，臀部缓慢抬起，两臂与地面垂直，两脚与抵足板贴紧，臀部略比肩高，保持身体重心在两手和两脚之间。在做预备姿势时，身体重心尽量不过分前移，避免造成两臂承重过大。两膝角度适宜，避免因两膝角度过小而造成蹬伸距离过长或因两膝角度过大而造成发力不充分。运动员可根据个人的力量、身高进行适度调整。前腿膝关节角度一般在95°左右，后腿膝关节角度在120°左右。（图6-2-2）

图 6-2-1

图 6-2-2

鸣枪时，两手迅速推离地面，两臂配合两腿蹬伸做前后协调摆动，摆动要充分有力，幅度要大。两腿做以摆带蹬和蹬摆结合动作。（图 6-2-3）

图 6-2-3

（2）加速跑。

加速跑的主要目的是通过腿部的连续蹬摆，利用水平分力使人体尽快达到个人最大速度。在该阶段，人体主要依靠腿部连续快速地蹬摆获得加速度，上体随着速度加快而逐渐抬起，步频不断增快，步长不断增大，在速度上呈现由慢到快的过程。

（3）途中跑。

途中跑是短跑运动各阶段中距离最长的阶段，是人体达到最大速度和保持最大速度的关键阶段。随着人体运动速度的加快，加速度变得越来越小，水平分力的贡献减小，垂直分力变得越来越重要。因此在该阶段，运动员主要依靠上下肢的快速摆动与大腿快速下压来完成技术动作。

（4）终点跑。

终点跑又被称为冲刺跑，其主要目的是以更快的速度跑过终点。终点跑是短跑项目决定胜负的阶段，常常被视作速度耐力阶段。在该阶段，由于人体运动疲劳的产生，运动速度有所减慢。终点跑技术主要包括冲刺技术和压线技术。

**2. 短跑技术的练习**

（1）上肢摆臂技术：通过多种方法练习来发展人体不同姿态的摆臂技术能力。

① 坐姿摆臂：采取坐姿，两腿伸直并勾脚，躯干保持直立，两臂的上臂与前臂约成 90° 角，两臂以肩关节为轴做前后弹性摆动。（图 6-2-4）

② 站姿摆臂：两脚前后站立，身体重心在前支撑腿上，躯干保持直立且稳定，两臂的上臂与前臂约成 90° 角，两臂以肩关节为轴做前后弹性摆动。（图 6-2-5）

③ 哑铃摆臂：两脚前后站立，身体重心在前支撑腿上，躯干保持直立且稳定，两手握哑铃柄，两臂的上臂与前臂约成 90° 角，两臂以肩关节为轴快速前后摆动（图 6-2-6）。

进行此项练习的目的是提高人体的摆臂力量。

图 6-2-4　　　　　　　　图 6-2-5　　　　　　　　图 6-2-6

（2）下肢技术：主要通过多种训练手段来发展人体下肢蹬伸和摆动技术。

① 小步跑：单腿站立，躯干保持直立或微前倾，两臂自然地前后摆动、协同配合，摆动腿抬至半高抬位置，勾脚尖（图 6-2-7）。摆动腿迅速下压扒地，做积极的伸髋、伸膝练习；同时，支撑腿迅速上摆。两腿按以上方式快速交替下压，两臂自然地前后摆动。

② 高抬腿：单腿站立，躯干保持直立或微前倾，两臂自然地前后摆动、协同配合，摆动腿抬至水平位，使大腿与地面平行，小腿与地面垂直，勾脚尖（图 6-2-8）。摆动腿迅速下压，做积极的伸髋、伸膝练习，同时，支撑腿迅速上摆。两腿按以上方式快速交替做蹬摆"剪切"动作，两臂自然地前后摆动。

③ 后蹬跑：躯干保持直立且稳定，两臂快速前后摆动，前摆腿的大腿与小腿约成90°角，后腿充分蹬伸，使髋关节、膝关节、踝关节充分伸展（图 6-2-9）。前摆腿下压，伸髋、伸膝，用前脚掌着地，后支撑腿屈膝并主动前摆，两腿连续快速做交替蹬摆动作。此练习的目的是发展人体下肢的蹬伸力量，提高下肢连续蹬摆能力和送髋技术。

图 6-2-7　　　　　　　　图 6-2-8　　　　　　　　图 6-2-9

④ 两人组合后蹬跑：协助者两脚前后站立，将两手搭在练习者肩上，两臂伸直并给予练习者一定阻力。练习者两臂同样搭在协助者肩上，躯干保持前倾，前摆腿的大腿与小腿约成90°角，支撑腿的髋关节、膝关节、踝关节充分伸展（图 6-2-10）；练习者前摆腿下压，伸髋、伸膝，用前脚掌着地，后支撑腿屈膝并主动前摆，两腿连续快速做交替蹬摆动作。

⑤ 抗阻后蹬跑：将弹力腰带的一端固定在练习者的下腹部，协助者拉住弹力带另一端并给予适度的拉力。练习者躯干保持直立且稳定，两臂快速前后摆动，前摆腿的大腿与小腿约成90°角，后腿充分蹬伸，使髋关节、膝关节、踝关节充分伸展（图 6-2-11）；前摆腿下压，伸髋、伸膝，用前脚掌着地，后支撑腿自然屈膝并主动前摆，两腿快速有

力做交替蹬摆动作。

⑥ 推雪橇：练习者两手握在健身雪橇车上，躯干保持前倾，前摆腿的大腿与小腿约成 90°角，后支撑腿的髋关节、膝关节、踝关节充分伸展（图 6-2-12）；前摆腿下压，伸髋、伸膝，用前脚掌着地，后支撑腿屈膝并主动前摆，两腿连续快速做交替蹬摆动作。

图 6-2-10　　　　　　　　图 6-2-11　　　　　　　　图 6-2-12

## 四、速度素质的练习方法

### （一）间歇训练法

间歇训练法是指在多次练习时严格控制间歇的时间，且在机体尚未完全恢复的情况下就进行下一次练习的训练方法。提高位移速度一般采用不同短距离的间歇训练。例如，在一次练习课时同时安排 30 米×3 组、50 米×2 组、80 米×2 组练习，以间歇 30～120 秒的大强度、短间歇时间的方式来发展人体的速度素质。间歇训练法有利于发展人体无氧磷酸原系统、无氧糖酵解供能系统，有利于提高人体的无氧代谢能力。

### （二）重复训练法

重复训练法是指多次完成同一种练习，且在机体完全恢复的情况下才进行下一次练习的训练方法。例如，采取 100 米×3 组，间歇时间控制在 10 分钟左右的最大强度练习，在机体完全恢复情况下再进行下一次练习。重复训练法通过同一练习方式的重复训练，在练习者不疲劳的状态下，在不降低练习强度的情况下，重复刺激练习者的最大运动能力，有利于提高练习者的速度和节奏，使其适应比赛的节奏特点，通常在接近比赛期时应用较多。

### （三）变换训练法

变换训练法是指通过变化运动负荷、练习方式、速度等方式发展运动员的速度素质的方法。例如，田径运动中的变速跑、牵引跑、上坡跑、拖雪橇跑、接力跑，篮球运动中的折返跑等。练习者可根据不同训练阶段的训练目的和要求进行有针对性的训练。此外，变换训练法也是模拟比赛情景的重要训练方法，有利于提高训练的趣味性。

### （四）比赛训练法

比赛训练法是指模拟真实的比赛形式，按照比赛规则进行训练的专门性方法。比赛训练法有利于练习者体会比赛感觉，使其完全融入比赛情景，从而使练习者的综合素质得到全面发展。

# 五、速度素质的训练手段

## （一）反应速度的训练手段

### 1. 听觉反应训练

（1）站立式起跑：两脚前后开立，身体重心在两腿之间，两臂自然下垂或以一手的拇指和食指撑地，在听到口令后迅速完成起跑。（图6-2-13）

图 6-2-13

（2）行进间急停—加速：在50米区间内，教练员用口哨声指挥，练习者听到"嘟"的信号后做加速跑运动，再听到"嘟"的信号后迅速急停，反复进行练习。

（3）左右滑步：在宽阔的场地上，练习者两腿左右开立，屈髋、屈膝，教练员发出"左""右"两个口令，练习者听到口令后快速向相应的方向做滑步运动。

（4）前倾接加速跑：练习者自然站立准备，听到第一个口令后身体向前倾斜，听到第二个口令后借助身体重心前移瞬间完成起跑接加速跑。（图6-2-14）

图 6-2-14

（5）两人一组做前倾接加速跑：练习者身体前倾，协助者用两手推住练习者的肩部，保持该姿势片刻；随后，协助者退至一侧并松手，练习者听到口令后借助身体重心前移迅速起跑接加速跑。（图6-2-15）

图 6-2-15

（6）俯卧撑接加速跑：练习者俯卧，两臂屈肘撑于地面上，听到口令后，两手快速推地并完成起跑接加速跑。（图 6-2-16）

图 6-2-16

（7）弓步接加速跑：练习者成弓步姿势，后膝跪于地面上。当听到起跑口令后，练习者迅速完成起跑接加速跑。（图 6-2-17）

图 6-2-17

### 2. 视觉反应训练

（1）抛球起跑：在田径场上，练习者做好起跑准备，教练员站在所有练习者视线范围之内。当教练员将球向上或向前抛出的瞬间，练习者迅速完成起跑。

（2）接球练习：在宽阔的场地上，练习者做好起跑接球准备，教练员距离练习者3～4米。当教练员将网球或篮球从手上向地面放球的瞬间，练习者快速起跑并将从地面反弹起来的球接住。

### 3. 触觉反应训练

（1）蹲踞式起跑：练习者做好蹲踞式起跑准备，教练员在练习者背后给予其身体不同部位的相应接触（如拍击、按压）。练习者感受到相应接触后，迅速起跑。

（2）半蹲跳：练习者半蹲姿势准备，教练员可采用相关工具（如乒乓球拍）给予练习者身体不同部位接触信号。练习者感受到相应信号后，快速完成半蹲跳练习。

### （二）动作速度的训练手段

（1）15秒原地高抬腿：练习者原地准备，听到"开始"口令后，在规定时间内快速完成高抬腿练习，教练员记录20秒内的练习次数。

（2）15秒原地收腹跳：练习者原地准备，听到"开始"口令后，在规定时间内快速完成收腹跳练习，教练员记录20秒内的练习次数。

（3）10秒纵跳摸高：练习者原地准备，听到"开始"口令后，在规定时间内完成尽可能多的摸高次数。

### （三）位移速度的训练手段

（1）30米跑：练习者在起跑线后做好准备，听到起跑信号后，用最大速度完成30米距离跑。

（2）60米跑：练习者在起跑线后做好准备，听到起跑信号后，用最大速度完成60米距离跑。

（3）100米跑：练习者在起跑线后做好准备，听到起跑信号后，用最大速度完成100米距离跑。

## 六、速度素质训练的注意事项

速度素质是体现人体极限的身体素质。在执行速度素质训练时，练习者一定要注重训练的科学性和系统性。例如，由于速度素质训练的强度较大、要求较高，练习者必须在进行充分的准备活动后才可开始速度素质训练，这有利于防止运动损伤，增强训练效果，保证训练强度。另外，练习者应尽量在精力非常充沛的状态下进行速度素质训练，可将速度素质训练安排在一次课的前期或中期进行，切不可将速度素质训练安排在身体相对疲劳的情况下进行。否则，必然造成速度素质训练的效果大打折扣，甚至造成运动损伤等不利后果。

# 第三节　灵敏素质训练

灵敏素质是指在各种突然变化的条件下，人体迅速、准确、协调、灵活地完成动作的能力。灵敏素质是人们的活动技能、神经反应和各种身体素质在活动过程中的综合表现。

## 一、发展灵敏素质的方法

发展灵敏素质的方法主要包括以下内容。

（1）练习者在跑、跳中，迅速、准确、协调地做出各种动作，如各种快速改变方向的跑，各种快速、突然的起动和急停，各种迅速转体等练习。

（2）各种调整身体方位的练习，如利用体操器械做各种较复杂的动作。

（3）专门设计的各种复杂多变的练习，如立卧撑、十字变向跑、8字跑、综合变向跑等。

（4）各种变换方向的追逐性游戏和对各种信号做出反应的游戏。

## 二、发展灵敏素质的具体训练方式

发展灵敏素质的具体训练方式如下。

（1）单人练习：快速折返跑、快速后退跑、弓步转体、不同方向的滑步、跳起转体等。

（2）单人器械练习：单杠悬垂摆动、双杠支撑摆动、挂撑前滚翻、双杠转体180°后下杠、各种球类运动等。

（3）双人练习：模仿跑、躲闪摸肩、"撞拐"游戏、两人头顶球练习、篮球攻防练习等。

（4）双人器械练习：篮球的行进间运球、运球追逐及抢球，双杠端支撑跳下换位追逐等练习。

（5）组合练习：交叉步—后退跑—折返跑练习，前滚翻—后滚翻—侧手翻—跑跳起练习等。

# 第四节　耐力素质训练

## 一、耐力素质的概念及耐力跑

耐力素质是指人体在尽可能长的时间内克服疲劳、坚持运动的能力。耐力跑是我国大学、中学、小学开展较为广泛的锻炼方式。耐力跑有利于锻炼人的意志品质，增强有氧代谢能力，提高人体健康水平。耐力跑的开展不受场地和器材的制约，技术简单，不同年龄阶段的人皆可参与。

## 二、耐力素质的分类

根据与专项的关系，耐力素质可分为一般耐力和专项耐力；根据能量供应方式，耐力素质可分为有氧耐力、无氧耐力和有氧–无氧混合耐力，无氧耐力又可分为乳酸供能无氧耐力和非乳酸供能无氧耐力。

## 三、耐力素质的训练方法

### （一）持续训练法

在体能训练过程中，为了保持有价值的运动负荷而不间断地进行运动的方法叫作持续训练法。此方法要求负荷强度较低、负荷时间较长、无间断地持续进行运动。持续、间歇、重复都是在整个训练过程中实现的。持续、间歇、重复等要素各有其特殊的作用，其

中持续的作用在于维持运动负荷不下降，使运动负荷保持在一定的水平上，使身体充分地受到运动的刺激。

持续运动时间的长短，要根据负荷的有效价值范围（最有锻炼价值负荷时的心率）来确定。通常认为，练习者以大约 140 次/分的心率持续运动 20～30 分钟，可使机体的相关部位获得充分的血液和氧的供应，能有效提高有氧代谢能力，从而提高耐力素质。实践中，用于持续训练法的内容主要是那些比较容易掌握并已为练习者所熟悉的运动，如跑步、游泳、跳健美操等。

### （二）力量训练法

力量训练法是指使用杠铃、哑铃、沙袋等重物进行身体运动来锻炼身体、增强体质的方法。它既适用于普通人为增强体质而锻炼身体，又适用于专业运动员进行体能训练，还适用于患者的康复锻炼。

在力量训练中，过大的运动负荷可能会给心血管系统和呼吸系统造成不良的影响，故建议采用最大摄氧量以下的强度进行训练。为了保证力量训练法对身体的良好作用，练习者可以在负荷的有效价值范围内多次或连续进行力量训练。

## 四、耐力素质的训练手段

### （一）无氧耐力的训练手段

高强度间歇跑：采取运动强度相对较大的各种短距离跑，主要包括 100～800 米距离的各种高强度跑，如 400 米×5 组，间歇时间控制在 5～8 分钟。此项训练主要发展人体的高强度无氧耐力，即人体各组织、器官耐受乳酸的能力。

高强度变速跑：采取慢速跑与快速跑相结合的训练手段，如 200 米快跑与 200 米慢跑相结合。此项训练主要发展人体无氧糖酵解供能能力。

分组循环跑：将练习者分为若干小组进行不同距离的循环跑。例如，将 20 名练习者分成 5 组，每组 4 人，进行 100 米循环跑。第一组从起点出发跑到 100 米弯道处后，第二组从出发并跑到 200 米处，随后第三组从第二组的终点出发并跑到 300 米处，以此类推完成 100 米循环跑。

### （二）有氧耐力的训练手段

低强度跑：采取相对较慢的速度进行的长时间跑或长距离跑，每次练习的距离在 3～8 千米，练习时间在 30～60 分钟，心率控制在最大心率的 60%～70%。练习的距离和时间根据练习者的水平确定，运动负荷和运动强度的增加应循序渐进。

定时跑：可分为要求速度和不要求速度两种形式。例如，要求速度的定时跑可以规定在 25 分钟内跑完 5 千米，这对运动速度有一定的要求；不要求速度的定时跑可以定时 30～60 分钟，甚至更长时间，但需要循序渐进，待练习者有一定基础耐力后再进行更长时间的定时跑。定期进行定时跑训练有利于提高人体的有氧代谢能力，促进人体血液循环，增加人体血红蛋白含量，促进线粒体增多等。

间歇跑：严格控制间歇时间，使机体在不完全恢复的情况下就进行下一次练习。进行相对低强度的间歇跑有利于发展人体心肺功能，提高机体有氧代谢能力。例如，可以安排1500 米 ×3 组、每组间歇 5 ～ 10 分钟的间歇跑。

变速跑：采取慢速跑与中速跑相结合的训练手段，主要以发展人体有氧耐力为主，如400 米中速跑与 200 米慢速跑相结合，200 米中速跑与 200 米慢速跑相结合等。练习者可根据自己的水平适度调整训练的形式，做到循序渐进。随着运动水平的不断提高，练习者可适度增加练习的强度或距离、缩短慢速跑的时间等。

## 五、耐力跑的技术要领

### （一）上肢技术要领

两臂自然弯曲，并以肩关节为轴做自然协调的前后摆动，跑速越快，步长越长，则摆臂速度越快，摆臂幅度越大；跑速慢则反之。

### （二）躯干技术要领

躯干保持直立或稍前倾，在整个耐力跑的过程中尽量保持稳定不晃动，避免左右转体或左右倾斜。

### （三）下肢技术要领

两腿连续交替做以摆带蹬、蹬摆结合的弹性跑动动作。

前摆：一侧大腿带动小腿，以髋关节为轴做自然折叠、前摆动作，充分送髋，并且在前摆过程中避免出现甩小腿的动作。

后蹬：髋关节、膝关节、踝关节配合另一侧腿的前摆动作自然伸展。

着地缓冲：前摆腿的大腿带动小腿做积极主动的下压扒地动作，着地缓冲时用脚掌着地过渡到前脚掌蹬离地面，髋关节、膝关节、踝关节自然地做离心收缩运动，以减少地面冲击力，避免用前脚掌做向前的搓地动作。

### （四）呼吸技术要领

耐力跑时，呼吸要自然、有节奏，且有一定的深度，避免短、急、快的呼吸方式。呼吸的频率和方式可根据练习者的习惯因人而异，可采取两步一吸再两步一呼或三步一吸再三步一呼的方式进行。当然，随着运动速度的变化，呼吸也应该有一定的变化。速度越快，呼吸的频率也应加快，呼吸的深度应相对加深；速度慢则反之。

## 六、运动负荷与运动强度

### （一）运动负荷

运动负荷主要由运动强度和运动时间决定，其中运动强度是决定运动负荷的主要因素。运动强度与运动时间成反比：当运动负荷固定时，运动强度越大，运动时间越短；运动强度越小，运动时间越长。因此，有氧耐力训练一般都采用长时间、低强度的训练方式，一般训练时间至少持续 20 分钟，心率控制在 120 ～ 150 次/分。

## （二）运动强度

运动强度主要由运动时间、运动距离和运动速度决定，一般采取人体最大摄氧量进行衡量。具体运动强度参考指标需要根据不同年龄阶段进行选择。（表6-4-1和表6-4-2）

表6-4-1　不同年龄阶段1分钟心率与运动强度对照表

| 运动强度 | 心率/（次·分$^{-1}$） | | | | | | |
|---|---|---|---|---|---|---|---|
| | 8～12岁 | 13～17岁 | 18～29岁 | 30～39岁 | 40～49岁 | 50～59岁 | 60岁以上 |
| 100% | 195 | 190 | 190 | 185 | 175 | 165 | 155 |
| 90% | 180 | 175 | 175 | 170 | 165 | 155 | 145 |
| 80% | 170 | 165 | 165 | 160 | 150 | 145 | 135 |
| 70% | 160 | 155 | 150 | 145 | 140 | 135 | 130 |
| 65% | 150 | 150 | 140 | 140 | 135 | 130 | 125 |
| 60% | 145 | 140 | 135 | 135 | 130 | 125 | 120 |
| 55% | 140 | 135 | 130 | 130 | 120 | 120 | 115 |
| 50% | 135 | 130 | 125 | 120 | 115 | 110 | 110 |
| 45% | 130 | 125 | 120 | 115 | 110 | 105 | 105 |
| 40% | 125 | 120 | 115 | 110 | 105 | 100 | 100 |

表6-4-2　运动强度、运动时间和运动负荷对照表

| 运动负荷 | 运动强度 | | | | | | |
|---|---|---|---|---|---|---|---|
| | 5分钟 | 10分钟 | 15分钟 | 20分钟 | 30分钟 | 45分钟 | 60分钟 |
| 大 | 95% | 90% | 80% | 75% | 70% | 65% | 60% |
| 中 | 85% | 75% | 70% | 65% | 60% | 55% | 50% |
| 小 | 70% | 65% | 60% | 55% | 50% | 45% | 40% |

# 第五节 柔韧素质训练

## 一、柔韧素质的概念

柔韧素质是指人体运动时各关节的肌肉、肌腱、韧带等软组织的伸展能力和关节活动的幅度。在体育运动过程中，良好的身体柔韧性和灵活性对练习者的肌肉及关节能起到积极的作用，有助于加大其动作幅度，实现肌肉力量的最大化。相反，柔韧性和灵活性差，会影响动作技能的掌握，同时限制力量、速度、耐力等素质的发展。

在准备活动期间，拉伸练习可以有效降低肌肉的黏滞性，进一步提高肌肉收缩速度和收缩力量，预防运动损伤。拉伸练习可改善关节周围软组织的伸展性和肌肉的张力，加快机体血液和淋巴的循环，促进代谢产物排出体外。此外，拉伸练习还可以减缓运动后短期内出现的肌肉延迟性酸痛，促进机体的超量恢复。

## 二、全身肌群柔韧性练习

### （一）斜方肌练习

盘腿坐在地上，背部和腹部微收紧，右手自然落于体侧地面上。左手扶头部右侧，缓慢地将头部压向左侧肩膀（图6-5-1），拉伸20～30秒。当颈部和肩部感到轻微刺痛感时，松开左手，头部缓慢回正。换右手做反方向的拉伸动作。

### （二）前臂屈肌练习

站姿压腕：自然站立，右臂前伸并充分伸直，右手掌心向上，左手握住右手除拇指外的四指，用力向下牵拉10～20秒（图6-5-2）。完成后，换另一侧拉伸。

图6-5-1　　　　　　图6-5-2

### （三）肱三头肌练习

自然站立，抬高左臂，直到肘部位于左耳旁边，左臂充分弯曲，右手从头后抓住左臂肘关节向右侧牵拉（图6-5-3），拉伸15～20秒，确保肱三头肌有牵拉感。完成后，换另一侧拉伸。

### （四）胸大肌练习

侧对墙面站立，左前臂抵住墙面，肘部应略高于肩部，收紧腹部，避免弓腰。右脚向前迈一步，右腿缓慢地弯曲，做挺胸动作（图 6-5-4），感受胸大肌的牵拉感，拉伸20～30秒。完成后，换另一侧拉伸。

图 6-5-3　　　　　　　　图 6-5-4

### （五）背阔肌练习

坐于地面上，上体直立，两腿分开至最大限度，右腿屈膝并尽量贴于地面上，左腿充分伸直并勾脚尖。右臂举过头顶，左手抓住右手手腕并向左牵拉，上体向左侧屈且尽量不转动（图 6-5-5），拉伸15～20秒。完成后，换另一侧拉伸。

### （六）菱形肌、斜方肌练习

两腿微屈，上体前俯，两臂交叉反向抱于大腿外侧（图 6-5-6），拉伸15～20秒。

图 6-5-5　　　　　　　　图 6-5-6

### （七）腹肌练习

俯卧在地面上，两臂伸直撑在地上，不要耸肩，缓慢地做抬头、挺胸、塌腰动作（图 6-5-7），拉伸20～30秒。

### （八）竖脊肌练习

俯撑在地面上，两手、两膝着地，低头并拱起上背部（图 6-5-8），拉伸20～30秒。

| 图 6-5-7 | 图 6-5-8 |
|---|---|

## （九）腰方肌练习

两膝着地成跪立姿势，右腿向右侧伸直，脚掌着地，上体向左侧弯曲，左手撑地，右臂向左侧伸展（图 6-5-9），拉伸右侧腰方肌 15～20 秒。完成后，换另一侧拉伸。

## （十）股后肌群练习

坐于地面上，上体直立，两腿并拢伸直，两脚勾脚尖，上体前屈，两手前伸抓住两脚脚尖（图 6-5-10），拉伸 20～30 秒。

| 图 6-5-9 | 图 6-5-10 |
|---|---|

## （十一）股四头肌练习

成左弓步，右腿屈膝跪于地面上，尽可能拉大左脚与右膝的距离，上体保持正直。右小腿后抬，两手向后抓住右脚脚背（图 6-5-11），拉伸 20～30 秒。完成后，换另一侧拉伸。

## （十二）髂腰肌练习

成左弓步，上体保持正直，右侧髋关节充分展开，左手放在左膝上，右臂伸直上举（图 6-5--12），拉伸 20～30 秒。完成后，换另一侧拉伸。

| 图 6-5-11 | 图 6-5-12 |
|---|---|

## （十三）臀中肌、臀小肌、梨状肌练习

坐在地面上，上体微前倾，右腿伸直置于身后，左腿弯曲置于身前。两手撑地，保持上体、骨盆正对前方，尽可能下压臀部（图6-5-13），拉伸20～30秒。完成后，换另一侧拉伸。

## （十四）大腿内收肌练习

坐在地面上，两腿尽可能张开、伸直，且尽可能平放在地面上，上体前屈并将两手尽量前伸（图6-5-14），拉伸20～30秒。

图6-5-13　　　　　　　　图6-5-14

## （十五）髂胫束练习

身体左侧对向墙面站立，右脚离墙约60厘米，左腿经右腿后侧向右伸直并用左脚外侧着地，右腿屈膝，身体重心在右腿上。左臂弯曲90°，将左前臂靠在墙面上，身体重心尽量下压（图6-5-15），拉伸15～20秒。完成后，换另一侧拉伸。

## （十六）小腿后侧肌群练习

面向墙站立，两手支撑在墙上，左脚保持不动，右脚撤于左脚后30～60厘米处，左脚离墙30～60厘米远，右脚离墙60～120厘米远，保持右脚脚跟着地（图6-5-16）；上体向墙的方向前倾，左膝可适当加大弯曲程度，拉伸20～30秒。完成后，换另一侧拉伸。

## （十七）胫骨前肌练习

跪姿，脚背贴地，臀部坐在脚跟上，充分利用身体重量下压小腿（图6-5-17），拉伸15～20秒。

图6-5-15　　　　　　图6-5-16　　　　　　图6-5-17

# 第七章

# 航空体育专门器械练习

## 第一节　旋梯练习

### 一、项目简介

旋梯是将两个类似梯子的部件的中间部位用一根横轴固定在铁架上，使人体能绕冠状轴转动的器械（图 7-1-1）。旋梯练习是一种利用旋梯的摆动和旋转锻炼身体的练习方式。其特点是转动速度快、离心力大。其作用是能有效地提高飞行人员的前庭耐力，帮助其克服对飞行的恐惧心理，加强神经系统对心血管系统的调节机能，增强飞行人员的抗荷能力。

旋梯

梯柱 →

← 上杠

← 第二横杠

← 下杠

图 7-1-1

### 二、旋梯前后回环练习方法

#### （一）预备姿势

两手握梯柱，一脚蹬下杠，另一脚蹬地，使旋梯远离自己的一端抬到高位。（图 7-1-2）

图 7-1-2

## （二）起动

蹬地脚发力蹬地，两手推梯柱向前摆动，同时蹬地腿迅速跨过第二横杠，并用脚尖勾住下杠；回摆至俯卧位时，两臂分别由外向内绕过梯柱，两手握上杠（图 7-1-3）；也可用助跑起跳的方法起动。

图 7-1-3

## （三）摆动

由前上方回摆时，屈膝下蹲；在摆至垂直位的过程中，两腿迅速蹬直，完成站立动作；向后上方回摆时，屈膝下蹲；在摆至垂直位的过程中，用力向前送髋，同时两腿迅速蹬直，完成站立动作。（图 7-1-4）

图 7-1-4

## （四）制动

当旋梯摆至垂直位时，迅速下蹲，以降低转动的速度。（图 7-1-5）

图 7-1-5

## （五）前回环

逐渐加大摆动幅度，当后摆至极点时，迅速完成蹬杠下蹲动作；在回摆至垂直位的过程中，两腿迅速蹬直，抬头挺胸，胸部紧贴横杠，向前回环。（图 7-1-6）

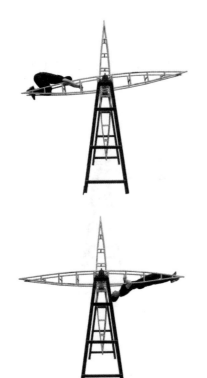

图 7-1-6

## （六）后回环

逐渐加大摆动幅度，当前摆至极点时，迅速完成蹬杠下蹲动作；在回摆至垂直位的过程中，两腿迅速蹬直，稍低头含胸，向后回环。（图 7-1-7）

图 7-1-7

图 7-1-7（续）

## （七）下法

当后摆接近极点时，两手依次从旋梯内撤出，换握于上、中杠之间的梯柱上；当向后上回摆时，穿杠腿迅速撤出并踩住下杠；当旋梯将要接近地面时，一脚蹬下杠，另一脚摩擦地面减速；当后摆至极点时，两脚蹬下杠，两手握梯柱，向后跳下。（图 7-1-8）

图 7-1-8

## 三、坐杠后回环练习方法

### （一）预备姿势

逐渐加大摆动幅度，当旋梯从前上方回摆时，踏杠脚跨入旋梯内，成坐姿，两脚勾住梯柱。

### （二）坐杠后回环

加快回环速度后，由后上方向前摆时，两腿并拢伸直，收腹，大腿用力压杠；摆至前上方时，髋关节伸展，抬头，挺身，向后回环；过上方垂直位后，两腿伸直，收腹，屈体，连续向后回环。（图7-1-9）

图7-1-9

## 四、练习注意事项

在进行旋梯练习时，应注意以下事项。
（1）在练习初期，教师可以发出"蹲""起"的指令信号来辅助练习者进行摆动练习。
（2）练习者应在教师帮助下体会回环动作。
（3）当旋梯转至上方垂直位不能回环时，教师可稍用力推旋梯，以帮助回环。
（4）教师可辅助制动，并保护练习者完成下法。

# 第二节  固定滚轮练习

## 一、项目简介

固定滚轮是将一个直径约为2米的圆环用通过圆心的中轴固定在铁架上，使其可以围绕中轴转动的器械（图7-2-1）。固定滚轮项目的特点是转动速度快、离心力较大。其作用是加大对飞行人员前庭器官的刺激，提高飞行人员的前庭耐力。

图 7-2-1

## 二、固定滚轮侧转练习方法

### （一）预备姿势

两脚站在横踏板上（可用保护带进行固定），两手抓住小环或轮柱。（图 7-2-2）

固滚

图 7-2-2

### （二）起动

向右侧转时，右脚踩踏板，左手松开小环，右腿屈膝，右手抓紧小环，右臂支撑伸直，身体向左转体近 90°，含胸、收腹、坐臀，使整个身体靠近滚轮边缘；待固定滚轮获得转动速度后，左手抓紧小环，做转动前的准备。（图 7-2-3）

图 7-2-3

图 7-2-3（续）

## （三）转动

向右转动示例：右脚踏横踏板，臀部右移，右臂、左臂依次用力支撑，使滚轮向右转动；至身体倒立位时，顶肩、屈膝、勾脚尖，臀部靠近圆心板；转过身体倒立位后，右手拉小环，右脚蹬踏板，臀部移向转动的方向，使滚轮连续转动（图 7-2-4）。向左转动的动作要领与向右转动一致，但方向相反。

图 7-2-4

图 7-2-4（续）

## （四）制动

当滚轮转至身体接近直立位时，臀部迅速移向转动的相反方向，上体向转动方向转约90°，同时含胸、坐臀，面向转动方向。在含胸、坐臀的同时，与转动方向同侧的手应松开小环。（图 7-2-5）

图 7-2-5

## 三、练习注意事项

练习时，保护者应在滚轮一侧扶轮，以帮助练习者进行起动和制动练习。保护者可以向练习者发出语言指令，提示动作要点。练习过程中，练习者应做到两手抓紧小环，两脚勾紧踏板的保护带。

# 第三节 活动滚轮练习

## 一、项目简介

活动滚轮是由多根等长的横杠将两个直径 2 米左右的圆环平行连接而形成的轮状器械（图 7-3-1）。活动滚轮项目的特点是操作技巧性较强，适合单人或多人练习。在练习过程中，练习者可做矢状轴旋转或冠状轴旋转，也可做冠状面绕转、矢状面绕转。除此之外，练习者还可做冠状面、矢状面、水平面的绕转与矢状轴、冠状轴、垂直轴的旋转相结合的前后螺旋运动。通过反复练习各种不同类型的动作，飞行人员可提高自身的灵敏性、协调性、平衡力等。

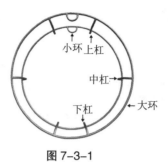

图 7-3-1

## 二、活动滚轮单人练习方法

### （一）挂足前后滚

#### 1. 预备姿势

两手正握中杠，上体稍后仰，左腿弯曲，左脚踏入小环内，右脚着地。（图 7-3-2）

图 7-3-2

挂足前后滚

#### 2. 起动

前滚起动：两手向后上方拉杠，使滚轮稍向后滚，然后右脚迅速踏入小环内；两臂向前下方压杠，随即上体前屈、收腹，使身体形成直角，随滚轮向前转动。（图 7-3-3）

图 7-3-3

图 7-3-3（续）

后滚起动：前滚时，屈腿制动；当活动滚轮开始回滚时，两腿逐渐伸直后蹬，上体后仰，抬头挺胸，展髋，两手拉杠，使滚轮向后滚动。（图 7-3-4）

图 7-3-4

### 3. 制动

前滚制动：前滚至头朝下时，两臂伸直，两腿迅速弯曲，使小腿靠近臀部，使滚轮制动。（图 7-3-5）

后滚制动：后滚至身体接近垂直位时，两臂伸直，屈膝下蹲，使滚轮制动。（图 7-3-6）

图 7-3-5          图 7-3-6

### 4. 前滚

在加大摆动幅度的同时，两臂伸直压杠，上体前屈，低头含胸，收腹屈髋，两腿伸直，使身体形成直角，臀部移向圆心；当滚至两脚位于前上方时，髋关节伸展，上体前

移，使滚轮继续向前滚动。（图7-3-7）

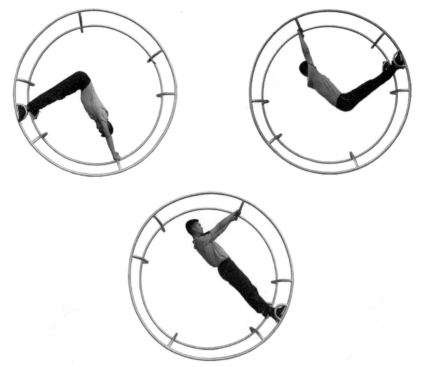

图7-3-7

## 5. 后滚

在前滚制动后，两腿逐渐伸直后蹬，两手向后上方拉杠，随即上体后仰，完成抬头、挺胸、展髋动作；当身体处于垂直位时，屈腿、收腹、拉肩，两臂与上体在一条直线上，使滚轮继续向后滚动。（图7-3-8）

图7-3-8

图 7-3-8（续）

### 6. 退孔下法

当后滚至极点时，左脚踏杠，右脚从小环退出并向前着地，左脚随即落地并与右脚并拢，两腿屈膝下蹲，两手下压中杠，使滚轮继续向前滚动，完成退孔下法。（图 7-3-9）

图 7-3-9

## （二）侧滚

### 1. 预备姿势

两臂屈肘上举，两手分别握上杠，两腿分开，两脚踏下杠。（图7-3-10）

侧滚

图 7-3-10

### 2. 起动和制动

向右起动时，左脚蹬杠，左手松开，向左转体90°；同时右手前推，微含胸，收腹，坐臀，整个身体靠近滚轮边缘，使滚轮继续向右滚动；当身体至正立位时，臀部迅速移向滚动的相反方向，即可制动（图7-3-11）。向左起动和制动的动作要领与向右起动和制动一致，但方向相反。

图 7-3-11

### 3. 转动

向左侧滚时，加大摆动幅度，臀部向左移，左腿伸直蹬杠，左臂伸直顶肩，使滚轮向左侧滚。滚至身体接近水平位时，左臂和左腿支撑，同时屈右臂，右脚勾住横杠，以便保持身体平衡，臀部逐渐右移，两腿逐渐弯曲，右臂伸直推杠。当滚动至头朝下时，直臂，屈腿，稍收腹，抬头，两脚夹杠；接着，右脚蹬杠支撑身体，两脚依次用力，使滚轮连续侧滚（图7-3-12）。向右侧滚的动作要领与向左侧滚一致，但方向相反。

图 7-3-12

（三）挂膝后滚

**1. 预备姿势**

两脚并步站立（或前后开立）于轮外，两手正握中杠。（图 7-3-13）

挂膝后滚

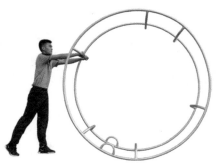

图 7-3-13

## 2. 起动和转动

两手用力向下拉、压杠，并退后一两步下蹲；进入轮内后，两腿顺势用力蹬地向后上方跳起，随即两腿弯曲挂杠，两臂伸直，抬头、挺胸、展髋，使滚轮向后滚动；滚至头朝下时，臀部后坐，两臂伸直顶肩并逐渐与上体形成一条直线，大、小腿充分折叠并夹紧横杠；滚至中杠接近地面时，两腿迅速前伸着地，使滚轮继续向后滚动。（图 7-3-14）

图 7-3-14

图 7-3-14（续）

### 3. 制动

滚轮后滚至脚离地后，两手向体前下方稍拉杠，使滚动速度减慢；臀部后坐，两腿屈膝挂在杠上；当滚轮回摆后，两脚同时着地，下蹲；在滚轮继续前滚至离开身体后，起立，完成退孔下法。（图 7-3-15）

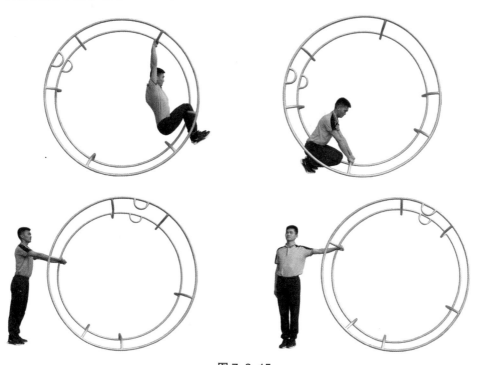

图 7-3-15

## （四）支撑穿杠、穿杠前滚、支撑腹回环前滚

### 1. 预备姿势

两手正握中杠，右脚站在轮内地上，左脚踏下杠，上体稍后仰。（图 7-3-16）

图 7-3-16

## 2. 支撑穿杠

两脚依次蹬下杠，两手向前下方用力压中杠，左脚前跨着地，身体前俯半蹲，退孔出轮；当中杠滚至腹部高度时，左脚紧跟一步，两脚蹬地，两腿伸直，身体向上跃起，两臂内收伸直、正撑于中杠上。此时，抬头，挺胸，收腹，塌腰，挺直身体，使滚轮向前滚动。当前滚至两脚接近地面时，两脚同时着地，屈膝下蹲。（图 7-3-17）

支撑穿杠

图 7-3-17

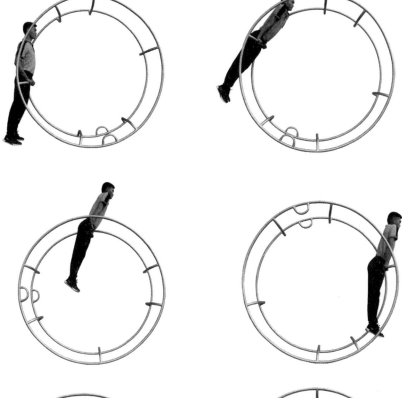

**图 7-3-17（续）**

### 3. 穿杠前滚

穿杠前滚的起动动作与支撑穿杠相同。右脚前跨着地，两手顺势向前下方用力压中杠，身体前俯半蹲，退孔出轮；当中杠滚至与胸等高时，左脚上一步，两脚向前上方跳起，引臂团身，小腿位于下杠上方后，迅速做直臂挂膝动作；当滚轮前滚至两脚接近地面时，顺势着地下蹲，完成退孔下法。（图 7-3-18）

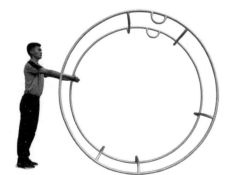

图 7-3-18

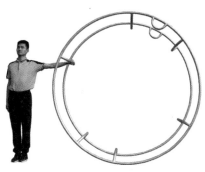

图 7-3-18（续）

#### 4. 支撑腹回环前滚

支撑腹回环前滚的预备姿势和起动动作与支撑穿杠相同。当滚轮滚至接近最高点时，低头，含胸，屈臂，团身，倒肩，使腹部紧贴中杠绕环。当绕环至接近直立位时，目视下方，屈膝踩杠，顺势踏地，完成退孔下法。（图 7-3-19）

图 7-3-19

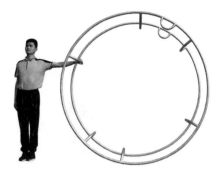

图 7-3-19（续）

### （五）骑撑前滚

#### 1. 预备姿势

练习者位于滚轮内，两手正握中杠，左脚踏下杠，右脚着地，上体稍后仰。（图 7-3-20）

支撑前回环接骑撑

图 7-3-20

#### 2. 骑撑前滚

两脚依次蹬下杠，两手向前下方用力压中杠，左脚前跨着地，屈体半蹲，退孔出轮。出轮后，两手用力向上提杠后松手，使滚轮的滚动速度加快；然后紧跟轮后助跑数步，两脚起跳，两手随即分别握住左右轮圈，两腿分开伸直、骑撑于轮上，继续前滚。当滚过身体垂直位后，两手向后移握，抓紧轮圈。当滚至身体接近直立位时，两手推轮，向前跳下。（图 7-3-21）

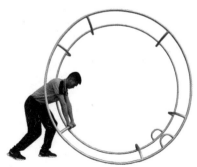
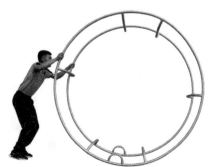

图 7-3-21

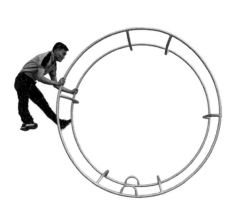

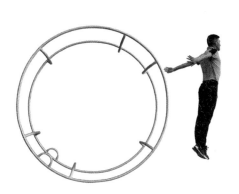

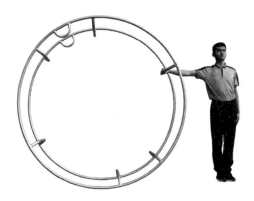

图 7-3-21（续）

## （六）前螺旋滚

### 1. 预备姿势

两腿分开，两脚踏下杠，两臂屈肘上举，两手分别握于上杠稍前处。（图 7-3-22）

前螺旋滚

图 7-3-22

### 2. 螺旋滚动

左脚蹬杠，使轮向右滚动。当轮开始向左回滚时，两手迅速向左后用力拉轮，稍挺腹，将前轮圈提起，使其离开地面；随即两手迅速向左前方用力压轮，收腹，身体重心左移，使前轮圈着地并开始旋转。头朝下时，两臂伸直，两脚夹紧下杠，接着右手用力推撑；身体重心右移，右脚蹬杠，左手上拉，依次变换支撑点，做前螺旋滚动。螺旋滚动结束时，右脚蹬杠，然后两手后拉，收腹，身体重心移向右后下方，并使后轮圈着地；紧接着左脚蹬杠，向左转体 90°，右手前推，左手松开，收腹、含胸、坐臀，完成制动（图 7-3-23）。以向左滚动开始的前螺旋与以向右滚动开始的前螺旋动作要领相同，但方向相反。

图 7-3-23

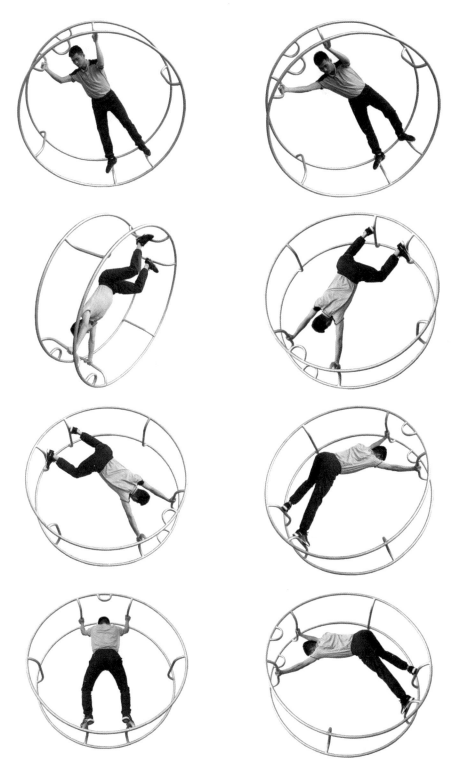

图 7-3-23（续）

图 7-3-23（续）

## （七）燕式前后滚

### 1. 预备姿势

右手握下杠，侧立于轮外。（图 7-3-24）

**燕式前后滚**

图 7-3-24

### 2. 前滚

右手用力下拉下杠，进轮后向左转体，左脚踏杠，右脚迅速蹬地前摆，两手于背后握杠，两脚在中杠两侧分别成勾、踏姿势；当身体接近水平位时，抬头、挺胸，身体重心前移；当头朝下时，低头、含胸、收腹，臀部靠杠，两手用力抓握下杠，使滚轮继续向前滚动。（图 7-3-25）

图 7-3-25

图 7-3-25（续）

### 3. 后滚

前滚至最大程度时，身体主动后仰靠杠，并随滚动的惯性顺势做屈髋、屈膝、屈臂、下蹲动作。当中杠转至最上方时，身体逐渐站直，使滚轮继续向后滚动。（图 7-3-26）

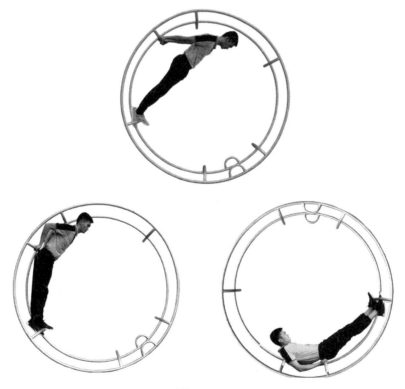

图 7-3-26

图 7-3-26（续）

## 4. 制动

采用收腹姿势制动。（图 7-3-27）

图 7-3-27

## 5. 下法

滚轮回滚时，一脚踏地并向后转体，两手握杠，下蹲，退孔出轮。（图 7-3-28）

图 7-3-28

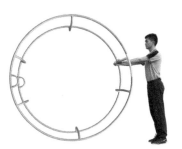

图 7-3-28（续）

### （八）踏环侧滚

#### 1. 预备姿势

左、右手分别正握中杠和上杠，屈膝下蹲，两脚分别踏在前后轮圈上，且两脚在一条直线上，左脚在前，右脚在后。（图 7-3-29）

踏环侧滚

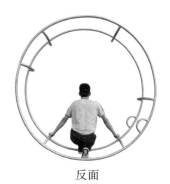

正面 反面

图 7-3-29

#### 2. 起动

向右滚动预摆时，右手推压上杠，左手提拉中杠，身体重心（主要指臀部）先右移再随姿势变化顺势左移。当左滚到最大程度并开始回摆时，左手推压中杠，右手提拉上杠，身体重心右移。当滚至身体接近水平位时，臀部积极向上提。当滚至身体接近最高点时，臀部迅速移向滚动方向，接着左手拉杠，右手推杠，两脚仍踏在前后轮圈上并保持在一条直线上，尽量保持预备姿势继续滚动（图 7-3-30）。向左滚动预摆时，动作要领与向右预摆相同，但方向相反。

图 7-3-30

图 7-3-30（续）

### 3. 制动

两脚踏地，向活动滚轮转动的方向转体，两手握于下杠上，俯身下蹲，压杠，完成退孔下法。（图 7-3-31）

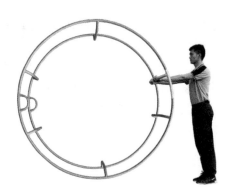

图 7-3-31

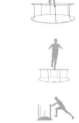

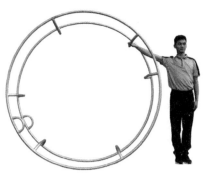

图 7-3-31（续）

## 三、活动滚轮双人练习方法

航空体育器械的双人或多人练习的难度比单人练习的难度要高。双人或多人练习不仅要求练习者熟练掌握动作要领，还要培养彼此间的信任和默契。双人或多人练习方式对培养练习者的协调配合能力有积极的促进作用。以下以双人练习为例进行介绍。

### （一）双人侧滚练习

两人背对背分别握上杠，脚踏下杠。两人的身体重心同时移向相同方向，使滚轮连续滚动；制动时，两人的身体重心同时移向与滚动相反的方向。（图 7-3-32）

图 7-3-32

### （二）双人支撑前滚练习

一人在轮内，两手握一个中杠；另一人在轮外，两手握另一个中杠。起动时，轮内者压杠，轮外者顺势跳起成支撑前滚动作。制动时，先退孔者在轮外拉杠减速，帮助同伴制动。（图 7-3-33）

图 7-3-33

## （三）双人踏环侧滚练习

两人在滚轮两侧面对面站立，一人两手分别握中杠和上杠，成预备姿势；另一人两臂上举，两手分别握中杠和下杠，跳起成屈体悬垂。起动时，两人的臀部同时移向同一方向，使滚轮连续侧滚。制动时，练习者依次退孔出轮，先退孔者稍拉杠减速，帮助同伴完成下法。（图 7-3-34）

图 7-3-34

## （四）双人挂膝后滚练习

### 1. 起动

一人站在轮内，两手握上杠；另一人站在轮外，两手握下杠。轮内者蹬地跳起，挂膝于中杠上，成挂膝后滚姿势；另一人在轮外拉、压杠，并顺势挂膝，成挂膝后滚姿势。（图 7-3-35）

图 7-3-35

### 2. 下法

两人依次在滚至后下方时跳下，退孔出轮。（图 7-3-36）

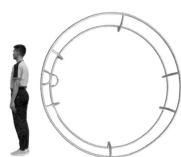

图 7-3-36

## （五）双人燕式前滚练习

### 1. 起动

一人站于轮内握下杠，另一人站于轮外握上杠。起动时，轮内者蹬地并脚踩中杠，轮外者同时拉、压杠并顺势进轮，成双人燕式前滚。（图 7-3-37）

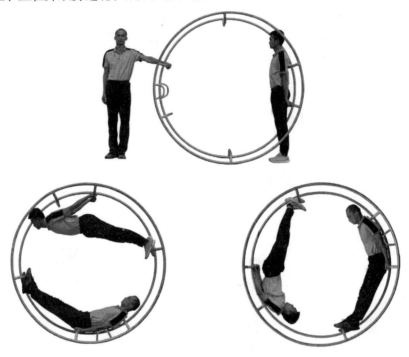

图 7-3-37

### 2. 下法

两人按顺序依次下蹲、退孔出轮。先出轮者稍拉杠，帮助同伴完成下法。（图 7-3-38）

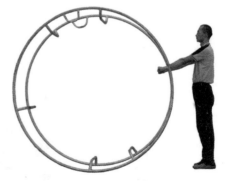

图 7-3-38

# 第四节　双杠练习

## 一、项目简介

双杠是一种常见的健身器械。练习者需要在杠上完成支撑、支撑摆动等动作练习，这对改善上肢力量与躯干力量发展不平衡有重要作用。通过双杠练习，练习者能有效地发展上肢、肩带、躯干部位的肌群的力量，特别是对胸大肌、腹肌、背肌的发展有显著效果，并能使肘、肩、腰等部位的关节、韧带的柔韧性和灵活性增强。

双杠

## 二、双杠练习方法

### （一）跳上成支撑

由杠中站立开始，屈膝半蹲，两臂后引，两脚蹬地跳起，两手握杠成支撑。（图 7-4-1）

图 7-4-1

### （二）臂屈伸

由支撑开始，肘关节屈伸 1 次。（图 7-4-2）

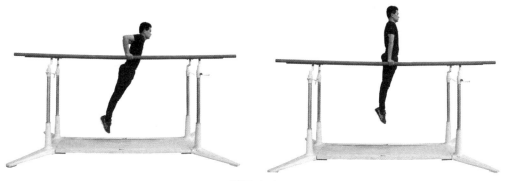

图 7-4-2

### （三）分腿俯撑

以侧坐右杠开始，身体重心左移，臀部离杠，左腿外侧靠杠，举右臂，向左转体180°；同时抬右腿跨越双杠，成分腿姿势，两手于体前分别握杠支撑。（图 7-4-3）

图 7-4-3

### （四）滚杠

由分腿姿势开始，左手于腿前 30 厘米处正握左杠，右手在左手后握左杠；左臂外旋，上体向左前方倾倒，使右肩位于左手前、杠下，左腿上举，以腰骶部滚杠。当身体滚至与双杠垂直位时，两腿并拢，然后分腿向左转体 180°，经分腿，两臂推起，成分腿俯撑姿势。（图 7-4-4）

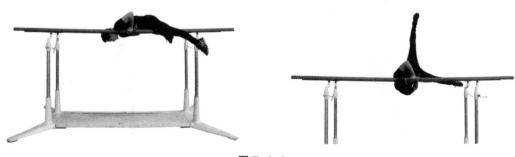

图 7-4-4

图 7-4-4（续）

## （五）支撑前摆直角下

由分腿俯撑姿势开始，并腿进杠。两手撑杠，前后摆动身体。当身体摆过垂直位后，迅速向前上方摆腿，同时身体重心右移。当摆至最高点时，向下压腿，展髋，同时顶肩推杠，挺身跳下，成侧立。（图 7-4-5）

图 7-4-5

# 第八章

# 航空体育运动损伤与航空急救 *

## 第一节　航空体育运动损伤

体育运动过程中发生的损伤，统称运动损伤。在航空体育教学过程中也会不可避免地出现运动损伤。航空体育课程教师和学生了解与掌握运动损伤的产生原因及处理的相关知识，对于改进教师的教学方法、促进学生的技能掌握具有重要意义。

### 一、运动损伤的概念及分类

#### （一）运动损伤的概念

运动损伤是指在体育运动过程中发生的、造成人体组织或器官的解剖损伤或生理紊乱。运动损伤的发生多与运动员的技战术动作、训练水平、运动环境等因素密切相关。

#### （二）运动损伤的分类

按损伤的组织分类，运动损伤可分为皮肤损伤、肌肉损伤、肌腱和韧带损伤、关节损伤、滑囊损伤、软骨损伤、骨损伤、神经损伤、血管损伤和内脏损伤。

按损伤组织是否与外界相连分类，运动损伤可分为开放性损伤（皮肤或黏膜的完整性受损，受损伤部位的内部组织与外界相通，如擦伤、刺伤、撕裂和开放性骨折）和闭合性损伤（皮肤或黏膜保持完整，如挫伤、关节韧带扭伤、闭合性骨折等）。

按损伤病程分类，运动损伤可分为急性损伤（直接或间接外力一次作用而致伤，伤后症状明显）和慢性损伤（由急性损伤迁延成的陈旧伤和劳损伤）。

### 二、运动损伤的产生原因

造成运动损伤的原因有很多，总的来说，运动时急性损伤较多，大型损伤较少；部分慢性损伤是由于运动时出现急性损伤后，没有进行及时的医治或者进行有效的医治后未痊

---

*注：本章所介绍的运动损伤的应急处理方法均应在经过认真学习、反复实践的基础上进行，不可贸然实施。如若伤者情况危急，请优先将其送医治疗，以免贻误伤情。

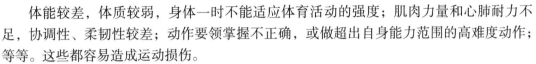

愈又投入锻炼；还有部分运动损伤是运动量过大，超出了自身的承受范围而导致。要想将运动损伤的风险降到最低，首先要了解运动损伤的产生原因。运动损伤的产生原因主要有以下几个方面。

## （一）体能差

体能较差，体质较弱，身体一时不能适应体育活动的强度；肌肉力量和心肺耐力不足，协调性、柔韧性较差；动作要领掌握不正确，或做超出自身能力范围的高难度动作；等等。这些都容易造成运动损伤。

另外，运动负荷的安排超过了锻炼者可承受的生理负荷，特别是局部负荷过大，容易引起微细损伤，日积月累会逐渐发展为劳损。

## （二）技能不熟练

专项技术训练不够，动作要领掌握不牢固，技术动作不熟练，意志品质训练和战略战术训练不足，均容易引发运动损伤。

另外，不遵循人体解剖学规律、违背人体解剖学特点和组织器官结构功能及运动时的力学原理，造成运动技术动作出现错误，从而引发运动损伤。

## （三）心理状态差

心理状态差的表现：运动中没有积极采取各种有效的预防措施，对预防运动损伤的意义认识不足，缺乏必要的预防运动损伤知识；发生损伤后，不认真分析原因、吸取教训，导致伤害事故不断发生。

另外，一些不良的心理状态，如思想麻痹、情绪急躁，或在练习中因恐惧、害羞而产生犹豫不决和过分紧张的心理也容易导致运动损伤。

## （四）先天性生理机能受限或患病、受伤

先天性受限的身体结构和体型，如弓形足、扁平足、脊椎过度弯曲等都可能导致运动损伤。

休息不充分、患病、受伤或伤病初愈阶段，以及过度疲劳的情况下，容易发生运动损伤。休息不充分、过度训练或疲劳未完全消除时，人的力量、灵活性和协调能力均显著下降。在这种情况下，即使是技术熟练的运动员，也可能会出现运动技术上的错误，从而造成运动损伤。

## （五）环境恶劣

环境气温过高，易引发疲劳、中暑、虚脱；环境气温过低，易引发冻伤、肌肉拉伤。此外，在恶劣的天气条件下进行户外活动，如在大风天气、雨雪天气中运动，也是造成运动损伤的主要原因。

## （六）运动项目

有身体接触的运动项目（如足球、篮球等）容易产生碰撞，比较容易导致运动损伤。

危险性高的运动项目（如体操、跳水等）也较容易引发运动损伤。

参赛人数多的运动项目，如果比赛场地较小，则身体接触的机会会增加，受伤的可能性也就随之增加。

另外，若比赛规则允许身体接触，且裁判员执法松懈，则很容易导致双方队员受伤。

### （七）场地、器械及服装不符合要求

场地太硬或太软，器械固定不良、质量较差，或器械的大小、重量与运动员的年龄、性别不相符，服装和保护器具不符合运动要求等，都可能导致伤害事故的发生。运动员应尽量选择合适的运动场地、器械和服装。例如，进行跑步练习时，必须选择减震效果较好、能承受较大压力的跑鞋，以减少因脚部疲劳而引发的运动损伤。

### （八）准备活动和整理活动不当

练习者对运动损伤的后果（包括生理上的疼痛、经济上的损失等）认识不足，未能积极、有效地采取预防、保护措施，都容易导致运动损伤。

**1. 准备活动不当**

（1）未进行充分的准备活动就参加正式训练或比赛。此时，神经系统和内脏器官没有被充分动员，肌肉伸缩能力欠佳，没有达到预热效果，力量不能得到有效地发挥，动作难以协调，身体、心理未进入最佳运动状态，容易导致运动损伤。

（2）做准备活动时，用力过猛，速度过快，违反了循序渐进的原则，容易导致肌肉拉伤和关节扭伤。

（3）做准备活动时，活动量过大，导致身体在准备活动阶段已经感到疲劳。当开始正式运动时，身体机能不是处于良好状态，而是有所下降，容易发生动作失误而致伤。

（4）不做准备活动就进行激烈的体育活动，易造成肌肉、关节损伤。

（5）准备活动与正式运动的内容结合不当或缺乏专项准备活动，使运动中负担较重的身体部位的机能无法正常发挥，导致受伤。

（6）完成准备活动的时间距正式运动的时间过长，导致准备活动的热身作用减退，从而使练习者在运动中受伤。

**2. 整理活动不当**

忽视整理活动也容易引起运动损伤。缺乏足够的和恰当的整理活动，会使因训练而产生的肌肉僵硬、酸痛等症状无法及时消除，逐渐积累会发展成肌肉损伤。这是导致运动损伤，特别是肌肉劳损的一个重要因素。运动后认真进行整理活动，能使人从运动到停止运动之间有一个缓冲、整理的过程，可以使紧张的肌肉逐渐放松、过速的脉搏逐渐减慢、升高的血压逐渐下降、兴奋的情绪逐渐恢复平静，有助于恢复身体机能。

## 三、常见运动损伤

### （一）肌肉拉伤

肌肉拉伤是指在外力直接或间接作用下，肌肉过度主动收缩或被动拉长所致的肌肉纤维损伤或断裂，常发生于下肢、肩胛、腰部、背部、腹部等部位的肌肉。

【症状】局部肿胀、疼痛，明显压痛，肌肉紧张或痉挛，摸之发硬，活动时疼痛加重。肌肉纤维断裂时，则局部肿胀明显，伴有严重皮下淤血和功能障碍，也可摸到凹陷或异常膨大的断端。

【处理】轻者可立即休息，抬高患肢，局部冷敷并加压包扎。痛感明显者，则应立即前往医院处理。

## （二）关节扭伤

关节扭伤是指在间接外力作用下，关节发生超常范围活动而造成的关节内外侧韧带部分肌纤维断裂，常发于踝、膝、腕、掌、指、腰、颈椎等关节部位。以踝关节外侧副韧带损伤最为常见。踝关节韧带损伤虽然不是非常严重的运动损伤，但若早期处理不当，就会严重影响训练，并可能造成严重的后遗症。

【症状】踝关节突然内翻或外翻损伤，局部疼痛、肿胀，出现淤血。

【处理】踝关节扭伤后应立即停止运动，并加压、冷敷和包扎。冷敷时，冰袋或冰块不可直接接触皮肤，以免冻伤。可采用绷带固定、石膏或护踝支具固定踝关节。受伤部位的固定、加压包扎和冷敷可有效地减少韧带断裂部位的出血，缩短愈合时间，是急性踝关节扭伤早期最基本的处理方法。伤者在进行紧急处理后，应尽快就医诊治。

## （三）挫伤

挫伤是指在钝器或钝力直接作用下，人体皮肤或皮肤下组织所受的损伤，如运动时相互冲撞、踢打致伤。

【症状】单纯的挫伤仅局部青紫、皮下淤血、肿胀、疼痛，以四肢多见，可伴有功能障碍。严重者可合并肌肉断裂、骨折、失血、内脏损伤、脑震荡等，如合并内脏损伤，则患者常伴有休克症状，应及时送往医院救治。

【处理】立即停止运动，在 24 小时内冷敷和加压包扎，抬高患肢。痛感明显者应就医治疗。

## （四）脑震荡

【症状】脑震荡发生后，会出现短则数秒、长则几分钟或更长时间的意识丧失。意识丧失时，呼吸表浅、脉搏稍缓、肌肉松弛、瞳孔放大，神经反射减弱或消失。患者清醒后不能回忆受伤情况、反应迟钝，并伴有不同程度的头疼、头昏、恶心、呕吐等。

【处理】立即使伤员平卧，头部冷敷，身体保暖。按压人中穴、合谷穴、内关穴等穴位，使昏迷者苏醒。对于发生呼吸障碍的伤员，施救者应正确采取心肺复苏，并拨打急救电话。

## （五）关节脱位

关节脱位是指构成关节的上下两个骨端离开了正常的位置，发生了错位，俗称脱臼。肩、肘、下颌、手指等关节较易发生关节脱位，临床症状表现为疼痛、肿胀、畸形及活动能力丧失，严重时可能会引起肌肉萎缩，甚至瘫痪。

以肩关节为例。肩关节发生脱位的概率约占全身关节脱位概率的 50%，这与肩关节

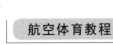

的解剖生理特点有关，如肱骨头体积大、关节盂浅而小、关节囊松弛、前下方组织薄弱、关节活动范围大、遭受外力的机会多等。

【症状】① 伤肩肿胀、疼痛，主动活动和被动活动受限。② 患肢弹性固定于轻度外展位，常以健手托患臂，头和躯干向患侧倾斜。③ 三角肌塌陷，呈方肩畸形；在腋窝、喙突下或锁骨下可触及移位的肱骨头；关节盂空虚。④ 搭肩试验呈阳性，患侧手掌不能搭在对侧肩部。

【处理】用长度与宽度相称的夹板固定伤肢。如果没有夹板，则可将伤肢固定在伤者自己的躯干或健肢上，防止震动，随后及时将其送医院治疗。

## （六）骨折

骨折分为两种：一种是皮肤不破，没有伤口，断骨不与外界相通，称为闭合性骨折；另一种是骨头的尖端穿过皮肤，通过伤口与外界相通，称为开放性骨折。

【处理】一旦出现骨折，暂勿随意移动伤肢，应先用夹板或其他代用品固定伤肢，动作要轻柔、缓慢，不要乱拉乱拽，以免造成错位，影响整复。如果是上肢骨折，则可用木板托住伤肢，用绷带扎紧骨折处的上下两端。如果是下肢骨折，则先将伤肢轻轻放好，然后用宽布条或褥单将两条腿缠在一起，再将伤者慢慢抬到硬板担架上，送往医院救治。如果是头部、颈部或脊椎发生骨折，运送时就更要小心，以免损伤伤者的脑神经或脊神经而造成肢体瘫痪。搬运伤者时，应将其头部用枕头或衣服固定好，防止移动，告知伤者不要扭动伤肢，送往医院时要注意做到迅速、平稳。

## （七）胫骨骨膜炎

【症状】胫骨前骨膜与骨有剥离的感觉，产生疲劳感和酸痛感，有压痛。

【原因】练习方法不当、地面太硬、小腿肌肉发展不平衡，以及突然的施压。

【处理】局部进行热敷、按摩。休息时抬高患肢，运动时用弹力绷带裹扎局部。严重者遵医嘱处理。

## 四、运动损伤的处理

### （一）开放性损伤

开放性损伤是指受伤部位的内部组织（如肌肉、骨等）与外界相通的损伤。简言之，就是出血或肌肉、骨外露的创伤，如擦伤、撕裂伤、刺伤、切伤等。开放性损伤较常见，伤口多被污染，如处理不及时或不当，则易发生感染，影响伤口愈合和组织功能恢复，严重者可致残，甚至危及生命。

#### 1. 擦伤

擦伤是指皮肤受外力摩擦所致的皮肤出血或组织液渗出的损伤。

对于小面积擦伤，若伤在一般部位，则局部清洁后可用碘伏局部涂擦进行消毒，不需要包扎。对于关节及其附近的擦伤，则应首先进行局部消毒，之后再涂以消炎软膏，以免由于局部干裂而影响锻炼。

对于较大面积擦伤，首先应以生理盐水清洗创面，然后进行局部消毒，最后以消毒纱布和敷料进行包扎。必要时应就医治疗，预防感染。

### 2. 撕裂伤

撕裂伤是指皮肤受外力严重摩擦或碰撞所致的皮肤撕裂、出血。

对于创伤轻者，消毒后以医用胶布黏合或用创可贴敷盖即可；创伤重者，则须遵医嘱处理。

### 3. 刺伤、切伤

刺伤、切伤是指运动中皮肤被尖锐器物刺破或切割导致的损伤。

刺伤、切伤的处理方法与撕裂伤一样。伤口小且浅者无须缝合，深且宽者应遵医嘱处理。

## （二）闭合性损伤

闭合性损伤是当人体受钝力打击或挫压时，受伤部位的皮肤仍保持其完整性的损伤，常可伴有脑或胸腔、腹腔器官的损伤；有时在受伤部位虽然可发现损伤，但并不伴有皮肤破裂或外出血。

### 1. 急性闭合性损伤

（1）止动：在急性闭合性损伤发生后，首先要停止运动，检查有无合并伤，如腹部挫伤后有无合并内脏器官破裂、头部挫伤后有无合并脑震荡等。若有合并伤，则要先处理合并伤，再处理软组织损伤；若确定无严重的合并伤，则可进行下一步处理。

（2）止血防肿：伤后48小时内，应进行休息（rest）、冰敷（ice）、加压包扎(comperssion)和抬高患肢（elevation），即RICE疗法。要停止伤部的活动或做局部固定，用冷毛巾敷患处，使局部组织降温，血管收缩，达到止血的目的。将消毒纱布贴在患处，再以绷带加压包扎。若在受伤后48小时内依照RICE疗法的原则去做，则许多软组织的运动创伤将会得到控制，避免损伤的恶化，减轻伤者的痛苦，有益于未来的康复。

（3）活血散瘀和消肿止痛：受伤24小时后，可以就医进行局部按摩、热敷、理疗等。当损伤基本恢复后，应遵医嘱适当地进行力量练习和肌肉、韧带的伸展练习。

### 2. 慢性闭合性损伤

慢性闭合性损伤的一般处理原则是改善伤部血液循环，促进组织新陈代谢，合理安排运动量，通常也采用按摩、热敷、功能锻炼等方法。

# 第二节　航空急救

航空急救是指当有任何意外或急症发生时，空勤人员在医护人员到达前，按照医学护理原则，利用现场适用物资临时及适当地为伤病者进行初步救援。急救的目的：① 挽救生命，使患者恢复呼吸、心跳，止血，救治休克；② 防止伤势及病情恶化，处理伤口，固定包扎；③ 促进复原，避免非必要的移动，保持正确的姿势，善言安慰。

## 一、检查和评估伤病员情况

在所有急救措施中，对病情的正确判断是最为重要的。这不仅能为患者的后续救治提供依据，还能让机组人员做出适当的飞行安排。遇到突发急病的患者，空勤人员首先要对患者的病情做出正确的判断和紧急处理，通过查看患者的生命体征，判断患者的病情轻重和危急程度。现场查看的生命体征主要包括意识、呼吸、脉搏、体温、瞳孔等。

### （一）查看有无意识

意识指机体感受到自身和环境的存在，并用语言和行动做出表达。对一个患者的生命体征进行判断，首先要观察其是否有清醒的意识。判断成人和儿童有无意识，可轻拍伤病员两肩，并靠近其头部大声呼喊"你还好吗?"若伤病员不能做出挪动、说话、眨眼等动作，即判断其为无反应、无意识（图 8-2-1 和图 8-2-2）。判断婴儿有无意识时，应拍击婴儿足底（图 8-2-3）。

图 8-2-1

图 8-2-2

图 8-2-3

### （二）查看呼吸

呼吸是维持生命的第一体征。正常成年人平静呼吸频率为 16 ～ 20 次/分；儿童平静呼吸频率为 30 ～ 40 次/分。

危重呼吸的特征：呼吸频率减慢，深浅不一，节律不齐。

呼吸停止的特征：胸部无起伏；无呼吸音；呼气时，口、鼻无气体溢出。

现场判断呼吸的方法：若伤病员没有意识，应检查其呼吸是否正常。反复扫视患者

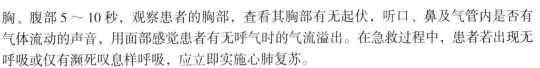

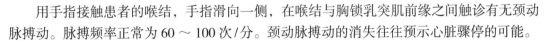

胸、腹部5～10秒，观察患者的胸部，查看其胸部有无起伏，听口、鼻及气管内是否有气体流动的声音，用面部感觉患者有无呼气时的气流溢出。在急救过程中，患者若出现无呼吸或仅有濒死叹息样呼吸，应立即实施心肺复苏。

### （三）检测脉搏

用手指接触患者的喉结，手指滑向一侧，在喉结与胸锁乳突肌前缘之间触诊有无颈动脉搏动。脉搏频率正常为60～100次/分。颈动脉搏动的消失往往预示心脏骤停的可能。

### （四）检测体温

体温测量常用体温检测仪、体温计等。体温的正常值为36～37℃。体温升高多见于肺结核、细菌性痢疾、支气管肺炎、脑炎、疟疾、中暑、流感、外伤感染等。体温低于正常值多见于休克、大出血、慢性消耗性疾病、年老体弱、甲状腺机能低下、重度营养不良、在低温环境中暴露过久等。

### （五）查看瞳孔

瞳孔在一般光线下直径为2～4毫米，两侧等大、等圆。瞳孔缩小、散大或两个瞳孔大小不一都表示患者身体异常。患者的瞳孔若散大且对光反应消失，则表明患者病危。

## 二、注意安全

在机场或飞机上的突发事件现场救护伤病员时，急救人员首先要确保自身安全，防止自身和伤病员受到二次伤害或感染。急救时要区分轻重缓急，合理救护伤病员，并注意保护伤病员的隐私及财物，争取与其他救援人员协调、配合，共同实施救护。发生事故的现场可能存在危险因素，急救人员进入现场时首先要考虑环境是否安全。

### （一）现场可能存在危险的主要因素

（1）腐蚀性物质、化学物质、放射性物质等泄漏。
（2）地面湿滑，有磕绊的杂物、锐利的金属或玻璃等。
（3）有电线或其他带电物体。
（4）其他危险因素，如行李箱掉落等。

### （二）现场的安全防护措施

（1）抢救触电伤病员时，应先设法切断电源。
（2）救护伤病员时，可戴防护手套，必要时穿防护服，避免沾染血液、呕吐物等。
（3）室外遇到雷雨天气时，要避免使用手机。
（4）在极端气温下，要注意防暑或保暖。
（5）如果遇到不能排除的危险，在确保自身安全前提下立即寻求地面支援。

### （三）防止感染

急救时要做好个人防护及伤病员的保护，对可疑的呼吸道传染和血液（或体液）接触传播的疾病要采取防止感染的措施。

（1）急救人员在处理伤病员的伤口前应戴上医用手套。如果没有医用手套，也可戴一次性手套。

（2）佩戴口罩。

（3）处理有大量出血的外伤时，有条件的，可佩戴护目镜或防护罩。

（4）实施心肺复苏时，使用便携式呼吸面罩或简易呼吸气囊进行人工呼吸，以防止感染。若现场没有便携式呼吸面罩或简易呼吸气囊，可实施单纯的胸外按压施救。

（5）避免伤口裸露或有伤口的皮肤接触伤病员伤处的衣物、敷料上沾染的血液。

（6）处理伤口之后，应将所有的污染物和废弃物（如污染的衣物、用过的手套等）单独放置，统一销毁或交由医院处理。

（7）处理完伤口，用肥皂或洗手液擦洗双手至少20秒，再用流动水冲洗干净。

（8）在救护时，急救人员不慎划破自己的皮肤或是伤病员的体液溅入急救员的眼睛或伤口，要立即彻底冲洗局部，并尽快就医，采取必要的免疫措施。

（9）保持现场空气流通。

## （四）及时、合理的救护

在大型突发灾害现场，若伤病员较多，急救员应根据现场受伤人员伤病情的轻重缓急进行合理救护。原则是先救命，后治伤。

若现场环境安全，则在医护人员或其他救援人员到来之前，不宜移动伤情较重的伤病员。若现场存在危险因素，则不可盲目坚持在原地施救，应先将伤病员转运至安全地点再进行施救。转运伤病员应采取适当的搬运方法（如双人担架搬运、脊柱固定板搬运等），避免造成二次损伤。

## （五）心理支持

伤病员突发疾病或受到意外伤害后，常会伴随情绪失控，如恐惧、焦躁不安、迫切希望离开现场。急救员要关心和理解伤病员，安抚其因遭受突发事件而产生的不良情绪，并对伤病员采取保护措施。具体方法如下。

（1）认真倾听伤病员的诉说，不随意打断，可以用点头或简单应答的方式给予回应。

（2）用和缓的语气与伤病员说话，确保伤病员能听清楚又不会因声音过大刺激到伤病员。

（3）由于受到惊吓，伤病员可能拒绝他人靠近，急救人员可先与伤病员保持距离，询问其情况，得到允许后再靠近。

（4）寻求医护人员专业帮助后，守护在伤病员身边并安慰伤病员，直到医护人员到来。

（5）施救时，应告诉伤病员所要采取的措施，让伤病员放心。

（6）情况允许时，可帮助伤病员与其亲友联系，请其亲友来协助平复伤病员的情绪。

## （六）救护现场的协作

在急救现场，救护人员为确保安全和实施救护，须尽量争取周围人员的帮助。急救现场的急救措施如下。

（1）拨打急救电话。

（2）尽快取来急救设备，如自动体外除颤仪（AED）、急救箱等。

（3）确保现场安全并维持好现场的秩序，如放置安全指示牌、疏散旁观者等。

（4）控制伤病员的出血，如压迫止血、包扎伤口等。

（5）保管好伤病员的财物。

（6）如有必要，将伤病员转移至安全地点。

（7）现场其他人可能没有接受过急救培训，会害怕或不知所措。在请求他人帮助或指挥他人时，语气要稳重，指令要简短且明确，以使他们镇静并准确地执行指令。

## 三、实施心肺复苏术

心肺复苏术是针对呼吸停止和心脏骤停的伤病员采取的救命技术，目的是恢复伤病员自主呼吸和自主循环。在最佳抢救的"黄金4分钟"内，利用自动体外除颤仪对发生心脏骤停的伤病员进行除颤，可更有效地挽救生命。

### （一）徒手心肺复苏术

在医护人员到达前，现场第一反应者识别出伤病员发生心脏骤停，并立即实施心肺复苏，伤病员生存率会成倍增加。及时有效的现场急救，更有利于提高抢救成功率。

当施救者判断伤病员无反应、无呼吸或是呼吸异常时，应将伤病员置于心肺复苏体位。注意，对怀疑有颈椎受伤的伤病员，翻转其身体时要使其头、颈、背部成轴向转动，以免造成脊髓损伤。

**1. 急救员体位**

现场急救人员位于伤病员的一侧（宜在右侧），近胸部位置（图8-2-4）。

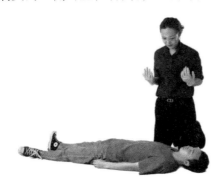

图8-2-4

### 2. 复苏体位

如果伤病员处于俯卧位或其他不宜进行心肺复苏术的体位，急救人员应在伤病员的一侧，将其两臂向头部方向伸直，将对侧小腿置于同侧小腿上，呈交叉状。急救员用一手托住伤病员的头枕部，另一手放置于其对侧腋下，使伤病员整个身体成轴向翻转至仰卧位，放置其两臂于身体两侧（图8-2-5）。

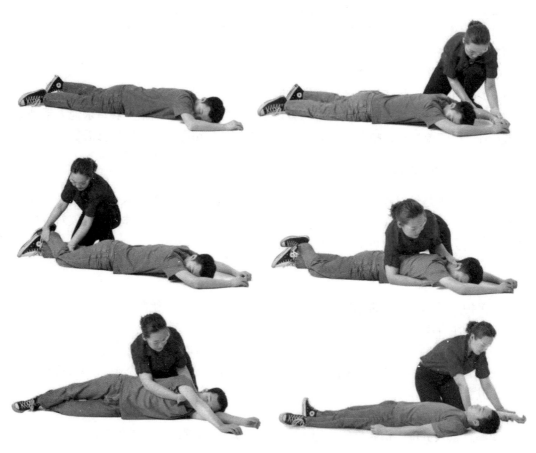

图8-2-5

### 3. 复原体位

实施心肺复苏术后，如果伤病员恢复了呼吸和循环体征（正常呼吸、咳嗽或活动），应继续保持其呼吸道通畅。此时，应将伤病员放置于复原体位。

复原体位（图8-2-6）是指经心肺复苏术后，伤病员虽然恢复了呼吸、心跳，但意识尚未恢复，在等待进一步救援时采取的有利于呼吸的安全姿势。伤病员身体向一侧侧卧，可以使伤病员呼吸顺畅。需特别注意的是，脊椎受伤的伤病员不可以使用复原体位。

图 8-2-6

## （二）人工呼吸

### 1. 开放气道

因气道发生阻塞而产生的剧烈呛咳、面红耳赤、呼吸不顺畅，严重可导致窒息的行为表现称为气道异物梗阻。气道异物梗阻会导致人体缺氧。当人体缺氧时，器官和组织会出现损伤甚至坏死，尤其是大脑，会发生不可逆的损伤。若不能及时解除气道异物梗阻，在短时间之内会导致伤患呼吸骤停，甚至死亡。

在进行人工呼吸前，应先检查伤病员口中有无异物。若有异物，应先将其取出，再用压额抬颌法打开气道，使伤病员鼻孔朝天（图 8-2-7）。

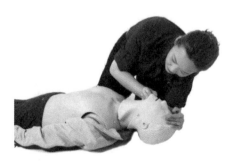

图 8-2-7

### 2. 口对口人工呼吸

口对口人工呼吸是一种快捷有效的通气方法，急救人员呼出的气体中，氧气含量足以满足伤病员需求。实施口对口人工呼吸时，在保持伤病员气道开放的同时，用一手的拇指和食指捏住伤病员的鼻子，正常呼吸一次后，张嘴包住伤病员的嘴唇，急救人员在平静呼吸状态下，给予 2 次人工呼吸（每次吹气 1 秒）。每次吹气时，观察伤病员的胸廓是否隆起（图 8-2-8）。若未见胸廓隆起，可将伤病员头部放置正常位置后重新开放气道，再给予一次吹气。胸外按压的中断时间不要超过 10 秒。

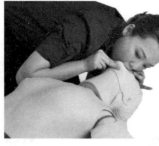

图 8-2-8

注意，在实施口对口人工呼吸时是有可能传染疾病的，如果不能确保自身安全，请实施单纯的胸外按压进行施救。

**3. 使用简易呼吸气囊的人工呼吸**

呼吸气囊（图 8-2-9）由进气阀、气囊和换气阀组成，一般配有储气袋、呼吸面罩等附件，是一种通过施救者按压设备上的气囊，实现向伤病员肺部通气的复苏装置。

图 8-2-9

呼吸气囊的使用方法：施救者位于伤病员一侧，用压额抬颌法使其头部向后仰，确保其气道保持通畅。施救者用呼吸气囊的面罩扣住伤病员的口鼻，一手的拇指和食指紧紧按住面罩，其他手指则紧贴于伤病员下颌，另一手挤压气囊，使气体进入伤病员的肺部（图 8-2-10）。规律地挤压气囊，可为伤病员提供足够的吸气或呼气时间。

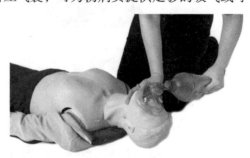

图 8-2-10

## （三）胸外心脏按压的方法和注意事项

**1. 胸外心脏按压的方法**

心肺复苏术的重要步骤之一就是胸外心脏按压（图 8-2-11）。有效的胸外心脏按压可令心脏产生压力。通过按压心脏，使血液流向肺脏及身体各个器官，再辅以人工呼吸，完成气体交换，为大脑和其他重要器官提供充足的血氧。

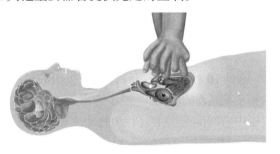

图 8-2-11

进行胸外心脏按压时，将一手掌掌跟紧贴伤病员胸骨下半部，另一手掌重叠于前手手背上（图 8-2-12），垂直向下用力按压 30 次。

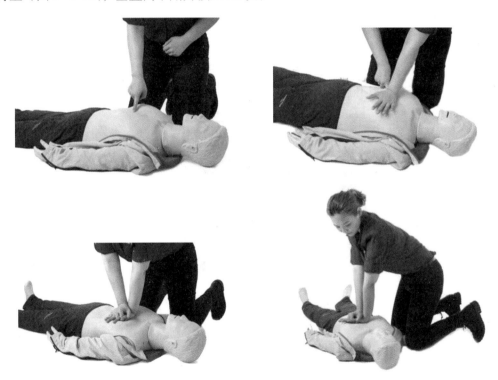

图 8-2-12

按压与吹气以 30 : 2 为一次循环。现场急救必须实施不间断的胸外心脏按压与人工呼吸，持续至伤病员恢复自主心跳和呼吸或专业医务人员到场。

**2. 胸外心脏按压的注意事项**

（1）按压足够的深度：按压深度为 5 ～ 6 厘米。相比于较浅的按压，大约 5 厘米的按压深度更有可能取得较好的结果。虽然有关按压深度是否有上限的证据较少，但有研究表明，胸部按压深度过深（大于 6 厘米）会造成损伤（不危及生命）。

（2）以足够的速度按压：胸外心脏按压的实施需要达到 100 ～ 120 次 / 分的速率。当按压速率超过 120 次 / 分时，快速无效的按压会消耗急救人员的体能，按压深度也会因此减小。

（3）胸廓应充分回弹：在胸外按压的回弹阶段，胸廓回弹至自然位置。胸廓回弹不充分会增加胸廓内压力，导致静脉回流减少、心肌血流和冠状动脉灌注压力不足，影响心肺复苏术效果。

（4）按压中断时间不超过10秒：在进行胸外心脏按压的过程中尽可能减少中断（包括给予人工呼吸及更替按压实施者的时间）。给予2次人工呼吸的同时，不得使按压中断时间超过10秒。限制按压中断时间是增加冠状动脉灌注和促进血液循环的关键。

（5）避免过度通气：给予伤病员过量的通气可能会导致伤病员胃胀气，甚至出现严重的并发症，如胃内容物反流，导致伤病员误吸，严重的会引发吸入性肺炎，胃内压力升高后，膈肌上抬，会限制肺的运动。因此，吹气不可过快或过度用力，减少吹气量及降低气道压峰值水平有助于降低食管内压，减少胃胀气的发生。

### （四）自动体外除颤仪的操作

#### 1. 打开电源

自动体外除颤仪操作安全，使用方便。使用自动体外除颤仪，先按下"开机"按钮（图8-2-13）或掀开盖子以开启电源，根据语音提示进行下一步操作。

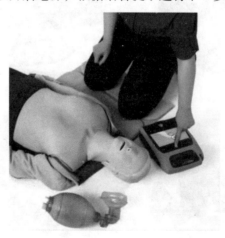

**图 8-2-13**

#### 2. 粘贴电极片

电极片贴放的位置关系到除颤效果，心尖部电极片应贴置于左腋前线第五肋间处，另一电极片贴置于胸骨右缘，锁骨下方。（图8-2-14）

注意将电极片接头与自动体外除颤仪相连。（图8-2-15）

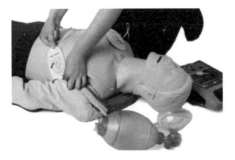

图 8-2-14

图 8-2-15

粘贴电极片时需要小心谨慎。（表 8-2-1）

表 8-2-1 粘贴电极片注意事项表

| 伤病员 | 急救员 |
|---|---|
| 胸部有胸毛 | （1）用刮毛刀快速剃除电极片贴置部位的毛发<br>（2）若有另一组电极片，可利用其黏性去掉毛发 |
| 躺在水中或身上有水 | （1）快速将伤病员移至干燥区域<br>（2）在粘贴电极片前，快速擦拭伤病员胸部的水渍 |
| 佩戴植入式起搏器 | 避开起搏器的位置粘贴电极片，按正常步骤操作 |
| 有药物贴片的伤口 | （1）不要直接将电极片贴在伤口上<br>（2）做好防护措施，避开药物贴片粘贴电极片 |

### 3. 分析心率及除颤

在使用自动体外除颤仪时，急救人员应示意周围群众不要接触伤病员，并应等待自动体外除颤仪分析伤病员的心率是否需要电除颤。（图 8-2-16）

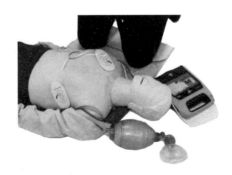

图 8-2-16

自动体外除颤仪提示需要对伤病员进行除颤的信息后，急救人员等待充电。充电后，确认所有人员未接触伤病员，再按下"除颤"按键。（图 8-2-17）

图 8-2-17

自动体外除颤仪分析心率及电击除颤时，任何人请勿接触伤病员。电击后，请勿撕下电极片。

**4. 除颤后实施心肺复苏术**

自动体外除颤仪电击伤病员后，急救人员不用移除自动体外除颤仪，可用其继续监护与记录伤病员的情况，继续实施心肺复苏术（图 8-2-18），并继续按照自动体外除颤仪提示操作。直至伤病员的呼吸、心跳恢复或专业医务人员到场，方可停止。

图 8-2-18

# 第九章

# 航空体育常规项目

## 第一节 队列队形

### 一、队列练习的基本术语

队列练习的基本术语包括以下内容。

（1）横队：学生（单人或成队）左右并列站立组成的队形称为横队。在横队中，队形的宽度大于或等于队形的纵深。

（2）纵队：学生（单人或成队）前后重叠站立组成的队形称为纵队。在纵队中，队形的纵深大于或等于队形的宽度。

（3）列：从左到右并列成一排为一列，它是组成横队的要素，如"×列横队"。

（4）路：从前到后重叠成一行为一路，它是组成纵队的要素，如"×路纵队"。

（5）翼：横队的左右两端为翼，右端为右翼，左端为左翼。

（6）排头：位于纵队之首或横队右翼的学生为排头。

（7）排尾：位于纵队之尾或横队左翼的学生为排尾。

（8）基准学生：由教师指定的、作为看齐动作目标的学生为基准学生，如"以××为基准向中看齐！"

（9）间隔：个人或队列彼此之间左右相隔的间隙称为间隔。个人之间的间隔（两肘之间）一般为10厘米，队与队之间的间隔约为两步长。

（10）距离：个人或队列彼此之间前后相距的间隙称为距离。个人之间的距离一般为75厘米（约一臂长），队与队之间的距离约为两步长。

（11）伍：两列队形中前后重叠的两个学生称为一伍。第一列排尾的后面无人时，称为"缺伍"。第一列排尾的后面有人时，称为"满伍"。两列队形向后转时，"缺伍"的学生应补入前列。

（12）口令：少数口令只有动令，如"立正""稍息""报数"等。大部分口令由预令和动令组成，如"齐步——走""向右看——齐"等，前部分是预令，最后一个字就是动令。发预令时，声音应清晰、洪亮，其发音长短要视队伍的规模而定。如果队伍长、人数多，则发音要拉长，反之则短些。发动令时，声音应短促有力。

## 二、原地队列动作

### （一）原地基本动作

#### 1. 立正

【口令】立正！

【要领】两脚脚跟靠拢并齐，两脚脚尖外开约一脚长；两腿挺直，小腹微收，自然挺胸；两肩要平，稍向后展；上体正直，微向前倾；两臂自然下垂，手指并拢且自然微屈，中指贴于裤缝处；头正、颈直，闭口，下颌微收，两眼平视前方。

#### 2. 稍息

【口令】稍息！

【要领】左脚顺脚尖方向伸出约全脚的2/3，两腿自然伸直，上体保持立正姿势，身体重心大部分落于右脚上。若稍息过久，则可自行换脚。

#### 3. 看齐

横队的看齐方法分为向右（左）看齐和向中看齐。

（1）向右（左）看齐的口令和要领如下。

【口令】向右（左）看——齐！向前——看！

【要领】排头（排尾）不动，其他学生向右（左）转头，眼睛看右（左）邻学生的腮部，并通视全线。后列学生对正、看齐。看齐后，当听到"向前——看！"的口令时，学生迅速将头转正，恢复立正姿势。

（2）向中看齐的口令和要领如下。

【口令】以××为基准，向中看——齐！向前——看！

【要领】基准学生听到以自己为基准时，左手握拳高举。听到"向中看——齐"后，其他学生按照向右（左）看齐的要领实施。看齐后，当听到"向前——看！"的口令时，基准学生迅速将手放下，其他学生迅速将头转正，恢复立正姿势。

#### 4. 报数

【口令】报数！

【要领】横队从右至左（纵队由前向后）依次以短促洪亮的声音向左转头报数，最后一名学生不转头。后列最后一名学生报"满伍"或"缺×名"。

#### 5. 原地踏步

【口令】原地踏步——走！

【要领】两脚在原地上下起落。抬脚时，脚尖自然下垂，离地面约15厘米；两臂前后自然摆动。

#### 6. 集合

【口令】成×列横队——集合！

【要领】教师先发出"全体同学注意！"的信号，然后站在指定队形中央的前方，成立正姿势，下达口令。学生听到口令后，面向教师跑步集合。基准学生首先跑到教师的左前方适当位置，成立正姿势；其他学生随基准学生依次向左排列，站成指定队形，自行对正、看齐和立正。

### 7. 解散

【口令】解散！

【要领】听到口令后，学生迅速离开原位。稍息时，学生先立正，再迅速离开原位。

## （二）原地转法

### 1. 向右（左）转

【口令】向右（左）——转！

【要领】以右（左）脚脚跟为轴，右（左）脚脚跟和左（右）脚前脚掌同时用力，使身体协调一致向右（左）转体 90°，身体重心落在右（左）脚上，左（右）脚顺势迅速向右（左）脚靠拢，成立正姿势。转体和并脚时，两腿挺直，上体保持立正姿势。

### 2. 半面向右（左）转

【口令】半面向右（左）——转！

【要领】按向右（左）转的要领向右（左）转 45°。

### 3. 向后转

【口令】向后——转！

【要领】按向右转的要领向后转体 180°。

### 4. 向左向右转

【口令】面对面（背对背）向左向右——转！

【要领】同向左（右）转的要领。由两路纵队变成面对面或背对背的两列横队。

# 三、行进间队列动作

## （一）基本步法

### 1. 齐步

【口令】齐步——走！

【要领】左脚向正前方迈出约 75 厘米，按照先脚跟后脚掌的顺序着地；同时身体重心前移，右脚照此法行进。齐步走时，上体正直，微向前倾；手指轻轻握拢。两臂自然地前后摆动，向前摆臂时，前臂微向内合，手约与第五衣扣同高，远离身体约 25 厘米；向后摆臂时，手臂自然伸直，手腕前侧距裤缝约 30 厘米。行进速度约为 120 步/分。

### 2. 便步

【口令】便步——走！

【要领】用适当的步速、步幅行走，两臂自然地前后摆动，上体正直，步伐轻松，不要求整齐。

### 3. 正步

【口令】正步——走！

【要领】左脚踢出（脚掌离地约为 25 厘米并与地面平行，腿要挺直）约 75 厘米，适当用力着地，身体重心前移；右脚照此法行进。正步走时，上体正直，微向前倾；手指轻轻握拢；向前摆臂时，肘部弯曲，前臂略平，手腕摆到第三与第四衣扣之间，远离身体约 10 厘米，手心向内且稍向下；向后摆臂时，手腕前侧距裤缝约 30 厘米。行进速度约为 116 步/分。

### 4. 跑步

【口令】跑步——走！

【要领】听到预令后，两手迅速握拳提到腰际，拳心向内，肘部稍向内合。听到动令后，上体微向前倾，两腿微屈；同时左脚借助右脚脚掌的弹力向前跃出约 80 厘米，前脚掌先着地，身体重心前移；右脚照此法行进。跑步时，两臂自然地前后摆动，向前摆时，肘部贴于腰际，前臂略平，稍向里合，不超过衣扣线；向后摆时，拳贴于腰际。行进速度约为 180 步/分。

### 5. 立定

【口令】立——定！

【要领】立定口令的动令落在右脚上。齐步和正步都是左脚向前迈出大半步（脚尖向外转约 30°）后，两腿挺直，右脚迅速并向左脚，成立正姿势。跑步时，继续跑两步，然后左脚向前迈出大半步，两拳收于腰际，停止摆动；右脚并向左脚，同时将两手放下，成立正姿势。踏步时，左脚踏一步，右脚并向左脚，成立正姿势。

### 6. 步法交换

进行步法交换时，应按所要变换的步法下达口令，动令一般落在右脚上，然后从左脚开始，按口令要求变换步法。例如，齐步换跑步时，听到预令后，两手迅速握拳提到腰际，两臂自然摆动；听到动令后，以左脚开始换跑步行进。又如，跑步换齐步时，听到动令后，继续跑进两步，再从左脚开始换齐步行进。

## （二）移动步法（5 步以内）

### 1. 前后移动

【口令】向前×步——走！

【要领】向前一步时，用正步行进，不摆臂；向前 3～5 步时，按齐步行进指定步数后停止。

【口令】向后退×步——走！

【要领】从左脚开始，每退一步并脚一次，不摆臂，后退指定步数后停止。

### 2. 左右移动

【口令】向左（右）跨×步——走！

【要领】上体保持正直，向左（右）跨步，每跨一步并脚一次，步幅约与肩同宽，跨指定步数后停止。

## （三）行进间转法

### 1. 向右（左）转走

【口令】向右（左）转——走！

【要领】动令落在右（左）脚上。左（右）脚向前迈半步（跑步时，继续跑两步，左脚再向前迈半步），左脚脚尖向右（左）转约 45°，左（右）脚不移动，身体向右（左）转 90°，同时迈出右（左）脚，按照原步法的节奏向新的方向前进。

### 2.向后转走

【口令】向后转——走！

【要领】动令落在右脚上。听到动令后，左脚向前迈出半步（跑步时继续跑两步，左脚再向前迈半步），左脚脚尖向右转约 45°，大部分身体重心仍留在右脚上；左脚蹬碾地面，并以两脚的前脚掌为轴，从右向后转体 180°，随即出左脚，按照原步法向新的方向行进。转动时，两臂自然摆动，不得外张。

### 3.左（右）转弯走

【口令】左（右）转弯——走！

【要领】听到口令后，以左（右）翼第一名学生为基准，左（右）翼学生步幅最小，其余学生逐次加大步幅标齐，成"关门式"转 90° 后踏步。外侧学生对正、取齐，然后按口令前进。

### 4.左（右）后转弯走

【口令】左（右）后转弯——走！

【要领】听到口令后，基准学生以最小步幅边行进边向左（右）后转 180°；其余学生逐次加大步幅标齐，行进到基准学生转弯的位置时，向着新的方向跟随前进。

# 第二节 田径运动

## 一、田径运动概述

田径运动是一项历史悠久而又开展广泛的体育运动。它起源于人类早期的生存、生活方式。随着社会的发展，人们有意识地把走、跑、跳跃和投掷作为练习及比赛形式。后来，这些基本技能逐渐得到发展和提高，并且日益走向成熟。田径运动是通过走、跑、跳、投等基本运动形式，以时间、高度和远度衡量运动效果的体育项目。走跑类的项目统称为径赛，跳技类的项目统称为田赛，由以上二者部分项目组合的综合性项目称为全能比赛。

1896 年，在希腊雅典举行了第 1 届现代奥运会，并确立了田径作为奥运会的第一运动。不过，第 1 届现代奥运会只有男子田径项目的比赛，直到 1928 年阿姆斯特丹奥运会，女子田径项目才被列为正式比赛项目。1912 年，国际田径联合会（以下简称"国际田联"）在瑞典首都斯德哥尔摩成立，随后拟定了国际统一的田径竞赛项目和竞赛规则。国际田联的成立，对田径运动的发展起到了积极的推动作用。

20 世纪初，现代田径运动传入中国，并逐渐推广到全国的学校。在 1932 年洛杉矶奥运会上，我国田径选手刘长春成为第 1 位参加奥运会比赛的中国人。中华人民共和国成立后，田径运动得到迅速普及，技术水平提高得很快，中国男子田径技术水平和成绩与田径强国的差距逐渐缩小。2020 年东京奥运会，苏炳添在男子 100 米半决赛中以 9.83 秒的成绩打破亚洲纪录，进入决赛，成为第一位进入奥运会男子 100 米跑决赛的中国选手。

# 二、跑

## （一）短跑

短跑项目包括 100 米跑、200 米跑、400 米跑等。

### 1. 100 米跑

（1）起跑：田径竞赛规则规定，短跑比赛运动员必须采用蹲踞式起跑方式，必须使用起跑器并按发令员的口令完成起跑动作。

起跑器的安装方式主要有普通式和拉长式两种，运动员应根据个人的身高、体型、身体素质、技术水平等情况来选择起跑器的安装方式。

普通式：前抵脚板距起跑线一脚半长，后抵脚板距前抵脚板一脚半长。前、后抵脚板与地面的夹角分别约为 45° 和 75°，两个抵脚板的左右间隔约为 15 厘米。

拉长式：前抵脚板距起跑线两脚长，后抵脚板距前抵脚板一脚长，抵脚板与地面的夹角及两个抵脚板的左右间隔与普通式基本相同。

起跑过程包括"各就位""预备"和鸣枪 3 个阶段。（图 9-2-1）

图 9-2-1

听到"各就位"口令后，运动员走到起跑器前，俯身，两手撑地，两脚依次蹬在前、后起跑器的抵足板上，脚尖应触及地面，后腿膝关节触地，两臂伸直，两手收回到起跑线后撑地，两手间距比肩稍宽，四指并拢，虎口处成人字形，颈部自然放松，注意听"预备"口令。

听到"预备"口令后，运动员逐渐抬起臀部，臀部要稍高于肩部，身体重心适当向前上方移动，肩部稍超出起跑线，身体重心落在两臂和前腿上。两脚紧贴起跑器抵足板，集中注意力听枪声。

听到枪声后，运动员两手迅速推离地面，两臂屈肘并积极有力地前后摆动；同时两腿快速用力后蹬起跑器。后腿在快速蹬离起跑器后迅速屈膝向前上方摆出，前腿快速有力地蹬伸。

（2）起跑后的加速跑：从蹬离起跑器到途中跑之间的一个跑段，距离一般为 30 米左右。运动员在这一跑段的任务是尽快加速，以达到自己的最高速度。

起跑后的第一步约为三脚半长，第二步为四脚至四脚半长，之后逐渐加大步长，直至达到途中跑的步长。脚蹬离起跑器后，身体处于较大的前倾姿势。为了不使身体向前摔倒，要积极加快腿的蹬伸与臂的摆动，以保持身体的平衡。

最初几步，两脚着地点并不在一条直线上，随着速度的加快，两脚内侧着地点逐渐趋于一条直线。

（3）途中跑：整个短跑中距离最长的一个跑段，运动员在这一跑段的任务是继续提速和保持较长距离的最高速度。

前脚触地后，膝关节微屈，足踵下沉，使身体重心很快地移过垂直面；接着后腿的髋关节、膝关节、踝关节依次迅速伸展，完成快速有力的后蹬。后蹬的角度约为50°，后蹬方向要正。随着蹬地腿的落地，摆动腿的大腿迅速前摆，小腿随惯性折叠。蹬地腿蹬地时，摆动腿的大腿积极向前上方摆动，并把同侧髋关节一起带出。摆动腿落地前，大腿要迅速积极下压。这时由于惯性，小腿自然前伸，接着前脚掌迅速且有弹性地向下、向后做扒地动作。

途中跑时，头要正对前方，两眼要向前平视，上体保持正直或微向前倾。两臂以肩关节为轴轻松有力地前后摆动。前摆时，手的高度不超过身体中轴线和下颌，上臂与前臂的夹角约为90°；后摆时，肘关节要稍微向外摆。摆臂动作应以自然协调为原则。（图9-2-2）

图9-2-2

（4）终点跑：全程跑的最后一个跑段，要求运动员在离终点线15～20米处时，尽力加快两臂摆动的速度，加大摆臂的力量，保持上体的前倾角度。当离终点线一步距离时，上体急速前倾，两臂后摆，用胸部或肩部压向终点线。跑过终点后，运动员应逐渐减速。

### 2.200米跑和400米跑

200米跑和400米跑有一半以上的距离是在弯道上进行的。弯道跑与直道跑的技术有一定的区别。

（1）弯道起跑及起跑后的加速跑：为了便于运动员在弯道起跑后能有一段直线距离进行加速跑，应将起跑器安装在弯道跑道的右侧，起跑器对着弯道的切线方向。运动员在弯道起跑后，前几步应沿着内侧分道线的切线跑进。加速跑的距离适当缩短，上体抬起较早。在进入弯道时，运动员应尽可能地沿着跑道内侧跑，身体及时向内侧倾斜。

（2）弯道跑：运动员从直道进入弯道时，应加大右腿和右臂摆动的力量和幅度，身体应向圆心方向倾斜。后蹬时，右脚用前脚掌的内侧、左脚用前脚掌的外侧蹬地。两腿摆动时，右腿膝关节稍向内摆动，左腿膝关节稍向外摆动。两臂摆动时，右臂前摆时稍偏向左前方，后摆时肘关节稍偏向右后方；左臂稍远离躯干做前后摆动。弯道跑时，两腿蹬地和摆动方向都应与身体向圆心方向倾斜趋于一致。从弯道跑进直道时，身体应在弯道跑最后几步逐渐减小内倾程度，自然地跑几步，然后做进入直道的调整，按直道途中跑技术跑进。

## （二）中长跑

中长跑项目包括 800 米跑、1500 米跑、5000 米跑、10000 米跑、3000 米障碍跑等。

### 1. 起跑及起跑后的加速跑

中长跑采用站立式起跑方式。当运动员听到"各就位"的口令后，迅速走到起跑线后，通常将力量较大的脚放在起跑线后，两脚的前后距离约为一脚长、左右距离约为半脚长，后脚前脚掌触地，目视起跑线前方 5 ～ 10 米处，两臂一前一后，身体保持稳定，集中注意力听枪声。当运动员听到枪声后，两腿迅速用力蹬地，两臂配合腿部动作快速有力地摆动，使身体迅速向前冲出，以在短时间内获得较快的跑速，然后进入匀速的、有节奏的途中跑阶段。

### 2. 途中跑

途中跑的距离最长，是中长跑的主要组成部分。中长跑的运动强度小于短跑，跑速相对较慢，动作速度和用力程度相对较小，除了因战术需要而改变跑动节奏，一般多采用匀速跑。途中跑时，要做到技术合理、速度均匀、节奏感强、全身动作协调有力。

### 3. 终点跑

终点跑是运动员在十分疲劳的情况下竭尽全力进行的最后一段距离的冲刺跑。在运动员实力相当的条件下，终点跑的速度将决定比赛的胜负。

运动员开始终点冲刺的距离，要根据比赛项目、运动员训练水平、战术要求、临场情况等因素决定。一般情况下，800 米跑可在最后 200 ～ 300 米、1500 米跑可在最后 300 ～ 400 米、5000 米跑及以上项目可以在最后 400 米或稍长的距离开始加速，长距离项目开始加速的距离可更长些。速度占优势的运动员可采取紧跟战术，在进入最后直道时才开始做最后的冲刺，超越对手。

### 4. 中长跑的呼吸

中长跑时，运动员应注意呼吸的节奏。呼吸应自然并有一定的深度，一般是跑两三步一呼气，再跑两三步一吸气。随着跑速的提高，呼吸频率也相应加快。中长跑时，由于运动强度大、竞争激烈，为了提高呼吸效率，可采用半张口与鼻子同时呼吸的方式，以最大限度地满足机体对氧气的需要。

中长跑时，运动员跑一段距离后会不同程度地出现胸部发闷、呼吸困难、动作无力的感觉，迫使跑速降低，这种生理现象叫"极点"。当"极点"出现时，应适当降低跑速，深呼吸，特别是加深呼气，同时要以顽强的意志坚持下去。

## （三）接力跑

接力跑竞赛项目一般包括男子 4×100 米接力跑、女子 4×100 米接力跑、男子 4×400 米接力跑、女子 4×400 米接力跑等。

### 1. 4×100 米接力跑技术

（1）起跑技术包括持棒起跑和接棒人起跑两种。

持棒起跑：第一棒运动员采用蹲踞式起跑方式，其基本技术与短跑起跑类似，但要注意接力棒不得触及起跑线及起跑线前面的地面。一般是用中指、无名指和小指握住棒的末端，拇指和食指分开撑地。（图 9-2-3）

接棒人起跑：第二棒、第三棒和第四棒运动员多采用半蹲式或站立式起跑。第二棒和第四棒运动员站在跑道外侧，第三棒运动员站在跑道内侧。接棒运动员起跑姿势的选择主要取决于能否快速起跑和进入加速跑，并能清晰地看到传棒运动员和起动标志。

（2）传接棒时，一般采用不看棒的传接棒方法，可分为上挑式和下压式两种。（图9-2-4和图9-2-5）

图9-2-3　　　　　图9-2-4　　　　　图9-2-5

### 2. 4×400米接力跑技术

4×400米接力跑的传接棒技术相对简单。由于传棒运动员最后跑速已不快，接棒运动员应目视传棒运动员，顺其跑速接棒，然后快速跑出。

## （四）跨栏跑

### 1. 110米跨栏跑技术

（1）起跑至第一栏技术：要求运动员步数固定，步长稳定，准确地踏上起跨点。若采用八步起跑，则应将起跨腿放在前起跑器上；若采用七步起跑，则将摆动腿放在前起跑器上。与短跑相比，跨栏跑时，运动员上体抬起较快，大约在第六步时身体姿势已接近短跑的途中跑姿势。

（2）跨栏途中跑技术：由9个跨栏周期组成，每个跨栏周期由1个跨栏步和栏间三步跑构成。其中，过栏技术由起跨攻栏、腾空过栏、下栏着地构成。（图9-2-6）

图9-2-6

起跨攻栏：起跨腿着地时，摆动腿由体后向前摆动，大腿与小腿在体后开始折叠，脚跟靠近臀部，膝关节朝下。以髋为轴，大腿带动小腿积极向前上方摆至膝超过腰部高度。起跨腿离地前，身体重心积极前移。身体重心移过支点后，脚跟提起，上体加速前移，在摆动腿屈膝折叠、积极前摆的配合下完成后蹬，形成有利的跨摆姿势。跨栏腿快速高摆，加大两腿的夹角。两腿蹬摆配合完成起跨动作的过程中，上体随之加大前倾程度。摆动腿异侧臂屈肘向前上方摆出，肘关节达到肩的高度；另一臂屈肘摆至体侧，整个身体集中向前用力。

腾空过栏：起跨结束后，摆动腿的大腿继续向前上方高抬；当膝关节超过栏板高度时，摆动腿的小腿迅速前摆。待脚掌接近栏板时，摆动腿几乎伸直，脚尖微微上翘，使大腿伸肌拉长，准备积极下压着地。摆动腿前摆的同时，异侧臂伸向栏板上方，与摆动腿基本平行；同侧臂后摆，加大上体前倾程度，躯干与摆动腿形成锐角，目视前方。在摆动腿的脚掌到达栏板之前，起跨腿一侧的髋关节保持伸展，大腿屈肌处于拉紧状态，小腿约与地面平行或膝略高于踝，两腿在过栏前形成120°以上的夹角。

下栏着地：摆动腿的脚掌移过栏板的同时，起跨腿几乎伸直，脚尖微回勾，积极下压着地。摆动腿伸直下压，在接近地面时，前脚掌积极地扒地。脚落地后，踝关节稍有缓冲，但脚跟不触地，膝关节、踝关节保持伸直，使身体重心保持在较高的位置上。躯干应保持一定的前倾角度，起跨腿大幅度带髋提拉，两臂积极摆动，形成有利的跑进姿势。

（3）栏间跑技术：合理的栏间跑技术表现为栏间三步的步长比例合理，身体重心高、起伏小，动作频率快、节奏稳定、直线性强，更加接近平地跑技术。

第一步：为使跨栏与跑紧密结合，运动员在下栏着地时，应充分发挥踝关节及脚掌的力量，借起跨腿的高抬快摆和两臂前后用力摆动，使身体重心加速前移。

第二步：要高抬大腿，用前脚掌着地，上体稍前倾，两臂积极前后摆动。

第三步：动作特点与跨第一栏前的最后一步相同，形成一个快速的短步，摆动腿不要抬得太高，放脚应积极迅速。

（4）全程跑技术：全程跑过栏技术与栏间跑技术要有机地结合。运动员在跨过最后一个栏架后，要全力冲刺。

### 2. 400 米跨栏跑技术

400 米跨栏跑距离较长，对运动员的节奏、速度、耐力有较高的要求。其起跑技术与 400 米跑起跑技术基本相同。全程跑中，一般以固定步数过栏较好。若运动员身体疲劳，则最后几个栏的栏间步数可能会增加。因此，运动员应该较好地掌握过栏技术。好的跨栏跑技术表现为跑速均匀、节奏准确、动作轻松。

## 三、跳

### （一）跳高

随着跳高技术的发展，在正式比赛中，运动员已经普遍采用背越式跳高方式。背越式跳高技术由助跑、起跳、过杆和落地 4 个部分组成。（图 9-2-7）

图 9-2-7

### 1. 助跑

助跑一般分为前段直线跑和后段弧线跑。助跑的开始阶段采用直线助跑，用前脚掌着地，富有弹性地跑，提高身体重心，步幅均匀，不断加速。进入弧线跑阶段时，前脚掌沿弧线落地，外侧摆动腿有弹性地蹬地，上体逐渐向弧线内侧倾斜。助跑的速度要快，特别是助跑最后两步，髋关节前送幅度要大。迈步时，上体保持较垂直的姿势，摆动腿积极、充分后蹬，起跳腿快速前伸，髋部自然前送。助跑时，两臂应积极有力地前后摆动；弧线助跑时，外侧手臂的摆动幅度应大于内侧手臂的摆动幅度。

### 2. 起跳

起跳腿以大腿带动小腿积极下压着地，起跳脚以脚跟外侧先着地，接着由脚的外侧滚动至全脚掌着地，脚尖朝向弧线的切线方向。随着身体由内倾转为垂直，运动员迅速完成缓冲和蹬伸动作，并顺势向上跳起。

摆动腿蹬离地面以后，以髋部发力加速向前摆动大腿，同时屈膝。摆动腿摆过起跳腿前方后应向里转，小腿和脚要稍外展。摆动腿沿着助跑弧线的延伸方向加速上摆，直至减速制动。两臂的摆动要与摆动腿的摆动协调配合。

### 3. 过杆

在起跳腿蹬离地面、结束起跳以后，身体应保持伸展的姿势向上腾起，同时在摆动腿和同侧臂的带动下，围绕身体纵轴旋转，背对横杆。在头和肩越过横杆以后，及时仰头、倒肩和展体，并利用身体重心向上的惯性收腿、挺髋，使身体形成背弓姿势。这时，两腿屈膝稍后收，两臂置于体侧。当身体重心移过横杆时，含胸收腹，控制上体继续下旋，同时以髋部发力，带动大腿和小腿加速向前上方甩腿，使整个身体脱离横杆。

### 4. 落地

运动员保持屈髋、伸膝的姿势下落，最后以上背部先落于海绵垫上。运动员落在垫上后，要做好缓冲控制，以防受伤。

## （二）跳远

跳远技术由助跑、起跳、腾空和落地4个部分组成。（图9-2-8）

图 9-2-8

### 1. 助跑

助跑是运动员为了获得理想的水平速度并准确踏板和快速有力地起跳而采取的重要手段。助跑距离与运动员的年龄、运动水平和发挥速度的能力有关，一般为 28 ～ 50 米。在助跑过程中，运动员应注意身体重心和节奏的把握，并在最后一步达到助跑的最高速度。

### 2. 起跳

助跑的倒数第二步，摆动腿着地时，起跳腿膝关节迅速前移并自然、积极地前摆，上体保持正直。起跳腿的大腿在前摆时，抬腿高度要比短跑时低些，并积极主动下压，用全脚掌踏上起跳板，然后屈膝缓冲，使身体重心稍降低。当身体重心移至起跳腿支点的垂直部位时，起跳腿迅速用力蹬伸，使髋关节、膝关节、踝关节迅速伸直，上体挺起，摆动腿的大腿积极向前上方摆至水平位置，小腿自然下垂，完成起跳动作。

起跳腿的同侧臂屈肘向前上方摆起，异侧臂屈肘向侧摆起。当两臂肘关节摆至略低于肩或与肩同高时突停，身体借助摆臂的惯性提肩、拔腰、挺胸、顶头，使身体重心提起，增强起跳效果。

### 3. 腾空

起跳腾空后的空中动作主要有挺身式、蹲踞式和走步式，以下介绍挺身式。

起跳腾空后，摆动腿的大腿积极下放，小腿随之向下、向后摆动，留在体后的起跳腿向摆动腿靠拢。当达到腾空最高点时，身体充分伸展，形成挺胸展髋的姿势。两臂上举或后摆，然后收腹团身，两腿前伸，成落地前的准备动作。

### 4. 落地

落地前，上体不要过分前倾，大腿要尽量上抬并靠近胸部。将要落地时，小腿积极前伸，两脚接触沙面后，两腿迅速屈膝缓冲，两臂积极向前挥摆，臀部前移，上体前倾，使身体重心迅速移过支撑面。为了避免落地时身体后坐，可采用以下两种落地姿势：① 前倒姿势，即脚跟着地后，前脚掌下压，两腿屈膝前跪，身体移过支撑点后继续向前移动，并向前倒下；② 侧倒姿势，即脚跟着地后，一条腿紧张支撑，另一条腿放松，身体向放松腿的侧前方倒下。

## （三）三级跳远

三级跳远由助跑、单脚跳、跨步跳和跳跃 4 个部分组成。（图 9-2-9）

图 9-2-9

### 1. 助跑

助跑是运动员为了获得最快的速度并准确地踏上起跳板而采取的重要手段。三级跳远的助跑技术与跳远的助跑技术基本相同。

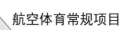

### 2. 单脚跳

起跳脚主动下压，用全脚掌踏上起跳板，屈膝缓冲，身体重心稍降低。当身体重心移至起跳腿支点的垂直部位时，起跳腿迅速、积极、用力、充分地蹬伸，摆动腿的大腿积极向前上方摆至水平位置，然后开始做换步动作，即摆动腿以大腿带动小腿自然向下、向后摆动，同时起跳腿屈膝向前上方摆动，完成换步动作。

### 3. 跨步跳

随着身体重心下降，前摆的起跳腿积极有力地下压，小腿迅速前伸，做积极有力的扒地动作。着地后，及时屈膝缓冲并迅速滚动到前脚掌，同时摆动腿的大腿快速有力地向前上方摆动至水平位置。

### 4. 跳跃

随着身体重心下降，摆动腿的大腿积极下压，小腿前伸，做快速有力的向下、向后的扒地动作。着地后，适度地屈膝、伸踝，以积极缓冲，使身体重心快速前移；同时，前两跳中的起跳腿此时成为摆动腿，与两臂积极配合，快速有力、大幅度地向前上方摆出，完成第三跳的起跳动作。

## 四、投

投掷项目包括推铅球、掷铁饼、掷链球、掷标枪等。本节主要介绍背向滑步推铅球技术。

背向滑步推铅球技术由握球及持球、预备姿势、滑步、最后用力和维持身体平衡5个部分组成。

### （一）握球及持球

以右手为例：五指稍微分开，将球放在食指、中指、无名指的指根处，拇指和小指扶在球的两侧，手腕后伸（图9-2-10）。握好球后，将球放在锁骨窝处，贴于颈部，右臂屈肘外展，掌心向内。（图9-2-11）

图 9-2-10　　　　　　　　图 9-2-11

### （二）预备姿势

运动员持球后，站在投掷圈的后部，背对投掷方向。右脚在前，贴近投掷圈内沿，身体重心落在右脚上；左脚在后，以脚尖自然点地。身体从正直姿势开始向前屈体，待上体

与地面平行后，屈右膝下蹲，形成团身姿势。

### （三）滑步

预备姿势完成后，臀部带动身体重心略向投掷方向移动，使身体重心移离身体的支撑点（右脚），以便于滑步，并避免身体重心起伏过大。接着，左腿以大腿带动小腿迅速向抵趾板方向摆出并外旋，右腿积极蹬伸，及时拉收并内旋，两腿摆蹬协调配合，推动身体向投掷方向快速移动。

### （四）最后用力

最后用力是背向滑步推铅球技术的重要环节。滑步结束后，左脚脚掌内侧着地支撑，右腿弯曲，支撑身体。左脚脚尖与右脚脚跟在一条直线上，肩轴与髋轴处于扭紧状态。右腿积极蹬转，推动右侧髋向投掷方向转动，左臂由胸前向投掷方向牵引摆动，身体重心逐渐移至左腿，左膝微屈。左臂由上向身体左侧靠压制动，右臂抬肘向投掷方向转动、前伸，并用力推球。铅球快离手时，屈腕，手指向外拨球。

### （五）维持身体平衡

铅球离手后，右腿随惯性前迈，身体重心由左腿移至右腿。运动员需降低身体重心，以维持身体平衡。

## 五、田径竞赛规则简介

### （一）竞赛项目的主要规则

（1）400米及以下（包括4×200米、异程接力和4×400米接力的第一棒）各项径赛的起跑必须使用起跑器。其他径赛项目的起跑不得使用起跑器。400米以上的各径赛项目（除了4×200米、异程接力和4×400米），所有起跑均应采用站立姿势。在"各就位"或"预备"口令发出后，所有运动员均应立即做好最后的起跑姿势，不得延误。除全能项目之外，任何对起跑犯规负责的运动员将被发令员取消该项目的比赛资格。在全能比赛中，对第一次起跑犯规负有责任的一名或多名运动员给予警告。如果再次发生起跑犯规，对起跑犯规负有责任的一名或多名运动员将被取消比赛资格。

（2）在分道跑的比赛中，运动员应自始至终在自己的分道内跑进。运动员不应被取消比赛资格，如果他：① 被他人推、挤而被迫踏或跑出自己的分道，或踏在实际分道线上或突沿线内侧；② 在直道上踏在分道线上或跑出自己的分道，在障碍赛水池变更跑道的直道上的任何部分踏在分道线上或跑出分道，或者在弯道上踏在或跑出自己分道的外侧分道线。

（3）跨栏跑。如果运动员直接或间接撞倒另一分道的栏架或使其明显移位时，除非他没有影响或阻挡比赛中的其他运动员，也没有违反以下规则，否则将会被取消资格。运动员应跨越每个栏架，否则将被取消比赛资格。此外，出现下列情况，运动员也将被取消比赛资格：① 在过栏瞬间，其脚或腿在栏架两侧以外（任意一边），低于栏顶的水平面；② 裁判长认为运动员有意撞倒任一栏架。

（4）障碍赛跑。运动员必须越过或涉过水面，并且跨越每一个栏架，否则将被取消比赛资格。此外，出现下列情况也将被取消比赛资格：① 踏上水池两边的任意一边；② 在过栏瞬间，其脚或腿在栏架侧面以外（任意一边），低于栏顶水平面。

（5）接力赛跑：① 在体育场内举行的所有接力赛跑必须使用接力棒，运动员必须手持接力棒跑完全程。② 不允许运动员戴手套或在手/双手上放置某种材料或物质以便更好地抓握接力棒。③ 如发生掉棒，必须由掉棒运动员拾起。允许掉棒运动员离开自己的分道拾棒，但不得因此缩短比赛距离。④ 接力棒必须在接力区内交接。在接力区外交接棒将被取消比赛资格。⑤ 运动员在接棒之前和（或）交棒之后，应留在各自分道或保持位置直到跑道畅通，以免阻挡其他运动员。⑥ 在比赛过程中，任何运动员手持或捡拾其他接力队的接力棒时，该接力队将被取消资格。其他接力队不应受罚，除非从中获得利益。⑦ 接力队的每位成员只能参加接力赛的其中一棒。

（6）竞走是运动员用双脚与地面保持接触，连续向前迈进的过程，没有（人眼）可见的腾空。前腿从脚触地瞬间至垂直部位必须伸直（即膝关节不得弯曲）。

### （二）田赛项目的主要规则

（1）跳高。运动员必须用单脚起跳。出现下列情况之一者，应判为试跳失败：① 试跳后，由于运动员的试跳动作，致使横杆未能留在横杆托上。② 在越过横杆之前，运动员身体的任何部位触及横杆后沿（靠近助跑道）垂面以前的（在两个立柱之间或之外的）地面或落地区。如果运动员在试跳中一只脚触及落地区，而裁判员认为他并未从中获得利益，则不应因此原因判该次试跳失败。③ 运动员助跑后未起跳，触及横杆或两立柱垂面以前的地面或落地区。

（2）撑竿跳高。运动员可要求向落地区方向移动横杆，并可使距运动员最近的横杆边缘移动至从插斗前壁顶端内沿向落地区方向 80 厘米之内的任一位置。运动员应在比赛开始前将其第一次试跳需采用的横杆移动距离通知有关裁判员，移动距离应被记录下来。此后，如果运动员要求改变横杆的移动距离，应在按其原要求调整横杆位置之前及时通知有关裁判员。否则，应开始计算该运动员的试跳时间。

出现下列情况之一者，应被判为试跳失败：① 试跳后，由于运动员的试跳动作，致使横杆未能留在两边的横杆托上；② 在越过横杆之前，运动员的身体或所用撑竿的任何部位触及插斗前壁上沿垂直面以前的地面和落地区；③ 起跳离地后，将原来握在下方的手移握至上方手以上或原来握在上方的手向上移握；④ 试跳时，运动员用手稳定横杆或将横杆放回横托上。

比赛中，允许运动员在双手或撑竿上使用有利于抓握的物质，并允许使用手套。撑竿离开运动员手之后，除非撑竿朝向远离横杆立柱的方向倾倒，否则不准有人（包括运动员）接触撑竿。如果有人接触撑竿，而裁判长认为如果撑竿不被接触将会碰落横杆，则应判此次试跳失败。试跳时，撑竿折断，不应判为试跳失败，应给予该运动员一次重新试跳的机会。

（3）跳远。如出现下列情况，应判为试跳失败：① 在起跳过程中，无论是助跑后未起跳还是做了试跳动作，运动员身体任何部位触及起跳线以前的地面（包括橡皮泥显示板的任何部分）；② 从起跳板两端之外起跳，无论是否超过起跳线的延长线；③ 在助跑或试跳中采用任何空翻姿势；④ 起跳后，在第一次触及落地区之前，运动员触及了助跑道、助跑道以外地面或落地区以外地面；⑤ 在落地过程中（包括任何的失去平衡）触及落地区边沿或落地区以外地面，而落地区外的触地点较落地区内的最近触地点更靠近起跳线。当运动员离开落地区时，其脚在落地区边线或边线外地面的第一触地点，应比在沙坑内的最近落地点离起跳线的距离更远。

以下情况不应判试跳失败：① 运动员在任何位置跑出助跑道白色标志线；② 运动员在抵达起跳板之前起跳；③ 运动员的鞋（脚）的一部分触及起跳板任意一端以外、起跳线之前地面；④ 在落地过程中，运动员身体的任何部分或身体的任何附属物品触及了落地区边界或落地区以外的地面。

（4）三级跳远的三跳顺序是一次单足跳、一次跨步跳和一次跳跃。单足跳时应用起跳腿落地，跨步跳时用另一腿（摆动腿）落地，然后完成跳跃动作。运动员在跳跃中摆动腿触地不应视为试跳失败。

（5）推铅球。铅球只能用单手从肩部推出。当运动员在投掷圈内开始试掷时，铅球要抵住或靠近颈部或者下颌，在推球过程中持球手不得降到此部位以下。不得将铅球置于肩轴线后方。

（6）掷链球。运动员准备进行预摆或旋转前的开始姿势中，允许将链球球体放在投掷圈内或圈外的地面。链球球体触及投掷圈内或投掷圈外的地面，或投掷圈上缘，不应判为犯规。如果运动员未违反其他规则，可停止动作并重新开始投掷。如链球在试掷时或在空中断脱，只要试掷符合规则，不应判为一次试掷失败，如果运动员因此失去平衡而违反本规则的任何规定，也不应判作一次试掷失败。以上两种情况，应允许运动员重新进行一次试掷。

（7）掷标枪：① 投掷标枪时应用单手握在把手处，从肩部或投掷臂上臂的上方掷出，不得抛甩。不得采用非传统姿势进行投掷。只有标枪的金属枪头先于标枪的其他部位触地，试掷方为有效。运动员试掷时，在标枪出手以前的任何时间，身体不得完全转向背对投掷弧。② 如果标枪在试掷时或在空中飞行时折断，只要该次试掷符合规则要求，不应判为试掷失败。如果运动员因此失去平衡而违反本规则的任何规定，也不应判作一次试掷失败。以上两种情况应允许运动员重新进行一次试掷。

# 第三节　游泳运动

## 一、游泳运动概述

现代游泳运动起源于英国。1828 年，英国在利物浦乔治码头修造了世界上第一个室内游泳池。1896 年雅典奥运会，游泳被列为竞赛项目之一，设有 100 米自由泳、500 米自由泳和 1200 米自由泳 3 个游泳项目；1900 年巴黎奥运会，仰泳被分列出来；1904 年圣路易斯奥运会，蛙泳被分列出来；1912 年斯德哥尔摩奥运会，女子游泳被列入比赛项目；1952 年赫尔辛基奥运会，增加了蝶泳。至此，现代竞技游泳定型为 4 种泳姿。

21世纪以来，游泳运动在我国呈现良好的发展势头。2008年北京奥运会，我国游泳队获得1枚金牌、3枚银牌、2枚铜牌。2012年伦敦奥运会，我国游泳队获得5枚金牌、1枚银牌、4枚铜牌。2016年里约奥运会，我国游泳队获得1枚金牌、2枚银牌、3枚铜牌。2020年东京奥运会，我国游泳队获得3枚金牌、2枚银牌、1枚铜牌。

经常参加游泳运动，能改善心血管系统、呼吸系统、神经系统和消化系统的功能，促进人体正常生长发育和新陈代谢，提高全身的协调性、肌肉力量和耐久力，增强耐寒能力，磨炼意志，培养勇敢顽强的意志品质。对于身体瘦弱者和许多慢性病患者来说，游泳运动还是一种康复锻炼的有效方法。此外，游泳在生产、科研和国防建设等方面也有很高的实用价值。

## 二、游泳运动基本技术

### （一）蛙泳

蛙泳是模仿青蛙游泳动作的一种游泳姿势，也是最古老的泳姿。蛙泳的优点是呼吸节奏容易掌握，游动声音小，容易观察和判断游动方向，每个动作周期结束后都有短暂的滑行放松时间。蛙泳的臂、腿动作的方向变化较多，其技术结构是4种泳姿中最为复杂的。蛙泳者在水下移臂和收腿都会给前进带来很大的阻力，使行进速度下降，因此它是4种泳姿中速度最慢的一种。

蛙泳

**1. 蛙泳基本技术**

（1）身体姿势：游蛙泳时，身体姿势不是固定不变的，而是随着臂、腿及呼吸动作的周期性变化而不断变化。当蹬腿结束后，两臂并拢前伸。两腿向后蹬直并拢时，身体处于较好的流线型滑行状态，身体较平，头略抬起，水面与前额齐平。这时，身体纵轴与水平面夹角为5°～10°。（图9-3-1）

（2）腿部动作：游蛙泳时，腿部的技术动作可分为收腿、翻脚、蹬夹腿和滑行。这4个动作紧密相连。

【收腿】开始收腿时，两腿随着吸气的动作自然向下伸，同时两膝开始弯曲并自然分开，小腿向上回收。回收小腿时，两脚放松，脚跟向臀部靠拢，边收边分。收腿时，力量要小，两脚和小腿要收在大腿的投影内。收腿结束时，大腿与躯干的夹角为130°～140°，两膝内侧间距与髋同宽，为翻脚和蹬夹腿做准备。（图9-3-2）

图9-3-1　　　　　　　　　　　图9-3-2

【翻脚】收腿结束时，脚跟仍继续向臀部靠近。这时大腿内旋，膝关节稍内收，同

时两脚向外侧翻开，勾脚尖，使脚内侧和小腿的内侧对好蹬水方向，从而使腿在蹬夹时有一个良好的对水面。（图9-3-3）

【蹬夹腿】翻脚后，立即以腰腹和大腿同时发力向后蹬水。先伸髋，再伸膝，以大腿、小腿内侧和脚掌内侧向后做急速而有力的蹬夹动作。在蹬夹腿过程中，两腿并拢且略向下压，以形成前后鞭打动作。该动作是推动身体前进的重要动力来源。（图9-3-4）

【滑行】蹬夹腿结束后，腿处于较低的位置，脚距离水面30～40厘米。此时，两腿迅速并拢伸直，身体适度紧张，成流线型，做短暂滑行，准备开始下一个腿部动作周期。（图9-3-5）

图9-3-3　　　　　　　　　　图9-3-4　　　　　　　　　　图9-3-5

（3）臂部姿势：蛙泳的手臂划水动作对牵引力的产生具有重要作用。两臂动作应对称、速度一致，可分为开始姿势、抓水、划水、收手和前伸5个连续的步骤，整体路线近似心形。

【开始姿势】当蹬水、伸臂动作结束后、身体成流线型向前滑行，手指并拢，掌心向下，两手尽量接近水面，使身体在较高的位置上保持稳定。

【抓水】肩部保持前伸，两臂内旋对称外划，掌心转向斜外下方。当两臂间距超过肩宽时，向外下方屈手腕150°～160°。此时，两臂与水平面及前进方向的夹角为15°～20°，肘关节伸直。（图9-3-6）

【划水】掌心从外后方转向内后方的同时，两臂向斜下方快速拨水。两手划至肩部下方时，逐渐屈臂提肘，同时加速沿弧线继续划水。整个动作过程中，肩部保持前伸，肘高于手并位于肩前。划水结束时，两臂形成高肘姿势，臂与前进方向约成80°，肘关节的角度为120°～130°。（图9-3-7）

【收手】高肘划水完成后，两手倾斜相对并向内、向上移动；同时上臂外旋，两肘逐渐向内、向下靠拢。（图9-3-8）

【前伸】收手到下颌前方时，迅速推肘伸臂，两手先向上再向前伸，掌心向下。身体尽量伸展、放松，两臂伸直靠拢，恢复滑行姿势。（图9-3-9）

图9-3-6　　　　　　　　　　　图9-3-7

图 9-3-8 　　　　　　　　　　　　　　图 9-3-9

（4）整体配合：蛙泳一般采用 1∶1∶1 的配合方式，即 1 次腿部蹬夹水，1 次划臂，1 次呼吸。两臂划水时，腿伸直；两臂前伸时，腿蹬水；收手的同时收腿。

### 2. 蛙泳的呼吸方法

蛙泳的呼吸方法有两种，即早吸气和晚吸气。

（1）早吸气：手臂刚开始划水时，抬头吸气，吸气时间相对较长；收手和移臂时，低头呼气。这种配合易于掌握，可以利用划水时的下压产生升力，有助于使上身浮起，抬头吸气，初学者使用较多。

（2）晚吸气：划水几乎结束时，才开始抬头，吸气时间较短；在身体达到最高点时，吸气，收手结束时，闭气低头，从两臂开始外划直至划水过程中慢慢呼气。

## （二）自由泳

在游泳比赛中，自由泳项目运动员可以选择任何泳姿参加比赛，由于运动员基本都用爬泳游进，通常人们把自由泳与爬泳等同看待。爬泳是指身体俯卧在水中，两腿交替上下打水，两臂轮流向后划水的泳姿。其动作结构比较合理，推进力均匀，阻力小；既省力，又能产生最大速度。因此，爬泳是游泳中游得最快的一种泳姿。爬泳的基本技术包括以下内容。

### 1. 身体姿势

爬泳时，身体几乎水平地俯卧于水面上，成流线型，略抬头，使身体纵轴与水平面构成一个较小的角度（3°～5°）。在游进中应保持头部平稳，水齐前额，目视前下方，头部露出水面，身体随划水和移臂动作不停地、有节奏地沿身体纵轴转动，向每侧转动的角度（两肩连线与水面形成的夹角）为 35°～45°。（图 9-3-10）

### 2. 腿部动作

爬泳腿部动作主要起维持身体平衡和配合两臂划水的作用，并能产生推进力。

两腿打水时自然并拢，两脚稍内扣，以髋关节为轴，由大腿发力，带动小腿和脚在水下做鞭打动作。两腿轮流上下交替做打水动作。两脚脚尖最大距离为 30～45 厘米，膝关节弯曲角度为 140°～160°。爬泳打腿动作分为向上打腿和向下打腿，其中，向下打腿是产生推进力的重要动作。（图 9-3-11）

图 9-3-10　　　　　　　　　　　　　　　　图 9-3-11

向下打腿时，大腿向下发力，由于惯性，此时小腿和脚仍继续向上移动。当膝关节弯曲角度约为160°时（此时脚升至水面），腿和脚开始向下移动。

当膝关节尚未完全伸直时，大腿开始向上打水，而小腿和脚仍继续向下，直到膝关节完全伸直。此后，小腿和脚随大腿向上移动。当脚尚未升至水面时，大腿开始向下打水，进入下一次打水动作。

**3. 手臂技术**

爬泳时，两臂轮流交替向后划水，所产生的推力是推动身体前进的主要力量。为了描述方便，人们将手臂动作习惯性地分为入水、抱水、划水、出水和空中移臂5个阶段。这几个阶段在划水动作中是紧密相连的一个完整动作。

（1）入水是手臂伸展的水中定位动作。肘关节略屈并高于手，手指自然伸直并拢，掌心朝向侧下方，拇指领先入水。入水点在肩的延长线上或在身体中线与肩的延长线之间，整个手臂入水的顺序为手—前臂—上臂。（图 9-3-12）

（2）抱水是手臂寻找发力点和支撑点的动作。手臂入水后，积极插向前下方，手臂伸直并外旋，掌心转向正下方，紧接着屈腕、屈肘，手向后下方移动，保持肘关节高于手。上臂和前臂与水平面的夹角分别约为30°和60°，手掌接近垂直对水，肘关节屈至150°左右，形成抱水姿势。（图 9-3-13）

（3）划水是获得推进力的主要阶段，分为拉水和推水两个部分。抱水结束后，紧接着进入拉水阶段。在这个过程中，肘关节弯曲的程度逐渐加大，前臂和手的运动速度要快于上臂，手的运动方向主要是向后、向内。当手划到肩的下方时，拉水动作结束。此时手臂与水面垂直，肘高于手，肘关节弯曲角度为90°～120°；同时，推水手臂向后移动，肘关节逐渐伸直，手的运动方向依次为向后—向上—向外。当手划至大腿旁边时，推水动作结束。此时，肘关节几乎伸直。整个划水动作中，手的轨迹始于肩前，继而到腹下，最后到大腿旁边，手在水下经历向外—向下—向内—向外—向上的动作过程，移动路线成S形。速度由慢到快，有明显的加速划水动作。（图 9-3-14）

图 9-3-12　　　　　　　　　　图 9-3-13　　　　　　　　　　图 9-3-14

（4）划水结束后，掌心朝向大腿。出水时，小指向上，由肩带动手臂提出水面，肩、上臂、前臂、手依次出水，掌心转向后上方。手臂出水动作必须自然连贯，前臂和手要放松。（图9-3-15）

（5）空中移臂是出水的继续，不能停顿。在移臂过程中，手和前臂放松。上臂以肩为轴向前移动，肘关节经历了逐渐屈肘再到逐渐伸肘的过程。在移臂动作的前半部分，肘领先于手前移。当移至肩侧时，手和前臂开始超过肘并向前移动，准备入水，开始下一轮手臂动作。（图9-3-16）

图9-3-15　　　　　　　　　　图9-3-16

### 4. 两臂的配合技术

两臂的正确配合是保证爬泳前进速度均匀的重要条件之一。划水时，依照两臂所处位置的不同，可以分为3种配合形式，即前交叉、中交叉和后交叉。前交叉是指一臂入水时，另一臂已前摆至肩前方，且与水平面的夹角为30°左右。前交叉有利于初学者掌握爬泳动作和呼吸技术。中交叉是指一臂入水时，另一臂处在向内划水阶段，且与水平面的夹角约为90°。后交叉是指一臂入水时，另一臂划至腹下，手与水平面的夹角约为180°。优秀运动员一般都采用中交叉和前交叉技术。

### 5. 两臂与呼吸的配合技术

爬泳时，通过向左或向右侧转头吸气，头还原后做短暂的屏气，接着呼气。吸气时，头随着上体的纵向转动转向一侧，在低于水平面的波谷进行吸气。转头动作应自然、柔和、稳定、有节奏，避免突然加速转或减速而影响动作节奏。吸气后，头回到原位时做短暂憋气，可提高肌体对氧的利用率。当臂在水中划水过半时开始呼气，呼气时应用嘴和鼻腔从容地呼出，不宜过分用力，否则会过早耗费储备氧。呼气动作应持续到划水结束，开始转头时才做最后的加速呼气，以排开口、鼻周围的余水，有利于吸气。（图9-3-17）

图9-3-17

### 6. 完整的配合技术

完整的配合技术，即呼吸、手臂动作和腿部动作的配合。爬泳时，一般是在两臂各划水一次的过程中进行一次呼吸。以向右边吸气为例，右手入水后，嘴和鼻开始慢慢呼气。右臂划水至肩下时，开始向右侧转头和增大呼气量。右臂推水即将结束时，则用力呼气。右臂出水时，张嘴吸气，至空中移臂的前半段为止，同时开始转头还原，直至臂入水结束。这时有一个短暂的闭气过程，面部转向前下方。头部稳定时，右臂入水，再开始下一个慢慢呼气的过程。爬泳的呼吸与手臂动作和腿部动作的配合比例主要有3种，即1∶2∶2（呼吸1次，臂划水2次，腿打水2次）、1∶2∶4（呼吸1次，臂划水2次，腿打水4次）和1∶2∶6（呼吸1次，臂划水2次，腿打水6次）。初学者一般采用1∶2∶6的方法。这种配合方法易保持平衡和协调，有利于其掌握爬泳技术。

### （三）仰泳

仰泳是人体仰卧在水中进行游泳的一种姿势。仰泳时，脸部露出水面，呼吸方便；仰卧在水面上，也比较省力，学习起来比较容易。仰泳的实用性强，适宜在水中拖运物体或救护溺水者。仰泳的基本技术包括以下内容。

#### 1.身体姿势

仰泳时，身体要自然伸展，仰卧在水面上，头部和肩部的位置稍高于腰部和腿部，身体纵轴与水面构成约为10°的仰角，腰部和两腿均处在水面下。（图9-3-18）

图9-3-18

在仰泳技术中，头部起着"舵"的作用，并可以控制身体左右转动。在整个游进过程中，头部应该始终保持相对稳定，两眼注视腿部的上方，不要上下左右晃动。

仰泳时，身体应随着两臂划水动作而围绕纵轴自然转动，转动的角度根据个人的情况不同而稍有差别，肩关节灵活性较好的人转动角度小，反之则大。

在仰泳技术中，腿部动作是保持身体处于较好角度和水平姿势的因素之一。踢水动作不但可以控制身体的摆动，而且能产生一定的推进力。

#### 2.腿部动作

腿部动作是保持身体高水平仰姿、控制身体摇摆、产生推力的重要因素。仰泳腿部动作的重点可概括为上踢下压，即屈腿上踢、直腿下压的鞭打动作。

（1）上踢：以髋关节为支点，一条腿由大腿发力带动小腿及脚，稍向下移动后再用力上踢。此时膝关节微屈，成130°～140°角，踝关节伸展，脚向内转，动作要有力。注意上踢高度要适中，膝关节不要露出水面，两脚脚跟的上下最大距离为40～50厘米。此时，另一条腿稍向下移动，准备上踢。（图9-3-19）

（2）下压：腿向下压的动作是借助于臀部肌群的收缩来完成的。在整个腿下压动作中，前2/3部分由于水的阻力使膝关节充分展开，腿部肌肉要放松。当大腿下压到一定程度时，由于腹肌和腰肌的控制，停止下压，过渡到上移。由于惯性，小腿继续向下压，造成膝关节弯曲。因此，在腿下压动作的后1/3部分，腿是弯曲的。（图9-3-20）

图 9-3-19　　　　　　　　　　　　图 9-3-20

随着惯性的逐渐减弱和大腿的带动，小腿开始向上移动，但此时大腿仍然继续向下移动，直到惯性消失，大腿、小腿和脚依次结束向下的动作，构成向下的鞭打动作。

因为下压的动作不产生推进力，所以相对地速度不要太快，并且腿部各关节要自然放松。

### 3. 臂部动作

臂部动作需要双手配合运动，可分为入水、抓水、划推水、出水和空中移臂 5 个阶段，这 5 个阶段是连贯进行的。

（1）入水：随着身体向一侧转动，该侧手臂自然伸直，肩关节外旋，小指朝下，拇指朝上，掌心向外，手与前臂的夹角为150°～160°，入水点在肩部延长线与身体纵轴之间。（图9-3-21）

（2）抓水：为划推水创造有利条件。当手臂切入水中后，利用移臂的惯性使手臂向外侧下滑并向上、向后转腕，肩、臂内旋，使手和前臂对向划水方向。此时，上臂与前进方向的夹角为40°，肘关节弯曲角度为150°～160°，使手掌和前臂增大划水面，手掌距离水面30～40厘米。（图9-3-22）

（3）划推水：身体获得推进力的主要阶段，整个动作由拉水和推水两个部分组成。拉水时，屈肘角度逐渐减小。当划至肩部垂直面时，手掌离水面约15厘米，前臂与上臂的夹角为90°～110°。推水时，整个手臂同时用力向下方做推压动作，并借助惯性使上臂带动前臂和手加速内旋推水。随后，手掌划至臀部侧下方，距离水面45～50厘米，以前臂带动手掌下压划水，直至划至大腿一侧且手臂伸直时，推水结束。在整个过程中，手掌划动轨迹成S形，速度由慢到快，划水后期有明显的加速动作。（图9-3-23）

图 9-3-21　　　　　　　　　图 9-3-22　　　　　　　　　图 9-3-23

（4）出水：推水结束后，手臂立即外旋并向大腿旁压水，随后提肩；肩部露出水面后，带动上臂、前臂和手依次出水。（图9-3-24）

（5）空中移臂：手臂出水后自然伸直，并由后迅速向肩前移动，肩关节充分伸展。在手臂移至肩的正上方后，手臂外旋，掌心向外，随后重复入水动作。（图9-3-25）

图 9-3-24                                    图 9-3-25

仰泳技术中，两臂动作始终是对角交替的。当一臂完成出水时，另一臂抓水；当一臂空中移臂时，另一臂划水。

### 4. 仰泳的配合技术

（1）两臂的配合：一般情况下，当一臂出水时，另一臂刚好入水；当一臂处于划水中间阶段时，另一臂处于空中移臂的中间阶段。在整个臂部动作中，两臂几乎都处在完全相反的位置上，这样才能保证动作的连贯性和速度的均匀性。（图9-3-26）

（2）臂与呼吸的配合：一般情况下是2次划水配合1次呼吸，即以一臂为标准，开始出水移臂时吸气，其他阶段在慢慢呼气。另外，高速游进时也可以采用1次划水配合1次呼吸的技术。需要注意的是，呼吸过于频繁会打乱动作的节奏。（图9-3-27）

（3）腿与臂的配合：在划水过程中，腿的上踢与下压动作要保持身体的平衡与协调，避免身体过分转动和臂部下沉。现代仰泳技术一般采用6次打腿配合2次划臂的方式，也有少数人采用4次打腿配合2次划臂的方式。（图9-3-28）

图 9-3-26                    图 9-3-27                    图 9-3-28

## （四）蝶泳

蝶泳又名海豚泳，其臂、腿的动作技术与爬泳技术极为相似，只是蝶泳的两臂、两腿的动作都是同时进行的。蝶泳的动作特点是身体起伏大，在臂、腰、腿的配合上要求柔韧、连贯、快速、有力，难度较大，故初学游泳时不宜先学蝶泳。

### 1. 身体姿势

身体俯卧于水中，从头、颈、躯干到脚沿身体纵轴做传动式、波浪形起伏。在游进过程中，身体姿势力求相对稳定，起伏不宜太大，且应形成一定的节奏。（图9-3-29）

### 2. 腿部动作

以腰部发力，带动大腿、小腿及脚进行上下鞭打动作。向下打水时，两腿并拢，脚掌稍向内旋（图9-3-30）。踝关节伸直，屈膝约110°，脚抬至水面并向后下方快速打水；同时，臀部抬高，大腿与躯干的夹角约为160°，脚跟距水面约50厘米。向上打水时，两腿伸直向上移动，臀部下压，髋关节逐渐展开，身体近似呈水平状。大腿随即下压，膝关节随之逐渐弯曲，脚再次上抬，准备向下打水。

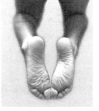

图 9-3-29                                                           图 9-3-30

### 3. 臂部动作

蝶泳的臂部动作是推动身体前进的主要动力来源。两臂同时对称进行，包括入水、抱水、划水、出水和空中移臂 5 个部分。

（1）入水：入水以拇指为先，两手距离约与肩同宽，掌心分别朝向两侧，手指向下，入水点在两肩的延长线上。（图9-3-31）

（2）抱水：手臂入水后，迅速向外、向后、向下滑动，屈臂抬肘，手掌内转，成抱水姿势，前臂与水面的夹角约为45°，两手距离略比肩宽。（图9-3-32）

（3）划水：屈臂向后，上臂内旋，前臂和手加速向内、向后拉水；划至腹部下方后，掌心朝向后上方，继续推水至大腿旁。划水过程中，两臂路线成双S形。（图9-3-33）

图 9-3-31                     图 9-3-32                     图 9-3-33

（4）出水：划水结束后，手臂充分伸直，借助加速推水的惯性提肘，迅速将两臂和手带出水面。（图9-3-34）

（5）空中移臂：手臂出水后，从身体两侧沿低而平的弧线经空中快速向前移动。（图9-3-35）

图 9-3-34                               图 9-3-35

### 4. 整体配合

蝶泳一般采用 1：1：2 的配合方式，即呼吸 1 次、两臂划水 1 次、腿打水 2 次。两臂入水时，两腿第 1 次向下打水，同时以口鼻慢慢呼气；两臂划水时，两腿上抬并第 2 次向下打水；两臂划水至胸腹下方时，开始抬头用力呼气；两臂出水并在空中移臂时，两腿完成上抬动作，并迅速吸气。

## 三、游泳救护与安全

### （一）游泳安全知识

（1）如果在自然水域游泳，则首先应了解水域的情况，选择水底平坦，无淤泥、碎石、水草、桩柱、急流漩涡、水质污染的水域，并应结伴下水，防止意外事故发生。

（2）空腹或饭后1小时内不宜游泳，以免给身体带来不良影响，如发生呕吐、食物呛进呼吸道内，甚至溺水等。

（3）下水前应做好充分的准备活动。

（4）游泳时遇到雷雨，应迅速上岸进入室内，切不可在大树底下躲避或更衣。

（5）出现肌肉痉挛现象时，切不可慌张，应设法自救或向他人求救。

### （二）水上救护

水上救护是指采取各种有效措施将溺水者救上岸的过程，可分为直接救护和间接救护。其中，间接救护是利用救生圈、救生竿或船只进行救护的方法。以下主要介绍直接救护的方法。

直接救护是指救护者下水对溺水者进行施救的方法。当发现溺水者时，救护者要沉着冷静，入水前应观察周围环境，辨别水流方向、水面宽窄，选择入水地点。对熟悉的水域可起跳入水，对不熟悉的水域应脚先入水，然后以最快速度接近溺水者。救护者不论采用何种泳姿，都必须将头露出水面，以便观察溺水者的情况。当救护者游到距溺水者两三米时，要深吸气潜入水中游近溺水者，两手扶住其髋部，使其背向自己，然后将其抬高。此外，还可以在正面接近溺水者后，救护者用左（右）手握住其左（右）手，迅速用力向左（右）拉，借助浮力使溺水者的身体转至背向自己，然后进行拖运。若溺水者背向自己，则可直接游近溺水者，用手托其腋下，使其口鼻露出水面后再进行拖运。拖运采用侧泳或仰泳进行。

#### 1. 侧泳拖运法

一臂伸直托住溺水者的头后部，另一臂在体侧划水，两腿用侧泳的动作蹬夹水前进。

#### 2. 仰泳拖运法

仰泳拖运法是指救护者仰卧于水中，一手或两手扶住溺水者，用蛙泳腿部动作使身体前进。具体包括两种方法：① 救护者仰卧于水中，两臂伸直，两手扶住溺水者的两颊，用反蛙泳腿部动作使身体前进；② 救护者仰卧于水中，两臂伸直，两手的四指扶在溺水者的两腋窝下，两拇指放在溺水者的肩胛骨上，用反蛙泳腿部动作使身体前进。

### （三）溺水抢救

将溺水者救上岸以后，救护者应立即检查溺水者的心跳和呼吸是否停止。假如溺水者心跳停止或极微弱，首先进行胸外心脏按压。救护者立或跪在溺水者胸侧，两手重叠，用手掌根部置于溺水者胸骨中下 1/3 的交界处，手指放松，手臂伸直，上体前倾，用力下压，使胸部下端下陷3～4厘米，两手随即松压（掌根不离位），使胸前下端恢复原位。下压时动作要慢，放松时动作要快，一压一松反复进行，节律为每分钟 60～100 次。

在进行胸外心脏按压的同时，还可进行口对口的人工呼吸。在进行人工呼吸前，先要清除溺水者口鼻中的淤泥、杂草、呕吐物等，使上呼吸道通畅。如有假牙，则应取出，以免坠入气管内。在迅速完成上述处理后，可进行控水。

控水的方法：救护者一腿跪地，另一腿屈膝，将溺水者腹部放在屈膝腿的大腿上；一手扶着溺水者的头，使溺水者脸朝下，另一手压在其背上把水排出，再进行人工呼吸。对已经停止呼吸的溺水者进行施救需要很长时间，因而最好由几个人轮流进行抢救，直至救援人员赶到。

### （四）发生痉挛时的自我救护

在游泳时经常发生痉挛的部位是小腿和大腿，手指、脚趾甚至是胃部也可能发生痉挛。其原因是准备活动不充分，身体过于疲劳，或突然遇到寒冷的刺激，或过分紧张、动作不协调等。

发生痉挛时应保持镇静，可呼救也可自救。自救的方法有以下几种。

**1. 手指痉挛的自救方法**

发生痉挛的手握拳，然后用力张开。这样迅速地反复做几次，直到痉挛解除为止。

**2. 小腿痉挛的自救方法**

先吸一口气仰浮于水上，用发生痉挛的肢体的对侧手握住该肢体的脚趾，并用力向身体方向拉；同时用同侧的手掌压在该肢体的膝关节上，帮助其伸直。

**3. 大腿痉挛的自救方法**

仰浮于水面上，使发生痉挛的腿弯曲，两臂用力抱住该腿，使小腿贴近大腿，反复振压以解除痉挛。

# 第四节　篮球运动

## 一、篮球运动概述

篮球运动是由美国的体育教师詹姆斯·奈史密斯于1891年发明的。当时是寒冷的冬季，缺乏室内体育活动类竞赛项目，奈史密斯从工人和儿童将球投向桃筐的游戏中得到启发，以足球和桃筐作为游戏道具，发明了篮球游戏。初期的篮球游戏比较简单，无明确的比赛规则，场地大小不等，人数也不限定，仅在室内场地两端各放一个桃筐，把参加者分成人数相等的两队进行比赛。这就是篮球运动的雏形。

篮球运动于1895年传入中国。中国男子篮球队在2004年雅典奥运会和2008年北京奥运会上获得第8名；中国女子篮球队在1992年巴塞罗那奥运会上获得亚军，在2008北京奥运会上获得第4名。2019年，在国际篮联三人篮球世界杯女子篮球决赛中，中国女篮击败匈牙利女子篮球队，以7战全胜的成绩首次获得世界冠军。2021年4月，国家体育总局授予中国女篮"中央和国家机关三八红旗集体"荣誉称号，以表彰其顽强拼搏的精神。

篮球运动是全民健身运动的重要手段，具有娱乐和增强体质的作用。参加篮球运动能够改善参与者各运动器官的功能，提高神经中枢的灵活性，改善内脏器官的功能，促进参与者的力量素质、速度素质、耐力素质、灵敏素质等的全面提高。参加篮球运动能全面、有效、综合地促进身体素质和人体机能的发展，保持和提高人的生命活力，为人们参与其他活动打下坚实的身体基础，从而提高人们的生活质量。

## 二、篮球基本技术

### （一）传球与接球

传球与接球是指篮球比赛中队员之间有目的地转移球的技术，是组织进攻配合和实现战术意图的基础。

#### 1. 持球手型

正确的持球手型是一切传球技术动作的前提。持球时，两手自然分开，拇指相对，成八字形，用指根以上部位紧贴球的两侧后下部，掌心空出，两臂弯曲，肘关节下垂，持球于胸前。（图9-4-1）

图9-4-1

#### 2. 双手胸前传球

手臂伸向传球方向，后脚蹬地，身体重心前移，两手腕下压、外翻，快速地抖腕、拨指，将球传出。出球后，掌心和拇指向下，其余手指向前。（图9-4-2）

双手胸前传球可用于不同距离的传球，常用于快速传球推进，以及阵地进攻时外围队员转移球。双手胸前传球便于同投篮、突破等技术结合运用。

图9-4-2

#### 3. 单手肩上传球

以右手传球为例。传球前，左脚向前跨半步，向右转体，将球引至右肩侧上方。传球时，上体向左转动并带动肩和肘，前臂快速前摆、扣腕，手指用力将球传出。（图9-4-3）

单手肩上传球多用于中远距离传球。在抢到防守篮板球后，快攻第一传和接应队员把球传给跑向篮下的队员时，经常运用单手肩上传球。

图 9-4-3

### 4. 单手胸前传球

单手胸前传球的持球方法与双手胸前传球相同。传球时，传球手的前臂快速前伸，手腕急促前扣，手腕、手指用力将球传出。

单手胸前传球多用于近距离传球和快速传球。如果距离防守队员较近，可以突然将球从防守队员头顶或耳旁传过。单手胸前传球便于同双手胸前投篮、运球突破等技术结合运用。

## （二）投篮

投篮是篮球运动中的一项关键技术。队员多在移动中接球，并利用假动作、时间差，或改变方向，或紧贴对手投篮。投篮应与突破、传球等技术相结合，投篮方式多、变化多、出手点高。

### 1. 原地双手胸前投篮

两手持球于胸前，肘关节自然下垂，上体稍前倾，两腿微屈。投篮时，两脚蹬地，腰腹伸展，两臂向前方伸出，手腕同时前屈，最后用拇指、食指和中指将球投出。（图 9-4-4）

原地双手胸前投篮

原地双手胸前投篮能够充分发挥躯干和臂部的力量，适用于远距离投篮，运动员在罚球时也常用此投篮方法。其特点是握球牢，便于与突破、传球等技术相结合。

图 9-4-4

### 2. 原地单手肩上投篮

以右手投篮为例。右手五指自然分开，屈肘，向后屈腕，持球于肩上；左手扶球，身体重心放在两腿之间，上体稍前倾，两腿微屈。投篮时，两脚用力蹬地，腰腹伸展，从下向上发力；同时提肘且手臂向前上方充分伸展，最后通过食指、中指指端将球投出。球出手后，手腕前屈，手指向下。（图9-4-5）

原地单手肩上投篮适用于中远距离投篮。其特点是出手点高、变化多、较为灵活。

图 9-4-5

### 3. 行进间单手高手投篮

以右手投篮为例。接球和运球上篮时，在右脚跨出一大步的同时，两手持球，左脚紧接着跨出一小步，用力蹬地起跳。当身体接近最高点时，右手手指向后，掌心向上，托球的下部向球篮的方向伸臂，食指、中指以柔和的力量拨球，将球从指端投出。（图9-4-6）

行进间单手高手投篮多在快攻和切入篮下时运用。这种投篮方法的优点在于出手点高，易用身体保护。

图 9-4-6

### 4. 行进间单手低手投篮

以右手投篮为例。接球和运球上篮时，在右脚跨出一大步的同时，两手持球，左脚紧接着跨出一小步，用力蹬地起跳，腾空时间要短。当身体接近最高点时，右手手指向前，掌心向上，托球的下部向上伸臂。当右手接近篮筐时，食指、中指、无名指以柔和的力量向上拨球，将球从指端投出。（图9-4-7）

在快攻、突破中已经超越对手时，多用低手投篮。此投篮方法具有伸展距离长、出手点离篮筐近的特点。

图 9-4-7

### 5. 原地跳起单手肩上投篮

以右手投篮为例。投篮时，屈膝降低身体重心，两脚脚掌用力蹬地向上起跳；同时，两手举球至肩上，右手托球，左手扶球的左侧部。当身体接近最高点时，左手离球，右臂向前上方伸展，手腕用力前屈，通过食指、中指力量将球投出。球出手后，手指、手腕自然前屈。落地时，屈膝缓冲。（图 9-4-8）

当防守队员离持球队员较近时，持球队员运用传球、突破等假动作，诱使防守队员失去身体重心后可突然起跳投篮。

图 9-4-8

### 6. 急停跳起投篮

进攻队员向篮下移动中接球或运球突破时，利用防守队员向后移动防守的惯性，果断运用急停跳投，可达到良好的效果。

（1）接球急停跳起投篮：移动中跳起腾空接球后，两脚同时或先后落地，脚尖对着篮筐，两膝弯曲，迅速跳起投篮。投篮出手动作同原地跳起单手肩上投篮。

（2）运球急停跳起投篮：运球过程中及时降低身体重心，跨步急停或跳步急停，持球屈膝跳起投篮。投篮出手动作同原地跳起单手肩上投篮。

### （三）运球

持球队员在原地或移动中用单手连续按拍和迎引从地面反弹起来的球叫作运球。运球是篮球比赛中个人控制球、支配球、突破防守的重要手段，是组织全队进攻配合的桥梁。

### 1. 高运球

抬头，目视前方，上体稍前倾，以肘关节为轴，手按拍球的后上部，球的落点在身体的侧前方，球的反弹高度在腰、胸之间。（图9-4-9）

高运球多用于快速直线推进，如从后场向前场推、快攻接应后的快速推进、摆脱防守接球后加速运球上篮等。

高运球

图 9-4-9

### 2. 低运球

抬头，目视前方，两膝深屈，身体半蹲，身体重心下降，上体前倾，手按拍球的后上部，球的落点在身体侧面，球的反弹高度控制在膝关节以下。（图9-4-10）

在防守密集、接近防守队员或防守队员抢球时，进攻队员可运用低运球。

图 9-2-10

### 3. 运球急停急起

快速运球过程中运用两步急停，同时按拍球的前上部，用臂、躯干和腿保护球，目视前方。急起时，后脚（异侧脚）用力蹬地，上体迅速前倾，手按拍球的后上方，快速起动，加速超越对手。（图9-4-11）

当运球队员被防守得很紧时，可利用运球急停—急起—急停的速度变化摆脱对手。

图 9-4-11

### （四）持球突破

持球突破是持球队员将脚步动作与运球技术相结合以快速超越对手的技术，是一项攻击性很强的进攻技术。

#### 1. 原地持球交叉步突破

以左脚为中枢脚，从防守队员右侧突破。两脚左右开立，两膝微屈，持球于腹前。突破前，先做瞄篮或其他假动作。突破时，右脚内侧蹬地，并向左前方迈出一大步，上体左转，右肩向前下压，将球引至左侧。在左脚离地前，左手推拍球于右脚的侧前方；同时，左脚用力蹬地，迅速超越对手。（图9-4-12）

图 9-4-12

#### 2. 原地持球同侧步突破

以左脚为中枢脚，从防守队员左侧突破。准备姿势与原地持球交叉步突破相同。突破时，左脚内侧蹬地，右脚迅速向防守队员左侧跨出，上体稍右转，同时探肩，身体重心前移。在左脚离地前，右手推拍球于右脚的侧前方；同时，左脚用力蹬地，迅速超越对手。

### （五）抢篮板球

篮球比赛中，抢篮板球是获得控球权的重要手段之一。一支球队抢篮板球技术的好坏对球队在比赛中的主动与被动、胜利与失败有着很重要的影响。当对方或同伴投篮时，场上队员必须想到可能投篮不中，要积极地拼抢篮板球。

#### 1. 抢防守篮板球

抢防守篮板球时，必须把对手挡在身后。挡人方法有以下两种。

前转身挡人：当对手与自己的距离稍远、动作很快时，用前转身挡人。前转身挡人比后转身动作快，占据面积小。

后转身挡人：当对方离自己身体较近时，为抢占较大面积，多用后转身挡人。（图9-4-13）

图 9-4-13

转身挡人应注意：必须贴紧对方，最好用臀部、腰部顶住对方。挡住人以后稍停，再冲到篮下去抢篮板球，原因是中距离投篮时，球一般会在空中运行一段时间。要冲到篮下抢占投篮方向的对面位置，原因是球碰到篮圈后，很可能会反弹并落在对面。到篮下后立即屈臂，随后两臂要张开，占据较大空间，全身用力起跳。要求动作力量强，起跳迅速，即使被对方冲撞也不能失去平衡，仍然能起跳。

**2. 抢进攻篮板球**

抢进攻篮板球时，只要有一丝机会，就要跳起来拼抢。只要手指能触到球，就要用力抓紧、下拉，以便控制住球。在空中要观察同伴的接应情况，并抓住球，保护好球。要将球举到头上，不要拿在胸前。落地的同时要向边线一侧后转身，同时观察接应同伴所处的位置，以最快的速度一传。一传出手后，借后转身挡人的动作把与自己争抢篮板球的对手挡在身后，再立即起动，跟进参与快攻。

## 三、篮球基本战术

### （一）进攻战术

#### 1. 传切配合

传切配合是指进攻队员之间利用传球和切入技术所组成的简单配合，包括一传一切配合和一传空切配合。配合的要点是切入队员要把握好切入时机，持球队员要及时、准确地将球传出。

（1）一传一切配合：如图 9-4-14 所示，⑤传球给④后，迅速摆脱对手的防守向篮下切入，接④的回传球投篮。

（2）一传空切配合：如图 9-4-15 所示，④传球给⑤后，⑥立即摆脱对手的防守向篮下切入，接⑤传来的球投篮。

#### 2. 突分配合

突分配合是指持球队员运用突破打乱对方防守部署或吸引防守，并及时将球传给无人防守的同伴，使同伴获得进攻机会的配合方法。

如图 9-4-16 所示，⑤从防守者左侧持球突破，吸引对方两名防守队员同时封堵自己的突破路线，此时④及时跑到有利的进攻位置，接⑤的传球投篮或接球后做其他进攻配合。

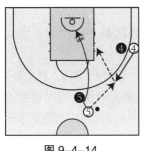

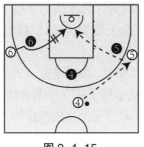

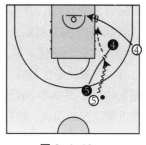

图 9-4-14　　　　　　图 9-4-15　　　　　　图 9-4-16

### 3. 策应配合

策应配合是指进攻队员背对或侧对球篮接球后，以持球队员为枢纽，同伴间相互配合而形成的一种里应外合的配合方法。

如图 9-4-17 所示，④摆脱防守后插到罚球线处做策应，⑤将球传给④后摆脱防守空切篮下，接④的策应传球投篮。

### 4. 掩护配合

掩护配合是指进攻队员有目的地去选择适当的位置，运用合理的技术动作，用自己的身体挡住同伴的防守者的移动路线，使同伴借以摆脱防守的一种配合方法。

（1）给持球队员做掩护：如图 9-4-18 所示，⑤传球给④后跑到④的防守队员的侧面做掩护，④接球后做投篮或突破动作，吸引防守队员；当⑤到达掩护位置后，④在⑤的掩护下持球从防守队员右侧突破投篮，⑤完成掩护后迅速移动到有利位置去接球或抢篮板球。

（2）给无球队员做掩护：如图 9-4-19 所示，⑤传球给④后跑去给同伴⑥做掩护，当⑤到达掩护位置后，⑥利用⑤的掩护切入篮下接④传来的球投篮；④接到⑤的传球后要做投篮、突破的假动作吸引防守队员，⑥切入篮下时，④要及时将球传给⑥。

图 9-4-17　　　　　　图 9-4-18　　　　　　图 9-4-19

## （二）防守战术

### 1. 半场人盯人防守

半场人盯人防守是指由攻转守时，全队有组织地退回后半场。它的特点是防守任务明确，机动灵活，能有效地控制对方的进攻重点，但这种防守容易被对方局部击破。

半场人盯人防守的基本要求：根据对手、球和球篮来选择防守位置，以盯人为主，近球紧，远球松，积极移动，抢占有利位置，破坏对方的进攻配合，加强防守的协同性。

### 2. 区域联防

区域联防是一种半场的全队防守战术，是指由攻转守时，防守队员退回半场，每人分工负责防守一个区域，并与同伴协同防守的集体防守战术。

区域联防的基本要求：在防守分工负责区域的基础上，5 名队员必须协同一致，积极随球移动，以防球为主，人球兼顾。

"2-1-2"联防是区域联防的基本形式。其特点是 5 名队员的位置分布均匀，移动距离短，便于相互协作（图 9-4-20①）。联防适用于防守外围运球突破和夹击中锋，同时也便于控制后场篮板球以发动快攻。防守的薄弱环节是防区的衔接处，即图 9-4-20②中的阴影部分。

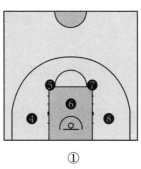
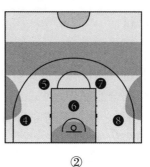

图 9-4-20

## 四、篮球竞赛规则简介

### （一）比赛场地

比赛场地（图 9-4-21）应是一块平坦、无障碍物的硬质地面。其尺寸是长 28 米、宽 15 米，从界线的内沿丈量。

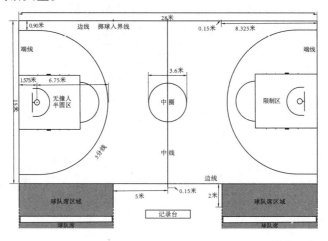

单位：米

图 9-4-21

### （二）其他规则简介

#### 1. 比赛时间、比分相等和决胜期

比赛应由 4 节组成，每节 10 分钟。在预定的比赛开始时间之前，应有 20 分钟的比赛休息期间。在第 1 节和第 2 节（上半时）之间，第 3 节和第 4 节（下半时）之间，以及每

一决胜期之前，应有 2 分钟的比赛休息期间。两个半时之间的比赛休息期间应是 15 分钟。如果在第 4 节比赛结束时比分相等，比赛有必要再继续若干个 5 分钟的决胜期来打破平局。

**2. 暂停**

主教练或第一助理教练请求中断比赛是暂停。每次暂停应持续 1 分钟。

每队可准予：① 上半时 2 次暂停；② 下半时 3 次暂停，第 4 节当比赛计时钟显示 2:00 分钟或更少时最多 2 次暂停；③ 每一个决胜期 1 次暂停。

未用过的暂停不得遗留给下半时或决胜期。

**3. 替换**

替补队员请求中断比赛成为队员是一次替换。在替换机会期间球队可以替换队员。只有替补队员有权请求替换。他/她（不是主教练或第一助理教练）应到记录台清楚地要求替换，用双手做出常规替换手势或者坐在替换的椅子上。替换应尽可能快地完成。

**4. 违例**

违例是违犯规则。罚则是将球判给对方队员从最靠近发生违例的地点掷球入界，直接位于篮板后面的地点除外，除非本规则另有规定。下列情况应判违例。

（1）队员出界和球出界。

（2）不合规运球。

（3）某队在前场控制活球并且比赛计时钟正在运行时，该队的队员在对方队的限制区内停留超过持续的 3 秒。

（4）一名被严密防守的队员未在 5 秒内传球、投球或运球。

（5）一名在后场的队员获得控制活球时；或在掷球入界中，球接触后场的任一队员或者被后场的任一队员合法接触，掷球入界队员所在队仍拥有在后场的球权，该队未在 8 秒内使球进入该队的前场。

（6）每当：① 一名队员在场上获得控制活球时；② 在掷球入界中，球接触任一场上队员或被任一场上队员合法接触时，并且掷球入界队员的球队仍然控制球时，该队未在 24 秒内尝试投篮。

（7）在前场控制活球的球队使球非法地回到他/她的后场。

（8）在一次投篮中，当一名队员接触完全在篮圈水平面之上的球时，并且球是下落飞向球篮中或在球已碰击篮板后，干涉得分发生。

**5. 犯规**

犯规是对规则的违犯，含有与对方队员的非法身体接触和/或违反体育运动精神的举止。可宣判一个队任何数量的犯规，不管罚则是什么，都要登记犯规者的每一次犯规，记入记录表并且根据这些规则进行处罚。

（1）侵人犯规是无论在活球还是死球的情况下，攻守双方队员发生的非法身体接触的犯规。

【罚则】应登记犯规队员 1 次侵人犯规。

如果对没有做投篮动作的队员发生犯规：① 由非犯规的队在最靠近违犯的地点掷球入界重新开始比赛。② 如果犯规的队处于全队犯规处罚状态，所有随后发生的对未做投篮动作的队员的侵人犯规应被判 2 次罚球，代替掷球入界。由被犯规的队员执行罚球。

如果对投篮队员发生犯规，应按下列所述判给投篮队员若干罚球：如果从中篮区域的出手投篮成功，应计得分并追加1次罚球；如果从2分中篮区域的出手投篮不成功，2次罚球；如果从3分中篮区域的出手投篮不成功，3次罚球。

（2）双方犯规是两名互为对方的队员大约同时相互发生侵人犯规或违反体育运动精神犯规/取消比赛资格犯规的情况。

【罚则】应给每一犯规队员登记一次侵人犯规或违反体育运动精神犯规/取消比赛资格犯规。不判给罚球，比赛应按下列所述重新开始。在发生双方犯规的大约同一时间，如果：① 中篮得分或最后一次罚球得分，应将球判给非得分队从该队端线后的任何地点掷球入界。② 某队已控制球或拥有球权，应将球判给该队从最靠近违犯的地点掷球入界。③ 任一队都没有控制球也没有球权，一次跳球情况发生。

（3）技术犯规是没有身体接触的犯规，行为种类包括但不限于：① 无视裁判员的警告。② 与裁判员、到场的技术代表、记录台人员、对方队或允许坐在球队席的人员讨论和/或交流中没有礼貌。③ 使用很可能冒犯或煽动观众的粗话或手势。④ 戏弄或嘲讽对方队员。⑤ 在对方队员眼睛附近挥手或手保持不动妨碍其视觉。⑥ 过分挥肘。⑦ 在球穿过球篮之后故意地接触球，阻碍迅速地掷球入界或罚球，或者在比赛开始或下半时开始时迟到进入比赛场地以延误比赛。⑧ 伪造被犯规。⑨ 悬吊在篮圈上，致使队员的重量由篮圈支撑，除非扣篮后，队员瞬间抓住篮圈，或者根据裁判员的判断，他/她正试图防止自己受伤或另一名队员受伤。⑩ 在最后一次的罚球中防守队员干涉得分，应判给进攻队得1分，随后执行登记在该防守队员名下的技术犯规罚则。

【罚则】如果：① 宣判队员技术犯规，应作为队员的犯规登记在该队员名下，并计入全队犯规中。② 宣判球队席人员技术犯规，应登记在主教练名下，并不计入全队犯规次数中。

应判给对方队员1次发球，比赛应按下述重新开始：① 应立即执行罚球。罚球后，由宣判技术犯规时控制球队或拥有球权队在比赛停止时距离球最近的地点执行掷球入界。② 也应立即执行罚球，不管是否有其他犯规带来的罚则的先后顺序，也不管这些罚则是否已经开始执行。技术犯规的罚球后，由宣判技术犯规时，控制球队或拥有球权队在最靠近比赛被技术犯规的罚则中断时的最近地点重新开始比赛。③ 如果一次有效的中篮得分或最后一次罚球得分，应在端线后任意地点掷球入界重新开始比赛。④ 如果既没有球队控制球，也没有球队拥有球权，这是一起跳球情况。⑤ 在中圈跳球开始第1节。

（4）违反体育运动精神的犯规是一起队员身体接触的犯规，并且根据裁判员判定，包含：① 与对方发生身体接触，且该接触不是在规则的精神和意图的范畴内致力于对球作出的攻防尝试。② 在尽力抢球或在与对方队员尽力争抢中，造成与对方队员过分的严重身体接触。③ 一起攻防转换中，防守队员为了中断进攻队的进攻，与进攻队员造成不必要的身体接触。该原则在进攻队员开始他/她的投篮动作之前均适用。④ 当一名队员正朝向对方球篮行进，且该行进队员和对方球篮之间没有对方队员，并且，该行进队员控制着球，或该行进队员试图获得控制球，或传向该行进队员的球已离手时，对方队员从其后面或侧面与该队员发生非法身体接触。该原则在进攻队员开始他/她的投篮动作之前均适用。

【罚则】应给犯规队员登记一次违反体育运动精神的犯规。

应判给被犯规队员执行罚球，以及随后：① 在该队前场的掷球入界线处掷球入界。② 在中圈跳球开始第1节。应按下述原则判给若干罚球：① 如果对没有做投篮动作的队员发生犯规，2 次罚球。② 如果对正在做投篮动作的队员发生犯规，如果中篮应计得分并追加 1 次罚球。③ 如果对正在做投篮动作的队员发生犯规，并且球未中篮，2 次或 3 次罚球。

当登记了一名队员 2 次违反体育运动精神的犯规或 2 次技术犯规，或 1 次技术犯规和 1 次违反体育运动精神的犯规时，应该取消他/她本场剩余比赛的资格。

如果队员在上一条情况下被取消比赛资格，应只执行该违反体育运动精神的犯规的罚则，不追加执行取消比赛资格的罚则。

# 第五节　排球运动

## 一、排球运动概述

排球运动起源于美国，由美国的威廉·摩根于 1895 年首创。摩根将网球网挂在篮球场中间，将篮球内胆隔网来回拍打，使其在空中飞来飞去。但因篮球胆太轻，不好控制，于是摩根联系某一体育用品公司试做了一个球，试用后效果很好。现行规则规定的正式比赛用球的大小和重量都与当时的第一代球差不多，只是在制作工艺上有了很大的改进。

1995 年，我国以赛制改革为先导，开始了排球改革。中国女排于 1995 年重夺亚洲女排锦标赛冠军。1997 年，中国男排夺得了亚洲男排锦标赛冠军，并获得了世界男子排球锦标赛的参赛资格。在 2004 年雅典奥运会上，中国女排获得冠军。在 2016 年里约热内卢奥运会上，中国女排再次获得冠军。在 2019 年世界杯女子排球比赛中，中国女排以 11 战全胜成功卫冕。2021 年，中国共产党人精神谱系第一批伟大精神发布，女排精神位列其中。女排精神的内涵：祖国至上、团结协作、顽强拼搏、永不言败。

排球是中国开展得较为广泛的运动项目之一，具有较强的娱乐性、健身性和观赏性。人们参加排球运动不仅能提高力量素质、速度素质、灵敏素质、耐力素质等身体素质和运动能力，而且能改善身体各器官、系统的机能状态，还能培养机智、果断、沉着、冷静的心理品质。同时，排球运动需要同伴间的协调配合，对培养良好的团结协作和集体主义精神具有积极作用。排球训练和比赛可以培养人们团结奋斗的集体主义精神，以及胜不骄、败不馁，勇猛顽强，克服困难，坚持到底的良好作风。

## 二、排球基本技术

排球技术是指运动员在比赛规则允许范围内采取的各种合理的击球动作和配合动作的总称。排球的基本技术包括准备姿势与移动、传球、垫球、发球、扣球和拦网 6 大类。

### （一）准备姿势与移动

排球比赛是在激烈和快速的对抗中进行的，场上的情况千变万化，要求场上队员能在瞬间根据临场的变化，做出相应的技术动作。因此，掌握正确的准备姿势和具备快速移动的能力是必要的。

### 1. 准备姿势

图 9-5-1

两脚左右开立（或一脚稍前），两脚间距比肩稍宽，两脚尖适当内扣，脚跟稍抬起，膝关节弯曲，上体自然前倾，重心稍靠前，两臂放松弯曲置于腹前，眼看球，两脚始终保持微动。此准备姿势主要用于一般的垫球、接发球等，接扣球和接拦回球时膝关节弯曲的程度要更大。按照身体重心的高低，准备姿势可分为稍蹲、半蹲和低蹲。（图 9-5-1）

### 2. 移动

移动的目的主要是迅速接近球，保持好人与球的位置关系，以便击球。迅速的移动有利于占据有利位置，以争取时间和空间的优势。比赛中常用的移动步法有并步、滑步、交叉步、跨步、跑步和后退步。

（1）并步与滑步。当来球距身体一步左右的距离时采用并步，主要用于传球、垫球和拦网等技术。如向左移动，右脚蹬地，左脚向左侧跨出，右脚迅速并上，成击球前的准备姿势。当来球距离身体较远时，可连续快速并步接近来球，连续并步称为滑步。

（2）交叉步。当来球距身体两三米时采用交叉步。如向右移动，身体稍向右侧转动，左脚先向右脚前方交叉跨出一步，然后右脚向右跨出，之后身体转向来球方向，保持击球前的姿势。（图 9-5-2）

图 9-5-2

（3）跨步。当来球较低，距离身体 1 米左右时采用跨步。跨步可单独使用，也可与滑步、交叉步和跑步的最后一步结合使用。采用跨步移动时，一脚用力蹬地，另一脚向来球方向跨出一大步，同时膝部弯曲，上体前倾，身体重心下降并移至跨出腿上。（图 9-5-3）

图 9-5-3

（4）跑步。当身体距离来球较远时采用跑步。判断好来球的方向，两臂用力迅速摆动，逐步加大步幅，加快步频。在接近来球时，降低重心并减速制动，做好击球准备。

（5）后退步。当来球在身体后方，来不及迅速转身时采用后退步。移动时，身体重心适当降低，两脚迅速交替向后退步，上体不要后仰。

传球

## （二）传球

传球是排球比赛中的一项重要技术，也是排球比赛中防守和反攻的衔接技术。传球技术的好坏直接影响战术配合的质量，并关系到扣球效果。传球技术有正面传球、背传、侧向传球和跳起传球四种。这四种传球技术的传球手型基本相似，都是在额前上方击球。传球主要运用于二传。

### 1. 正面传球

身体正对来球，两脚开立，两膝稍弯曲，上体挺起，仰头看球，两手自然抬起，屈肘，两手成传球手型。两手自然张开微屈，成半球形，手腕后仰，拇指相对成近似一字形置于额前。以拇指内侧、食指全部、中指的第二和第三指节触球的后下部，无名指和小指辅助控制球的方向。传球时，主要以蹬地、伸膝、伸臂的协调动作和手指、手腕的弹力将球传出。击球点在额前上方一球距离处。（图9-5-4）

图 9-5-4

### 2. 背传

背对传球目标的传球称为背传，主要用于组织进攻。传球前，背对传球目标，上体保持正直或稍后仰，击球点比正面传球要高。迎球时，微仰头挺胸，在下肢蹬地的同时，上体向后上方伸展，击球时手腕适当后仰，掌心向上，拇指击球的下部，利用抬臂、送肘的动作和手指、手腕的弹力将球向后上方传出。（图9-5-5）

图 9-5-5

## （三）垫球

垫球技术是接发球、接扣球以及后排防守的主要技术动作，是组织反攻战术的基础。垫球技术的熟练程度和运用能力，是争取胜利的重要条件。垫球有正面双手垫球、体侧双手垫球、背向双手垫球、单手垫球、双手挡球、前扑垫球、鱼跃垫球、侧倒垫球、滚翻垫球等。其中，正面双手垫球是各种

垫球

垫球技术的基础，适合接速度快、弧线平、力量大、落点低的各种来球，在排球比赛中运用较多。垫球用于接发球、接扣球、接拦网球，有时也用来组织进攻。

## 1. 正面双手垫球

正面双手垫球是最基本、最常用的垫球技术。垫球时，两手臂对准垫球方向伸直插向球下，两手交叉重叠合掌互握，两拇指平行向前，两手掌根靠紧，两臂夹紧（图9-5-6），手腕下压，两前臂外旋，使前臂腕关节以上10厘米处形成垫击球的平面。击球时，借助蹬地、提腰、提肩、抬臂、压腕的协调力将球击出。（图9-5-7）

图9-5-6　　　　　　　　　　　　　图9-5-7

## 2. 体侧双手垫球

当来球在体侧时，可采用体侧垫球技术。右侧垫球时，先以左脚前脚掌内侧蹬地，右脚向右跨出一步，重心移至右脚，并保持两膝弯曲。与此同时，两臂向右侧伸直，使右臂高于左臂，左臂微向下倾斜，击球时用左转体和收腹的动作，配合提肩、抬臂，在身体右侧稍前的位置截住球，两臂垫击球的后下部（图9-5-8）。来球在左侧时，以相反方向的动作击球。

图9-5-8

## 3. 背向双手垫球

常在接应同伴来球或第三次处理过网球时采用背向双手垫球。背向双手垫球时要判断好球的飞行方向，迅速移动到球的落点处，背对出球方向，两臂夹紧伸直，插在球下。击球时，蹬腿，抬头，挺胸，展腹后仰，直臂向后上方摆动抬送球。（图9-5-9）

图9-5-9

### 4. 单手垫球

当来球快速飞向体侧较远距离，来不及用双手垫球时，可采用单手垫球。单手垫球动作快，手臂伸得远，击球范围大，但触球面积小，控制球的能力比双手垫球差，所以能用双手垫球时，尽量不用单手垫球。运用单手垫球时，可用前臂内侧、掌根或掌心击球后下部。如来球低，也可将手背插入球下，用铲球动作将球垫起。

## （四）发球

发球既是比赛的开始，也是进攻的开始和主要得分手段。准确且有攻击性的发球，可以直接得分或破坏对方进攻战术的组成，还可减轻本方防守压力，为由防守转进攻创造有利条件。发球技术包括正面下手发球、正面上手发球、正面上手发飘球、勾手发飘球、勾手大力发球、跳发球、侧面下手发球等。以下介绍前3种发球。

### 1. 正面下手发球

正面下手发球动作较简单，容易掌握，准确性高；但球速较慢，力量小，攻击性较差，一般适用于初学者和女性。

发球时面对球网站立，左脚在前，两膝微屈，上体前倾。左手持球于腹前右下方，然后将球平稳地在体前右侧抛起，使球上升至离手约一球的高度，同时，右臂伸直，以肩为轴向身体后方摆动。右脚蹬地，身体重心随右臂由后向前摆动而前移，在腹前用全掌或掌根击球的后下方。（图9-5-10）

**图 9-5-10**

### 2. 正面上手发球

正面上手发球便于观察对方，发球的准确性高，易控制球的落点。发球时，能利用身体动作，加大发球的力量和速度，具有一定的攻击性。

发球时面对球网站立，左脚在前，左手托球于体前，然后将球平稳地抛向右肩前上方，高度适中，同时，右臂抬起，屈肘后引，肘与肩平，上体稍右转，抬头、挺胸、展腹，手掌自然张开。利用蹬地、转体、收腹带动手臂向前上方快速挥动，在右肩前上方，用全掌击球的中下部。击球时，手指和手掌要张开，与球吻合，手腕要迅速做推压动作，使球上旋飞行。击球后，随着重心前移，迅速入场。

### 3. 正面上手发飘球

正面上手发飘球的击球用力方向通过球体的中心，发出的球不旋转，而是不规则地飘晃飞行，使接球者难以判断其飞行路线和落点。因此，正面上手发飘球的攻击性和准确性较高，在各类比赛中均被男女队员广泛采用。

准备姿势近似正面上手发球，但左手持球的位置较高，约在胸前，然后将球平稳地抛至右肩前上方，高度应稍低于正面上手发球，并稍靠前些。右臂屈肘抬起并后引，肘高于肩，当球上升至最高点时，收小腹带动手臂快速挥动，以掌根坚硬平面击球的后中下部，使作用力通过球体中心（图9-5-11）。击球时，五指并拢，掌心向前，手腕紧张并稍后仰，用力快速、突然、短促，击球后要有突停动作。（图9-5-12）

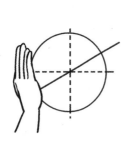    

图9-5-11　　　　　　　　　　　　　　　图9-5-12

## （五）扣球

扣球

扣球是进攻中最积极、最有效的得分手段，也是衡量一个球队进攻能力的重要因素之一。一个球队攻击力的强弱，往往取决于该队的扣球技术水平。现代排球运动中扣球的威力体现在速度、力量、高度、变化和技巧诸方面。扣球由准备姿势、助跑、起跳、空中击球和落地动作衔接而成，主要有正面扣球、单脚起跳扣球、扣快球、调整扣球、自我掩护扣球。现代排球运动的扣球技术，已打破位置分工的限制，更多地运用各种变步、变向的助跑起跳，充分利用网长和纵深，采用立体进攻。

### 1.正面扣球

正面扣球是扣球技术中最基本的一种方法。初学者必须掌握好正面扣球后，再学习其他扣球技术。

助跑前采用稍蹲姿势，两臂自然下垂，在离网3米左右处观察判断，做好向各个方向助跑、起跳的准备。助跑的步数要视球的远近和个人习惯，而采用一步、两步、三步等不同的步法。一般采用两步助跑。助跑时，左脚先向前迈出第一步，紧接着右脚跨出一大步，左脚及时并上，踏在右脚前，两脚尖稍内扣，准备起跳。在助跑跨出最后一步，左脚踏地制动的同时，两臂自后积极地向前摆动，随着两脚蹬地向上起跳，两臂有力地向上摆动。起跳后，挺胸展腹，上体稍右转，右臂屈肘上举后引，置于头的右侧后方，身体成反弓形。挥臂时，以迅速转体、收腹动作发力，依次带动肩、肘、腕向前上方成鞭甩动作挥动。击球时，五指微张，以全手掌包满球，击球的后中部，同时主动用力屈腕、屈指向前推压球，使球向前下方旋转飞行。击球后，顺势收臂以免触网。落地时，两脚前脚掌先着地，然后过渡到全脚掌。着地的同时，顺势屈膝、收腹，以缓冲下落力量。（图9-5-13）

图 9-5-13

## 2. 单脚起跳扣球

单脚起跳扣球比双脚起跳扣球动作要快，还能充分利用助跑速度，比双脚起跳扣球冲得更远，跳得更高，兼有位置差和时间差的特点，对突破和避开拦网有较大作用。

单脚起跳扣球可采用一步、两步或多步助跑。助跑的路线与球网的夹角宜小，以免造成前冲力过大而碰网或过中线犯规。助跑的最后一步以左脚向扣球点位置跨出一大步，身体重心稍后仰，在右脚向上摆动时，左脚用力蹬地起跳，两臂积极配合上摆。起跳后的扣球动作与正面扣球基本相似。

## （六）拦网

拦网是防守的第一道防线，也是反攻的重要环节。成功的拦网可以直接拦死或拦回对方的扣球，直接得分或使本方由被动变为主动，削弱对方的进攻力量，减轻本方防守的压力。目前，随着扣球技术朝着力量、高度、速度等方面发展，拦网的重要性更加突出。

拦网由准备姿势、移动、起跳、空中击球和落地动作衔接而成。拦网有单人拦网和集体拦网两种。

## 1. 单人拦网

面对球网，两脚左右开立，间距约与肩同宽，距网 30 ～ 40 厘米，两膝微屈，两臂屈肘置于胸前。通常采用沿中线的平行并步或交叉步移动，在距球较远时可采用跑步移动。起跳时，身体重心降低，两膝弯曲，用力蹬地，使身体垂直起跳。两臂以肩发力贴近身体向上摆动，两手从额前沿球网向上方伸出，两臂伸直并平行。拦网时，两臂应伸过网去接近球。两手自然张开，屈指、屈腕成勺形。当手触球时，两手要突然张开，手腕下压，两手盖在球的前上方。拦网后要做含胸动作，以保持身体平衡。手臂要先后摆或上提，从网上收回至本方上空，再屈肘向下收臂，以免触网。同时屈膝缓冲，两脚落地。（图 9-5-14）

图 9-5-14

#### 2. 集体拦网

集体拦网有双人拦网和3人拦网两种。集体拦网技术动作除要求具备个人拦网技术要求外，还应着重注意互相配合。以双人拦网为例，双人拦网是集体拦网的主要形式，常由2号位、3号位或3号位、4号位队员组成双人拦网。针对中路进攻，则可能组成2号位、3号位与4号位队员的3人拦网。

## 三、排球基本战术

### （一）阵容配备

排球阵容配备是排球战术运用的基础，应最大限度地符合本方队员的特点，以更有效地发挥每名队员的特长和作用，同时还要考虑对手的情况。

#### 1. "四二"配备

"四二"配备的阵容包括2名二传手和4名进攻队员。4名进攻队员分别为2名主攻和2名副攻。"四二"配备在中等水平球队采用较多，2名二传手前后排始终保持一致，便于接应传球。

#### 2. "五一"配备

"五一"配备的阵容包括1名二传手和5名进攻队员。5名进攻队员分别为2名主攻、2名副攻和1名在二传对角接应二传的队员。由于目前比赛中引入了自由人，"五一"配备更加灵活。这种战术配备对二传手要求较高，一般在中高水平的球队中运用较多。

#### 3. "三三"配备

"三三"配备是指3名传球队员和3名进攻队员间隔站立，使每一轮都有传有扣。这种阵容配备常被初学者采用。

### （二）排球进攻战术

#### 1. "中一二"进攻

"中一二"进攻战术是指前排3个人中一人在3号位做二传，将球传给2号位、4号位进攻。二传在2号、4号位时，球发出后可以置换到3号位，这种情况称为"边一二换中一二"或"反边一二换中一二"。"中一二"进攻战术简单，便于组织。

#### 2. "边一二"进攻

"边一二"进攻战术是前排3个人中2号位做二传，将球传给3号位、4号位进攻，二传在3号位、4号位时，在发球后换到2号位。"边一二"进攻战术中，右手扣球比较顺手，而左手扣球比较别扭。如果一传传偏到4号位，则很难接应。

### （三）排球防守战术

#### 1. 接发球的站位阵形

接发球的阵形，既要利于接球，又要有利于本方进攻，同时要根据对方发球的特点来布阵。

（1）5人接发球。除1名二传手在网前站立或后排插上外，其余5名队员均担负起一传任务，通常为"三二"站位。这种站位阵形便于队员分布，但缺点是二传手插上距离较远或者进攻变化较少。

（2）4人接发球。二传手和上快球队员站在网前不接发球，后场4人成一字或弧线站立。这种站位阵形便于二传手传球和进攻跑动，但容易造成空当，对接发球判断和移动要求高。一般针对发球较差的对手采用。

**2. 防守阵形**

（1）不拦网的防守阵形。在没有拦网必要时，二传手在网前，既可接网前球，又可以组织进攻。前排队员后撤，准备防守和进攻。

（2）单人拦网防守阵形。单人拦网阵形用于对方进攻力量较弱、扣球以中线为主、吊球较多的情况。单人拦网应以中线为主，阻止球吊入中场，前排不拦网队员后撤防前区。

（3）接拦回球的保护阵形。对于拦回球的保护，一般应在后排留一个人准备接反弹较远的球，其他队员尽量多参加前排保护。在只有一点进攻时，应采用4人保护。在有战术变化时，进攻队员跑动或跳起后，如未扣球，应争取保护，二传手和后排队员应尽量组成2～3人的保护阵形。

## 四、排球竞赛规则简介

### （一）比赛场地

比赛场地（图9-5-15）为对称的长方形，包括比赛场区和无障碍区。比赛场区为18米×9米的长方形，其四周至少有3米宽的无障碍区。比赛场区上空的无障碍空间从地面量起至少高7米，其间不得有任何障碍物。国际排联（FIVB）比赛、世界性比赛和正式比赛中，比赛场区边线外的无障碍区的宽度应为5米，端线外的无障碍区的宽度应为6.5米。比赛场地上空的无障碍空间至少高12.5米。

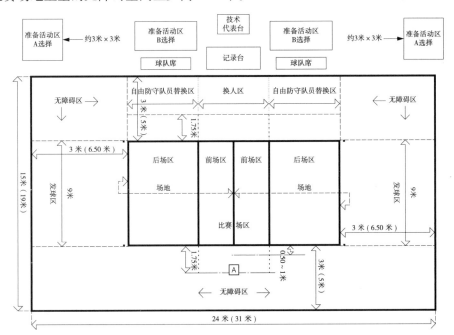

**图 9-5-15**

## （二）其他规则简介

### 1. 队的组成

一场比赛中，一支球队可以由最多 12 名队员及以下人员组成。教练成员：一名教练员、最多两名助理教练员；医疗成员：一名理疗师和一名医生。

### 2. 得分、胜 1 局与胜 1 场

（1）得分。以下情况球队得 1 分：球成功落在对方场区；对方犯规；对方受到处罚。

（2）胜 1 局。每局（决胜的第 5 局除外）先得 25 分同时至少超过对方 2 分的队胜 1 局。当比分为 24–24 时，比赛继续进行至一支球队领先 2 分（26–24、27–25……）为止。

（3）胜 1 场。胜 3 局的球队胜 1 场。如果 2–2 平局时，决胜的第 5 局先得 15 分并至少领先对方 2 分的球队获胜。

### 3. 发球时的犯规

（1）发球犯规。下列犯规应被判为发球犯规，即使对方位置错误。发球方队员：① 发球次序错误；② 没有遵守"发球的执行"的规定。

（2）发球击球后的犯规。球被发出后，出现以下情况仍为发球犯规（除非位置错误）：① 球触及发球方队员或球的整体没有从过网区通过球网垂直平面；② 界外球；③ 球越过构成发球掩护的队员。

### 4. 位置错误

当发球队员击球时，如果队员不在其正确位置上则该队构成位置错误犯规。当一名队员经不合法换人程序进入场内且比赛重新开始时，这将被视为位置错误，并承担不合法换人程序导致的后果。位置错误按如下步骤处理：① 该队被判失去 1 分，由对方发球；② 队员的位置必须被纠正。

### 5. 击球时的犯规

（1）4 次击球：一支球队连续击球 4 次。

（2）借助击球：队员在比赛场地内借助同伴或任何物体的支持进行击球。

（3）持球：球被接住或抛出，而不是被弹击出。

（4）连击：1 名队员连续击球 2 次，或球连续触及 1 名队员身体的不同部位。

### 6. 触网

队员的击球行为触及标志杆以内球网的部分为犯规。击球行为包括（但不限于）起跳、击球（或试图击球）、落地至准备下一个动作。队员可以触及网柱、网绳或标志杆外侧的其他任何物体，包括球网本身，但不得干扰比赛（规则"借助击球"除外）。由于球被击入球网而造成的球网触及队员的情况不算犯规。

### 7. 队员在球网附近的犯规

（1）对方进攻性击球前或击球时，在对方空间内触及球或对方队员。

（2）从球网下方穿越进入对方空间并干扰对方比赛。

（3）队员的单脚（双脚）全部越过中线进入对方场区。

（4）队员干扰比赛的行为涉及（但不限于）下列情况：① 击球行为触及标志杆及标志杆以内球网的任何部分；② 利用球网进行支撑或稳定身体；③ 通过触网造成对本方有利；④ 妨碍了对方合法的击球试图；⑤ 拉住或抓住球网。

**8. 拦网犯规**

拦网犯规主要包括以下内容：① 拦网队员于对方进攻性击球前在对方场地空间内触球。② 后排队员或自由防守队员完成拦网或参与了拦网的完成。③ 拦对方的发球。④ 拦网出界。⑤ 从标志杆外侧伸入对方空间拦网。⑥ 自由防守队员试图进行个人拦网或参加集体拦网。

<h1 style="text-align:center">第六节　足球运动</h1>

## 一、足球运动概述

古代足球运动起源于中国，现代足球运动的发源地则在英国。1863 年 10 月 26 日，世界上第一个足球协会——英格兰足球总会成立。1900 年巴黎奥运会，足球被列为正式比赛项目。1904 年国际足球联合会（以下简称"国际足联"）成立。

中国足球协会于 1955 年 1 月 3 日成立，1994 年开始进行以俱乐部为依托的全国职业联赛。在职业化的推动下，在 2002 年的第 17 届国际足联世界杯期间，中国国家男子足球队首次打入了世界杯的决赛圈。中国国家女子足球队建立于 1984 年，1986 年首次参加亚洲杯就获得冠军。中国女足曾 15 次参与亚洲杯，共获得冠军 9 次，亚军 2 次，季军 3 次；参加亚运会 8 次，获得冠军 3 次、亚军 2 次、季军 1 次；晋级世界杯决赛圈 8 次，参加女足世界杯 7 次，获得亚军 1 次，进入四强 1 次（不含前述亚军）；闯入奥运会 5 次。2022 年 2 月 6 日，中国女足在 2022 年印度女足亚洲杯决赛击败韩国队，再夺女足亚洲杯冠军。

经常参加足球运动，可以增强人的意志力、自制力、责任感，以及培养勇敢顽强、机智果断、团结协作、密切合作等思想品德，可以增进人体健康，提高身体素质，特别是能增强人体循环系统、呼吸系统等的功能。

## 二、足球基本技术

足球技术是运动员在足球比赛中所采用的合理行动和动作方法的总和。其主要包括踢球、运球、停球、头顶球、抢截球、掷界外球等。

### （一）踢球

踢球动作一般由助跑、支撑脚站位、踢球腿的摆动、踢球脚的触球部位和踢球后的随摆等要素组成。踢球技术按脚触及球的部位可分为脚内侧踢球、脚背内侧踢球、脚背外侧踢球等。

#### 1. 脚内侧踢球

脚内侧踢球常用于踢定位球、接踢各方向来的地滚球和空中球，也可用脚内侧蹭球。

直线助跑，支撑脚落在球的侧后方 15 厘米左右处，膝关节微屈，踢球腿以髋关节为轴，膝外转约 90°，脚尖翘起，与地面平行，同时踢球脚不得高过球，由后向前摆动，用脚内侧（三角面）触球的后中部。踢空中来球时，大腿抬起，小腿拖后，脚内侧对准出球方向，利用小腿的向前摆动平敲击球的后中部。（图 9-6-1）

图 9-6-1

### 2. 脚背内侧踢球

脚背内侧踢球用于踢定位球、踢过顶球、远距离传射和转身踢球。

助跑方向与出球方向成 45° 角。支撑脚的脚掌外沿积极踏在球的侧后方 25 ～ 30 厘米处，膝弯曲，支撑脚的脚尖指向出球方向，并踏在球的横轴（与出球方向垂直的轴）的延长线上，身体向支撑脚一侧稍倾斜。在支撑脚着地的同时，踢球腿以髋关节为轴，以大腿带动小腿由后向前挥摆。当身体转向出球方向、膝关节大约摆至球的正上方时，小腿加速前摆，脚尖稍外转并下压，以脚背的内侧踢球的后中部。踢球后，摆动腿继续向出球方向摆动。（图 9-6-2）

脚背内侧踢球

图 9-6-2

转身踢球时，在助跑最后一步蹬离地面，身体转向出球方向。支撑脚以脚掌外沿着地，脚尖指向出球方向，上体侧前倾，膝弯曲，后面的动作与脚背内侧踢球相同。

### 3. 脚背外侧踢球

脚背外侧踢球用于踢定位球、弧线球、弹拨球等。

直线助跑，最后一步稍大，支撑脚积极地以脚跟着地，踏在球的侧后方 10 ～ 15 厘米处，膝关节微屈，足尖正对出球方向；摆动腿以膝关节为轴，大腿带动小腿屈腿积极向前摆动。在踢球腿膝关节大约摆至球的正上方时，小腿加速前摆，膝关节与脚尖内转，脚背绷直，脚趾扣紧，以脚背外侧踢球的后中部。踢球后，摆动腿继续前摆。（图 9-6-3）

图 9-6-3

## （二）运球

运球是指运动员在跑动中用脚连续推拨球，使球处于自己控制范围内的触球动作。常用的运球方法有脚背正面运球、脚背外侧运球、脚背内侧运球、脚内侧运球。

### 1. 脚背正面运球

脚背正面运球常用于快速前进。

跑动时，身体自然放松，上体稍前倾，两臂自然摆动，步幅不宜过大。运球脚脚跟提起，趾尖下压，用脚背正面推拨球前进。（图 9-6-4）

图 9-6-4

### 2. 脚背外侧运球

脚背外侧运球用于快速奔跑和向外改变方向。

动作要领与脚背正面运球相似，不同的是运球脚的脚尖稍内转，用脚背外侧触球。

脚背外侧运球

### 3. 脚背内侧运球

脚背内侧运球用于变向和用身体掩护球。

跑动时，身体自然放松，步幅不宜过大，上体稍前倾并向运球方向转动。运球脚提起时，膝关节微屈，脚跟提起，脚尖稍外转，在迈步前伸着地前，用脚背内侧推拨球。

### 4. 脚内侧运球

脚内侧运球是运球技术中最慢的一种运球方法，常结合身体掩护球使用。

运球时，支撑脚向前跨出一步，踏在球的侧前方，膝关节微屈，上体稍前倾并向内转。随着身体向前移动，运球脚提起，用脚内侧推球的后中部。

### （三）停球

停球是指队员有目的地用身体的合理部位，把运行中的球停或接到所需要的控制范围内。停球是为了更好地理顺球，使之为传球、运球、过人和射门服务。常用的停球方法有脚内侧停球、脚底停球和胸部停球。

**1. 脚内侧停球**

脚内侧停球易掌握，触球的面积大，易停稳，便于变向和结合下一个动作，多用于停地滚球、反弹球和空中球。

停地滚球时，支撑脚正对来球，支撑腿膝关节微屈，停球腿膝外转，停球脚前迎，在球与脚接触前的瞬间开始后撤，在后撤过程中用脚内侧接触球，把球停在需要的位置上。（图9-6-5）

停反弹球时，支撑脚踏在球的落点的侧前方，支撑腿膝关节微屈，上体稍前倾并向停球脚方向微转，同时停球脚提起并放松，用脚内侧对准球的反弹路线。当球落地反弹刚离地时，用脚内侧触球的中上部。（图9-6-6）

图9-6-5　　　　　　　　　　图9-6-6

停空中球时，一种方法是根据来球的高度，将停球脚举起，脚内侧对准来球路线，在脚与球接触前的瞬间开始后撤，在后撤过程中用脚内侧触球，把球控制在下个动作需要的地方（图9-6-7）；另一种方法（切压法）是将脚提起，稍高于选择的停球点，在脚与球接触前的瞬间用脚内侧切球的侧上部，把球停在地面。用切压法停球往往不稳，需要及时调整。

图9-6-7

**2. 脚底停球**

脚底停球用于停地滚球和反弹球。

停地滚球时，支撑脚站在球的侧后方，膝关节微屈，脚尖正对来球，同时将停球脚提起，膝关节自然弯曲，脚尖翘起，脚跟不得高于球，踝关节放松，用前脚掌触球中上部。（图9-6-8）

图 9-6-8

停反弹球时，支撑脚踏在球落点的侧后方。在球着地的瞬间，用前脚掌对准球的反弹路线，触球的中上部。

### 3.胸部停球

胸部面积较大，有弹性，位置高，能停高球和空中平球。胸部停球有收胸式和挺胸式两种。

收胸式停球一般用来停胸部高度的平直球。停球时，面对来球，两脚开立，两臂自然张开，挺胸迎球。在球与胸部接触前的瞬间，迅速收胸、耸肩、收腹，缓冲来球力量，将球停在身前，如果要把球停向左（右）侧，则在接触球的同时向左（右）侧转体。（图 9-6-9）

挺胸式停球一般用来停高于胸部的下落球。停球时，面对来球，两脚开立，两膝微屈，正对来球，在球与胸部接触前的瞬间，收下颌，挺胸，上体后仰成背弓形，以缓冲来球力量，使球弹起再落于身前。（图 9-6-10）

图 9-6-9

图 9-6-10

## （四）头顶球

头顶球是争取时间和取得空中优势的主要技术，在攻、防中都起着重要作用。头顶球可分为前额正面顶球和前额侧面（额侧）顶球两种。这两个部位都可以原地、跳起和鱼跃顶球。

### 1.前额正面顶球

身体正对来球，两脚开立，膝关节微屈，上体后仰，两臂自然分开，两眼注视来球。在球运行到身体垂直部位前的瞬间，脚用力蹬地，收腹，身体迅速前摆。当球运行到身体垂直部位时，颈收紧，收颌甩头，用前额正面顶球的后中部，然后上体随球继续前摆。（图 9-6-11）

图 9-6-11

### 2. 前额侧面顶球

两脚前后开立，两膝微屈，上体和头部稍向出球方向异侧转动，身体重心放在后脚上，两臂自然张开，两眼注视来球。头部触球时，后脚用力蹬地，上体迅速向出球方向扭转，同时甩头，当球运行到与出球方向同侧肩的前上方时，用额侧部位击球的后中部。

## （五）抢截球

抢球是把对方控制的或将要控制的球夺过来或破坏掉。截球是将对方队员传出的球堵截住或破坏掉。

### 1. 正面抢截球

正面抢截球有正面跨步抢截球和正面铲球。

正面跨步抢截球时，面向对手，两脚前后开立，两膝微屈，身体重心下降，落在两脚之间。对手运球前进，当其触球脚即将着地或刚着地时，抢球者一脚用力蹬地，抢球脚以脚内侧对正球并向球跨出一步，膝关节弯曲，上体前倾，身体重心移至抢球脚上，另一脚立即前跨成支撑脚。若双方的脚同时触球，则抢球脚要顺势向上提拉，使球从对方的脚背滚过。身体要迅速跟上，把球控制住。（图 9-6-12）

图 9-6-12

正面铲球时，两脚前后开立，两膝微屈，身体重心下降，落在两脚之间，面向对手。对手运球前进，在其脚触球的瞬间，抢球者一脚用力后蹬，另一脚前伸，然后将球踢出。

### 2. 侧后铲球

铲球是抢截技术中难度较大的技术动作。侧后铲球有同侧脚铲球和异侧脚铲球。

同侧脚铲球时，在控球者拨出球的瞬间，抢球者的后脚（异侧脚）用力后蹬成跨步，前脚（同侧脚）以脚外侧沿地面向前外侧滑出，用脚背或脚尖将球踢或捅出，接着小腿外侧、大腿外侧和臀部依次着地。

异侧脚铲球时，在控球者拨出球的瞬间，抢球者后脚（同侧脚）用力后蹬成跨步，前脚（异侧脚）以脚外侧沿地面向前内侧滑出，用脚底将球蹬出去，接着小腿外侧、大腿外侧和臀部依次着地。

## （六）掷界外球

原地掷界外球

掷界外球不受越位限制，是组织进攻的机会，掷球既远又准，可加快进攻速度。

### 1. 原地掷界外球

面对出球方向，两脚前后（左右）开立，膝弯曲，上体后仰成背弓形，身体重心落到后脚上（左右开立时，身体重心在两脚间）。两手自然张开，拇指相对，成八字形，持球的侧后部，屈肘将球置于头后。掷球时，后脚用力蹬地，两腿迅速伸直，身体重心由后脚移到前脚，收腹屈体，同时两臂急速前摆，当摆到头上时，用力甩腕，将球掷入场内（图9-6-13）。掷球时，后脚可沿地面滑动向前，两脚均不可离地或踏入场内（但允许踏在线上）。

图 9-6-13

### 2. 助跑掷界外球

两手持球于胸前，在助跑迈出最后一步时，上体后仰成背弓形，同时将球举至头后。掷球时的动作与原地掷界外球相同。

## 三、足球基本战术

队员个人的摆脱与跑位、运球过人、选位与盯人、传球、二过一配合等是构成复杂战术的基本因素，称为基本战术。

### （一）个人战术

#### 1. 无球的摆脱与跑位

当本方队员得球时，同队其他队员的任务就是摆脱对方的防守，从而创造传球的机会，以便把进攻推向对方球门，争取射门得分。

#### 2. 运球过人

运球过人是进攻战术中一种极为重要的个人战术，是突破密集防守的有效手段，是冲破紧逼盯人、短时间在局部地区形成以多打少的局面、打乱对方防守部署的锐利武器。

### （二）局部战术

局部战术是指在一定的区域里进行的小范围战术配合。

#### 1. 斜传直插二过一

斜传直插二过一只通过一次传球和穿插就可越过一名防守队员，十分简洁和实用。在进行配合时，两名进攻队员要保持适当的距离。控球队员可采用运球或其他动作，诱使防守者上前阻截。插入的队员必须突然、快速启动，但应避免越位。

#### 2. 直传斜插二过一

同斜传直插二过一。

### 3. 踢墙式二过一

踢墙式二过一是两名进攻队员通过两次传球越过一名防守队员的配合方法。

### 4. 回传反切二过一

回传反切二过一是由三次传球组成的配合方法。

### 5. 交叉掩护二过一

交叉掩护二过一是两名进攻队员通过运球与身体的掩护越过一名防守队员的配合方法。

## 四、足球竞赛规则简介

### （一）比赛场地

比赛场地必须为全天然草皮。若竞赛规程允许，可使用全人造草皮。两条较长的边界线为边线，两条较短的边界线为球门线。比赛场地由一条连接两侧边线中点的中线划分为两个半场。中线的中心位置为中点。以中点为圆心画一个半径为9.15米（10码）的圆圈。（图9-6-14）

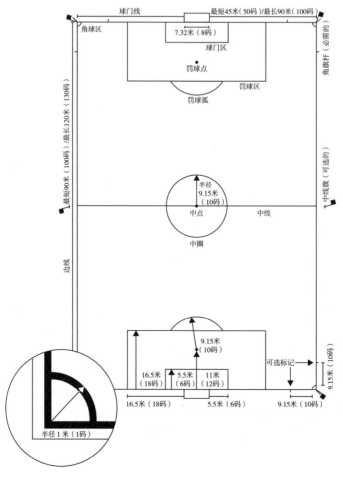

**图 9-6-14**

**（二）其他规则简介**

**1. 比赛时间**

一场比赛分为两个 45 分钟相同时长的半场。依照竞赛规程，在比赛开始前经裁判员和双方球队同意后，方可缩短各半场比赛时长。队员享有中场休息的权利，休息时间不得超过 15 分钟。加时赛中场阶段可短暂补水（时长不超过 1 分钟）。竞赛规程必须明确中场休息的时长，在经裁判员许可的情况下方可调整中场休息时长。

**2. 队员**

一场比赛由两队参加，每队最多可有 11 名上场队员，其中一名必须为守门员。如果任何一队场上队员人数少于 7 人，则比赛不得开始或继续。

国际足联、各洲际联合会或各国足球协会可决定在其正式赛事中可使用的替补队员人数，但最多不能超过 5 人次替换。涉及顶级联赛球队一队及成年国家队 A 队的男子、女子赛事，如果竞赛规程允许最多使用 5 名替补队员，则每队最多可执行 3 次替换程序，在中场休息阶段可执行额外的替换程序。

替补队员名单必须在赛前提交给裁判员。任何未在此阶段提交名单的替补队员不得参加该场比赛。

**3. 裁判员**

每场比赛由 1 名裁判员掌控。裁判员拥有全部权力去执行与比赛相关的竞赛规则。裁判员：① 执行足球竞赛规则。② 与其他比赛官员协作管理比赛。③ 记录比赛时间、比赛成绩、并向相关机构提交比赛报告，报告内容包括赛前、赛中、赛后发生的纪律处罚信息及任何其他事件。④ 监管和/或示意比赛恢复。

**4. 越位**

处于越位位置并不意味着构成越位犯规。队员处于越位位置，如果其：头、躯干或脚的任何部分处在对方半场（不包含中线），且头、躯干或脚的任何部分较球和对方倒数第二名队员更接近于对方球门线。

一名队员在同队队员传球或触球的一瞬间处于越位位置，该队员随后以如下方式参与了实际比赛，才被判罚越位犯规。

（1）在同队队员传球或触球后得球或触及球，从而干扰了比赛。

（2）干扰对方队员，包括：通过明显阻碍对方队员视线，以妨碍对方队员处理球，或影响其处理球的能力；或与对方队员争抢球；或有明显的试图触及近处的来球的举动，且该举动影响了对方队员；或做出影响对方队员处理球能力的明显举动。

（3）在如下情况发生后触球或干扰对方队员，从而获利：球从球门柱、横梁、比赛官员或对方队员处反弹或折射过来；球从任一对方队员有意救球后而来。

**5. 犯规**

（1）如果裁判员认为，一名场上队员草率地、鲁莽地或使用过分力量对对方队员实施如下犯规，则判罚直接任意球：① 冲撞。② 跳向。③ 踢或企图踢。④ 推搡。⑤ 打或企图打（包括用头顶撞）。⑥ 用脚或其他部位抢截。⑦ 绊或企图绊。

如果场上队员实施如下犯规，判罚直接任意球：① 手球犯规（守门员在本方罚球区内除外）。② 拉扯对方队员。③ 在身体接触的情况下阻碍对方队员移动。④ 对在比赛名单上的人员或比赛官员实施咬人或吐口水。⑤ 向球、对方队员或比赛官员扔掷物品，或用手中的物品触及球。

（2）如果一名场上队员犯有如下行为时，则判罚间接任意球：① 以危险方式进行比赛。② 在没有身体接触的情况下阻碍对方行进。③ 以语言表示不满，使用攻击性、侮辱性或辱骂性的语言和/或行为，或其他口头的违规行为。④ 在守门员发球过程中，阻止守门员从手中发球、踢或准备踢球。⑤ 故意发起施诡计用头、胸、膝等部位将球传递给守门员以逃避规则相关条款处罚的行为（包括在踢任意球或球门球时），无论守门员是否用手触球。如果该行为由守门员发起，则处罚守门员。⑥ 犯有规则中没有提及的，又需裁判员停止比赛予以警告或罚令出场的任何其他规范。

如果守门员在本方罚球区内犯有如下行为，则判罚间接任意球：① 在发出球前，用手/臂部控制球超过 6 秒。② 在发出球后、其他场上队员触球前，用手/臂部触球。③ 在下列情况之后用手/臂部触球，除非守门员已经清晰地将球踢出或试图将球踢出，即同队队员故意将球踢给守门员；接同队队员直接掷来的界外球。

（3）场上队员犯有如下行为时，应被警告：① 延误比赛恢复。② 以语言或行动表示不满。③ 未经裁判员许可进入、重新进入或故意离开比赛场地。④ 当比赛以坠球、角球、任意球或掷界外球恢复时，未退出规定距离。⑤ 持续违反规则。⑥ 非体育行为。⑦ 进入裁判员回看分析区域。⑧ 过分地做出要求回看分析（比画电视屏幕）的信号。

替补队员或已替换下场的队员犯有如下行为时，应被警告：① 延误比赛恢复。② 以语言或行动表示不满。③ 未经裁判员许可进入、重新进入比赛场地。④ 非体育行为。⑤ 进入裁判员回看分析区域。⑥ 过分地做出要求回看分析（比画电视屏幕）的信号。

（4）场上队员、替补队员或已替换下场的队员犯有如下行为时，应被罚令出场：① 通过手球犯规破坏对方球队进球或明显的进球得分机会（守门员在本方罚球区内除外）。② 通过可判罚任意球的犯规，破坏对方的进球或总体上朝犯规方球门方向移动的明显的进球得分机会。③ 严重犯规。④ 咬人或向任何人吐口水。⑤ 暴力行为。⑥ 使用攻击性、侮辱性或辱骂性的语言和/或行为。⑦ 在同一场比赛中得到第二次警告。⑧ 进入视频操作室。

被罚令出场的场上队员、替补队员或已替换下场的队员，必须离开比赛场地周边区域及技术区域。

# 第七节　乒乓球运动

## 一、乒乓球运动概述

乒乓球运动的起源与网球有着密切的联系。大约在 19 世纪后半叶，受到网球运动的启示，一些英国大学生发明了一种与现代乒乓球运动极为类似的室内游戏。发球时，可将球直接发到对方台面，也可使球先触及本方台面再跳至对方台面。一位名叫詹姆斯·吉布的英格兰人偶然发现了一种用塑料制成的空心玩具球，弹性很强。于是，他将这种球稍加改进后，代替了软木球和橡胶球，并逐步在英国和世界各地推广起来。

由于用拍击球和球碰桌面时发出"乒""乓"的声音，"乒乓球"的名字就这样产生了。1904 年，上海一家文具店的老板从日本买回乒乓球器材，从此乒乓球运动传入中国。2016 年里约热内卢奥运会，中国乒乓球队再次包揽乒乓球比赛男单、女单、男团、女团 4 枚金。2020 年东京奥运会，许昕、刘诗雯夺得乒乓球男女混合双打银牌；在女团决赛中，中国队战胜日本队，获得金牌；男团决赛，中国队战胜德国队，获得冠军。

# 二、乒乓球基本技术

## （一）基本站位与准备姿势

### 1. 基本站位

　　乒乓球运动的基本站位与不同类型的打法及个人的打法特点相适应。正确的站位有助于运动员保持稳定的击球姿势，便于运动员向任何方向迅速移动。

　　【动作要点】左推右攻打法基本站位在中台偏左，两面攻打法基本站位在近台中间，以弧圈球为主的打法基本站位在中台偏左，横拍攻削结合的打法基本站位在中台附近，削球打法基本站位在中远台。

### 2. 准备姿势

　　准备姿势是指击球员准备击球时身体各部位的姿势。合理的准备姿势有利于脚蹬地时用力及身体的迅速起动；有利于保持正确的击球姿势，提高击球的命中率，产生最大的击球力量。

　　【动作要点】两脚左右开立，间距约与肩同宽，身体重心稍偏右侧，面向球台。两膝自然弯曲，提踵，身体重心置于两脚之间。含胸收腹，上体略前倾，下颌微收，两眼注视来球方向。持拍手和非持拍手手指均应自然弯曲并置于身体两侧。（图 9-7-1）

图 9-7-1

## （二）握拍法

　　握拍法有直拍握法和横拍握法两种。① 直拍握法：拇指、食指自然弯曲，以拇指第一指节和食指握住拍柄两肩。中指、无名指、小指自然弯曲斜行重叠，中指第一指节左侧面托于球拍背面上 1/3 处，或中指、无名指微屈，同时压住拍面。② 横拍握法：虎口压住球拍右上肩，拇指和食指自然弯曲，分别握在拍身前后两面，中指、无名指、小指弯曲握住拍柄。（图 9-7-2）

直拍握法　　　　　横拍握法

图 9-7-2

直拍握法

横拍握法

### （三）基本步法

步法指击球时为选择合适的位置所采用的脚步移动方法。步法是乒乓球运动的生命。没有灵活的步法，就不可能有效地回击来球，也无法使用有效的打法。

（1）单步：在来球距离身体一步以内、角度不大的情况下，或者处理台内球、还击追身球时采用此种步法。

单步

【动作要点】一脚以前脚掌内侧为轴稍转动，用力蹬地，另一脚向来球方向做前、后、左、右移动一步的动作。

（2）并步（亦称滑步或换步）：两面攻打法从基本站位向左右移动时多采用并步。

【动作要点】一脚向来球方向移动，另一脚随即跟着移动一步。

（3）交叉步：在来球较远的情况下多采用交叉步。

并步　　交叉步

【动作要点】一脚从来球反方向向来球方向做交叉步，另一脚随即向来球方向移动。

（4）侧身步：当来球在反手位或者逼近身体时，多采用侧身步。

【动作要点】左脚先向左跨一步，右脚随即向左后方移动；也可以左脚先向前插上，右脚向左后方移动。

### （四）发球与接发球技术

#### 1. 发球技术

发球技术是整个乒乓球技战术中的重要环节。发球、接发球、发球抢攻称为前三板技术，前三板技术也是我国乒乓球运动的强项技术。基本的发球技术分以下几种（以右手持拍为例）。

（1）平击发球。平击发球有正手平击发球和反手平击发球两种。

正手平击发球：左脚稍前，抛球的同时转体，手臂向身体右后方引拍，当球下降至稍高于球网时，手臂向左前方发力，挥拍击球中上部，顺势还原。（图9-7-3）

反手平击发球：右脚稍前或两脚平行站立，抛球的同时转体，手臂向身体左后方引拍，当球下降至稍高于球网时，手臂向右前方发力，挥拍击球中上部，顺势还原。

正手平击发球

横拍正手平击发球

图9-7-3

直拍正手平击发球

图 9-7-3（续）

（2）正手发左侧上（下）旋球。发球员在正手位由右向左挥拍摩擦球，发出的球的球速较慢，但左侧上（下）旋转力较强。

【动作要点】正手发左侧上旋球时，手臂自右上方向左下方挥摆，球拍从球的右侧中下部向左侧面摩擦。正手发左侧下旋球时，手臂自右后上方向左前下方挥摆，球拍从球的右侧中下部向左侧下部摩擦。（图 9-7-4）

正手发左侧
上旋球

横拍正手发下旋球

正手发左侧
下旋球

直拍正手发下旋球

图 9-7-4

（3）反手发右侧上（下）旋球。发球员在身体的反手位由左向右挥拍摩擦球，发出的球的球速较慢，但右侧上（下）旋转力较强。

【动作要点】反手发右侧上旋球时，执拍手由左上方经身前向右下方挥摆，触球时拍面从球的左侧中下部向右侧上部摩擦。反手发右侧下旋球时，执拍手由左后上方向右前下方挥摆，触球时拍面从球的左侧中下部向右侧下部摩擦。同时，应注意配合转体动作，使腰、手臂协调用力，以增大发球的速度和力量，增强球的旋转。

（4）正手发下旋加转球与不转球。正手发下旋加转球与不转球是指发球员正手用相似的动作发出下旋强弱差异较大的球。发出的球球速较慢，前冲力小。

（5）高抛式发球。高抛式发球利用高抛球下落时的加速度增大对球拍的压力，从而加快发球的速度，增加对方接发球的难度，为抢攻或抢拉创造有利条件。高抛式发球具有出手快、飞行急、旋转强、变化多的特点。

正手发下旋
加转球与不
转球

【动作要点】高抛式发球站位一般在左半台，侧身正手高抛发球。击球的要点和低抛基本相同，发球时应注意有旋转变化，还应有长落点、短落点和斜线、直线的变化。

### 2. 接发球技术

接发球技术具有由被动转为主动，技术难度大，要求运动员判断力强、反应快和心理素质稳定的特点。第一板回接球是由被动防守转入主动进攻的第一步，回接球质量的好坏直接影响个人技战术的发挥，决定了能否将对手控制在被动状态，同时也直接影响个人的心理状态，好的接发球可直接得分，为抢攻创造有利的条件。接发球一般由点、拨、带、拉、攻、推、搓、削、摆短、撇侧旋等多种技术组成。

### （五）推挡球技术

推挡球技术包括平挡、快推、加力推、推挤、推下旋、减力挡等。推挡球技术是控制球速和落点及稳定球性的技术，也是初学者首先应该学习的技术。

【动作要点】两脚平行或左脚稍前站立。身体离球台 40～50 厘米，两脚开立，间距约与肩同宽，两膝微屈。球拍置于腹前，上臂带动前臂沿台面做平行挥动。击球时拍形成半横状，约与台面垂直，在球的上升期击球的中部，借助来球的反弹力将球击回。

挡球

快推

### （六）攻球技术

乒乓球的攻球技术分为正手近台攻球、反手近台攻球。

#### 1. 正手近台攻球

正手近台攻球具有站位近、动作幅度小、速度快等特点，比赛中能以攻代守，应对对方进攻，是近台快攻打法使用最多的一种攻球技术。

【动作要点】判断来球，选好站位，引拍于身体右侧。击球时，右脚蹬地同时转腰，身体重心前移至左脚。同时，上臂带动前臂向前、向左上方挥拍，手腕配合前臂内旋并做内收，在来球的上升期击球的中上部。击球后，执拍手及身体各部位迅速放松，随挥至前额，立即还原。（图 9-7-5）

图 9-7-5

正手近台攻球

#### 2. 反手近台攻球

反手近台攻球是横拍打法常用技术之一。

【动作要点】站位近台偏左，两脚平行站立，身体前倾，上臂自然靠近身体，前臂迅速伸入台内迎球。击球前，肘关节自然弯曲，引拍至腹部左侧，拍面稍前倾。击球时，前臂外旋并稍加用力，带动手腕向右前方挥动，在来球的上升期击球的中上部。

反手近台攻球

### （七）搓球技术

搓球是近台和台内回击下旋球一种比较稳定的技术。它与削球的主要区别在于站位近、动作幅度小。搓球常用于接发球，可作为过渡技术，为进攻

正手快搓

创造机会。

【动作要点】站位偏左台，两脚左右开立。

（1）正（反）手搓球时，向右（左）上方引拍，拍面稍后仰。正手搓球时，身体稍向右转。击球时，前臂内旋，手腕配合用力，由上向前下方挥拍，在来球的下降前期或高点期摩擦球的中下部或中部偏下，同时身体重心向前移动。击球后，手臂立即放松，随势前送，迅速还原。

（2）搓加转球与不转球：尽可能用相近的手法搓出加转球与不转球，为抢攻创造机会。慢搓或快搓均可搓加转球或不转球。搓加转球时，手腕加速用力向前下方切球，用球拍的下半部摩擦球；搓不转球时，手腕向前用力，用球拍的上半部或中部摩擦球。

反手快搓

### （八）弧圈球技术

弧圈球技术可分为正手弧圈球技术和反手弧圈球技术。根据弧圈球技术的旋转特征，可将弧圈球技术分为加转弧圈球、前冲弧圈球和侧旋弧圈球。

#### 1. 正手拉弧圈球

两脚左右开立，稍大于攻球时的距离，左脚稍前，身体重心较低。执拍手沉肩垂臂，引拍至身体后下方，拍面稍前倾，身体重心移至右脚。上臂带动前臂向前上方挥拍，逐渐加快挥拍速度。根据来球的旋转程度控制好拍面角度并找准击球时间。身体重心向左脚移动。拍触球时，右脚蹬地转体，向左侧转动，迅速收前臂，发力要以腰、手为主，在来球下降期击球的中部或中上部。拉球后，球拍随挥至头部高度，身体重心移至左脚。拉加转弧圈球要调整好身体重心，以便下一次的进攻。拉前冲弧圈球的发力方向以向前为主，略带向上，击球时，拍面的前倾角度比拉加转弧圈球要大。

正手前冲
弧圈球

#### 2. 反手拉弧圈球

两脚平行或左脚稍后，准备击球时，身体重心下降，右肩下沉，球拍从后下方引至大腿内侧，拍面适当前倾，肘关节略向前顶出，执拍手适当放松，手腕稍外展。球拍向前上方挥动，击球点在腹前方。触球时，身体向前方顶起，前臂以肘关节为轴快速发力，带动手腕的扭动发力，摩擦球的中下部，拉球的高点，迅速还原。要重视两脚蹬踏用力和身体迎前做击球动作，加强手臂、腰、腿间的协调发力，尤其是前臂的快速收缩。

反手弧圈球

### （九）削球技术

削球是削攻型打法的一项主要技术，通过旋转变化和落点的变化来控制对方，使对方直接失误，为己方创造进攻机会。削球技术主要包括正、反手削加转弧圈球、削前冲弧圈球和削追身球。

正手削球时左脚稍前，反手削球时右脚稍前。击球点以选在左、右腹前为宜。正手削球时，身体向右后转并向右后上方引拍，动作幅度稍大些，使球拍与击球点之间有适当的挥拍加速距离。反手削球时，身体向左后转并向左后上方引拍，

正手削加转
弧圈球

动作幅度略小于正手削球的引拍。正手削球是由右后上方向左前下方挥拍，反手削球是由左后上方向右前下方挥拍。拍触球时，以上臂带动前臂发力为主，拍面稍立一些。手臂的发力顺序是先压后削再送，即以向下用力为主，向前用力为辅。击球后，继续向前下方挥动，并迅速还原。

## 三、乒乓球基本战术

### （一）发球抢攻战术

发球抢攻是我国直板快攻打法的撒手锏，是力争主动、先发制人的主要战术。各种类型打法的运动员普遍采用发球抢攻来抢占第一回合的优势。发球抢攻战术运用的效果主要取决于发球的质量和第三板进攻的能力。发球抢攻战术因打法的类型不同而有所差异。

常用的发球抢攻战术：①正手发转球与不转球；②侧身正手（高抛或低抛）发左侧上（下）旋球；③反手发右侧上（下）旋球；④反手发急球或急下旋球；⑤下蹲式发球。

### （二）接发球战术

接发球战术与发球抢攻战术同样重要。接发球水平可以反映运动员的实战能力及各项基本技术的应用程度。事实上，接发球者只是暂时处在被动状态，如果破坏了发球者的抢攻意图或者为其制造了障碍，降低了对方抢攻的质量，也就意味着接发球者已经脱离了被动状态，变被动为主动了。

常用的接发球战术：①稳健保守法；②接发球抢攻；③盯住对方的弱点，寻找突破口；④控制接发球的落点；⑤正手侧身接发球。

### （三）搓攻战术

搓攻战术是进攻型打法的辅助战术之一，主要利用搓球旋转的变化和落点的变化为抢攻创造机会，这一战术在基层比赛中被普遍采用。搓攻战术也是削球型打法争取主动的主要战术之一。

常用的搓球战术：①慢搓与快搓结合；②转与不转结合；③搓球变线；④搓球控制落点；⑤搓中突击；⑥搓中变推；⑦抢攻。

### （四）对攻战术

对攻战术是进攻型打法在相持阶段常用的一项重要战术。对攻主要依靠反手推挡（或反手攻球）和正手攻球（或正手拉弧圈球）技术，充分发挥快速多变的特点来调动对方。

常用的对攻战术：①紧逼对方反手，伺机抢攻或侧身抢攻、抢拉；②压左突右；③调右压左；④攻两大角；⑤攻追身球；⑥变化击球节奏，如加力推和减力挡结合，发力攻、拉与轻打轻拉相结合，造成对手的被动局面；⑦改变球的旋转性质，如加力推后推下旋，或正手攻球后退至中远台削一板，对方往往来不及反应，本方可以直接得分或创造机会球。

### （五）拉攻战术

拉攻战术是以攻为主的选手对付削球型选手的主要战术。为了发挥拉攻的战术效果，首先，要具备连续拉的能力，并伴有线路、落点、旋转、轻重等变化；其次，要具备拉中突击和连续扣杀的能力。

常用的拉攻战术：① 拉反手后，侧身突击斜线或中路追身球；② 拉中路杀两角或拉两角杀中路；③ 拉一角后杀另一角；④ 拉吊结合，伺机突击；⑤ 拉搓结合；⑥ 稳拉为主，伺机突击。

### （六）削中反攻战术

削中反攻战术主要靠稳健的削球限制对方的进攻能力，为个人的反攻创造有利条件。它不仅增强了削球技术的生命力，还促进了攻防之间的积极转化。

常用的削中反攻战术：① 削转球与不转球，伺机反攻；② 削长短球，伺机反攻；③ 逼两大角，伺机反攻；④ 交叉削两大角，突击对方弱点；⑤ 削、挡、攻结合，伺机强攻。

## 四、乒乓球竞赛规则简介

### （一）比赛设施

（1）球台的上层表面叫作比赛台面，应为水平放置的长方形，长 2.74 米，宽 1.525 米，离地面高 76 厘米。比赛台面不包括球台台面的垂直侧面。比赛台面应呈均匀的暗色，无光泽。沿每个 2.74 米的比赛台面边缘各有一条 2 厘米宽的白色边线，沿每个 1.525 米的比赛台面边缘各有一条 2 厘米宽的白色端线。

比赛台面由一个与端线平行的垂直球网划分为 2 个相等的台区，各台区的整个面积应是一个整体。双打时，各台区应由一条 3 毫米宽的白色中线划分为 2 个相等的"半区"。中线与边线平行，该中线应视为右半区的一部分。

（2）球应为圆球体，直径为 40 毫米。球应用赛璐珞或类似的塑料制成，呈白色或橙色，且无光泽。

（3）球网装置包括球网、悬网绳、网柱及将它们固定在球台上的夹钳部分。球网应悬挂在一根绳子上，绳子两端系在高 15.25 厘米的垂直网柱上，网柱外缘离开边线外缘的距离为 15.25 厘米。整个球网的顶端应距离比赛台面 15.25 厘米。整个球网的底边应尽量紧贴比赛台面，其两端应整体与网柱完全相连。

（4）球拍的大小、形状和重量不限，但底板应平整、坚硬。球拍两面不论是否有覆盖物，均应无光泽，一面为黑色，另一面为与黑色及比赛用球颜色有明显区别的鲜艳颜色。

### （二）其他规则简介

#### 1.发球、接发球次序和方位
选择首先发球、接发球和方位的权力应由抽签来决定。中签者可以选择先发球或先接发球，或选择在某一方位开始比赛。

#### 2.发球
（1）发球开始时，球自然地置于不执拍手的手掌上，手掌张开，保持静止。

（2）随后发球员须将球几乎垂直地向上抛起，不得使球旋转，并使球在离开不执拍手的手掌之后上升不少于 16 厘米，球在上升和下降至击球前不应触及任何物品。

（3）当球从抛起的最高点下降时，发球员方可击球，使球首先触及本方台区，然后直接触及接发球员台区。在双打中，球应先后触及发球员和接发球员的右半区。

（4）从发球开始，到球被击出，球要始终在比赛台面的水平面以上和发球员的端线以外；而且从接发球方看，球不能被发球员或其双打同伴的身体或他（她）们所穿戴（带）的任何物品挡住。

（5）球一旦被抛起，发球员的不执拍手及其手臂应立即从球和球网之间的空间移开。球和球网之间的空间由球和球网及其向上的无限延伸来界定。

（6）运动员发球时，有责任让裁判员或副裁判员确信他（她）的发球符合规则的要求，且裁判员或副裁判员均可判定发球不合法。

如果裁判员或副裁判员对发球的合法性不确定，在一场比赛中第一次出现时，可以中断比赛并警告发球方。但此后如该运动员或其双打同伴的发球不是明显合法，将被判发球违例。

（7）运动员因身体残疾而不能遵守合法发球的某些规定时，可由裁判员酌情放宽执行有关规定。

### 3. 还击

对方发球或还击后，本方运动员应击球，使球直接触及对方台区，或触及球网装置后，再触及对方台区。

### 4. 重发球

（1）回合出现下列情况应判重发球：① 如果发球员发出的球触及球网装置后成为合法发球或被接发球员或其同伴阻挡；② 如果接发球员或其双打同伴未准备好时，球已发出，而且接发球员或其双打同伴没有试图击球；③ 由于发生了运动员无法控制的干扰，而使运动员出现未能合法发球、还击等不能遵守规则的情况；④ 裁判员或副裁判员暂停比赛。

（2）可以在下列情况下暂停比赛：① 由于要纠正发球、接发球次序或方位错误；② 由于要实行轮换发球法；③ 由于警告、处罚运动员或指导者；④ 由于比赛环境受到干扰，以致该回合结果有可能受到影响。

### 5. 1分

除判重发球外一个回合出现下列情况该运动员得1分：① 对方运动员未能合法发球。② 对方运动员未能合法还击。③ 运动员在发球或还击后，对方运动员在击球前，球触及了除球网装置以外的任何东西。④ 对方击球后，球没有触及本方台区而越过本方台区或端线。⑤ 对方击球后，球穿过球网，或从球网和网柱之间、球网和比赛台面之间通过。⑥ 对方阻挡。⑦ 对方故意连续2次击球。⑧ 对方用不符合规定的拍面击球。⑨ 对方运动员或其穿戴（带）的任何东西使比赛台面移动。⑩ 对方运动员或其穿戴（带）的任何东西触及球网装置。⑪ 对方运动员不执拍手触及比赛台面。⑫ 双打时，对方运动员击球次序错误。⑬ 执行轮换发球法时，如果接发球方进行了13次合法还击，则判接发球方得1分。

### 6. 轮换发球法

（1）一局比赛进行到10分钟或双方运动员有些请求时，应实行轮换发球法。

（2）如果一局比赛比分达到18分，将不实行轮换发球法。

（3）当时限到且须实行轮换发球法时，球处于比赛状态，裁判员应立即暂停比赛，由被暂停回合的发球员发球，继续比赛；如果实行轮换发球法时，球未处于比赛状态，应由前一回合的接发球员发球，继续比赛。

（4）此后，每位运动员应轮发 1 分球，直到该局结束。如果接发球方进行了 13 次合法还击，则判接发球方得 1 分。

（5）实行轮换发球法不能更改该场比赛中所确定的发球与接发球次序。

（6）轮换发球法一经实行，将一直执行到该场比赛结束。

### 7. 一局比赛和一场比赛

在一局比赛中，先得 11 分的一方为胜方。当双方均得到 10 分后，先领先对方 2 分的一方为胜方。一场比赛由奇数局组成。

# 第八节　羽毛球运动

## 一、羽毛球运动概述

现代羽毛球运动形成于英国。19 世纪 60 年代，一批英国人把印度的一种近似于后来的羽毛球运动的游戏带回英国，并加以改进，从而逐渐形成现代羽毛球运动。1870 年，英国出现了用羽毛、软木做成的球和穿弦的球拍。1873 年，英国格拉斯哥郡的伯明顿庄园举办了世界上第一次羽毛球比赛。1934 年，国际羽毛球联合会（以下简称"国际羽联"）成立，总部设在英国伦敦，主席为乔治·汤姆斯。国际羽联在 1948—1949 年举办的第 1 届世界男子羽毛球团体锦标赛的奖杯，即由汤姆斯所赠。1978 年 2 月，由亚非国家组成的世界羽毛球联合会（以下简称"世界羽联"）成立，同年 11 月举办了第 1 届世界羽毛球锦标赛。国际羽联和世界羽联于 1981 年 5 月 26 日宣布合并，称为国际羽毛球联合会，后于 2006 年更名为羽毛球世界联合会，其管辖的比赛有奥运会羽毛球赛、汤姆斯杯赛、尤伯杯赛、世界羽毛球锦标赛等。

现代羽毛球运动约于 1920 年传入中国，中华人民共和国成立后得到迅速发展。羽毛球在 1992 年巴塞罗那奥运会上被列为正式比赛项目，设男女单打和男女双打 4 项比赛。2016 年里约热内卢奥运会，中国羽毛球队获得 2 枚金牌。2022 年东京奥运会，中国羽毛球队获得 2 枚金牌、4 枚银牌的好成绩。在我国羽毛球运动的发展过程中涌现出了一批世界羽坛顶尖运动员，进一步奠定了我国羽毛球技术水平处于世界羽坛领先地位的基础。在一系列世界大赛中，优秀运动员为祖国夺得了多项荣誉，创造了中国羽毛球历史上的辉煌。

## 二、羽毛球基本技术

### （一）握拍方法与挥拍技巧

#### 1. 正手握拍方法

左手握住拍杆，使拍框与地面垂直。右手张开，用近似握手的手型，将虎口对准拍框，使拇指与食指成 V 字形，然后五指自然贴到拍柄上。（图 9-8-1）

正手握拍

正 面　　　　　　　　　　反 面

图 9-8-1

### 2. 反手握拍方法

反手握拍

左手握住拍杆，使拍框与地面平行。右手拇指上提，顶贴在拍柄的宽棱上，其余四指自然贴靠在拍柄上，留有一定的发力空间。（图 9-8-2）

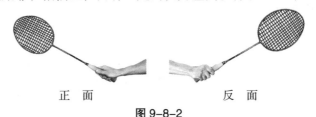

正 面　　　　　　　　　　反 面

图 9-8-2

## （二）基市步法

（1）并步：右脚向前移动一步，左脚即刻向右脚并步，紧接着右脚再向前移动一步。

并步　　　　　交叉步

（2）交叉步：左右脚交替向前、向后或向侧移动称交叉步。一脚经另一脚向前超越，称前交叉；一脚经另一脚向后超越，称后交叉。

（3）垫步：以右脚为例，右脚向前迈出一步后，左脚向右脚并一步跟进，紧接着右脚再向前迈一步。

垫步　　　　　蹬跨步

（4）蹬跨步：一脚用力向后蹬地的同时，另一脚向来球的方向跨出一大步。

（5）两步退后场：当来球在后场距身体较近时，起动后右脚向来球方向后退一大步，左脚紧接着蹬地，然后向右脚并上一小步，身体重心在右脚上。

（6）三步退后场：当来球在后场距身体较远时，起动后右脚先向来球方向后退一小步，左脚紧跟着经右脚向后交叉退一步，右脚再经左脚向后交叉退一步，身体重心放在右脚上。

## （三）基市技术

### 1. 发球技术

发球可分为正手发球和反手发球。一般来说，发网前球、平快球、平高球均可以用正手发球或反手发球的技术来完成，而发高远球则须采用正手发球。

（1）正手发球。

发球站位：单打发球站位在中线附近、离前发球线约 1 米处。双打发球站位可靠近前发球线。

准备姿势：身体左肩侧对球网，左脚在前，右脚在后，身体重心在右脚上。右手持拍向右后侧举起，肘部放松微屈，左手拇指、食指和中指夹住球，举在胸腹间。发球时，身体重心由右脚移至左脚。

用正手发球，不论是发何种弧线的球，其发球前的准备姿势都应该一致，这样就会给对方的接发球造成判断上的困难。下面分别介绍用正手发球动作发出 4 种不同弧线球的技术动作。

【高远球】发球时，左手把球举在身体的右前方，使球下落，同时右手持拍由上臂带动前臂，从右后方沿着身体向前并向左上方挥动。当球落到右手臂向下自然伸直能触到球的瞬间，握紧球拍，并利用手腕的力量向前上方发力击球。击球之后，球拍顺势向左上方挥动缓冲。（图 9-8-3）

正手发后场
高远球

图 9-8-3

【平高球】发平高球的动作过程大致与发高远球相同，只是在击球的瞬间，前臂加速带动手腕向前上方挥动，拍面要向前上方倾斜，以向前用力为主。（图 9-8-4）

正手发
平高球

图 9-8-4

【平快球】站位比发平高球稍后些（以防对方很快将球击回到本方后场），充分利用前臂带动手腕爆发力向前方用力，使球直接从对方的肩稍上高度越过，直攻对方后场。发平快球的关键是出手动作要小而快，但前期动作应和发高远球一致。发平快球时还应注意不要犯规。（图 9-8-5）

正手发
平快球

图 9-8-5

【网前球】击球时，握拍要放松，上臂动作要小，主要靠前臂带动手腕向前送，用力要轻。球拍触球时，拍面从右向左斜切击球，尽量使球的弧线贴网而过，落点在前发球线附近。（图9-8-6）

图9-8-6

（2）反手发球。

反手发球时，球拍由后向前推送击球，使球运行的弧线最高点略高于网顶。球拍触球时，拍面成切削式击球，使球落到对方场区的前发球线附近。

反手发球的特点是动作小、出球快、对方不易判断。在双打比赛中多采用这种发球技术。

反手发后场　　反手发后场
平高球　　　　平射球

反手发球时站位靠近前发球线，两脚前后开立，左脚或右脚在前均可，身体重心放在前脚上，上体前倾，后脚脚跟提起。右手反握拍柄的稍前部位，肘关节提起，手腕稍前屈，球拍低于腰部，斜放在下腹前方。左手在拍面前方持球。发球时，球拍由后向前推送击球，使球运行的弧线最高点略高于网顶。球拍触球时，拍面成切削式击球，使球落到对方场区的前发球线附近。左手持球，食指和中指握住羽毛的内侧。在手放开球后立即击球。（图9-8-7）

图9-8-7

## 2. 击球技术

（1）正手击高远球。（图9-8-8）

【准备姿势】右脚后撤成支撑步，右脚脚尖向外转，左脚指向击球方向。击球手臂抬高，肘关节弯曲成90°角，上臂构成了肩轴的延长部分，拍头位于头部的前上方。

正手击高远球

【引拍动作】身体继续向右转，击球手臂的肘关节向后引，这时拍头在头后处于与击球方向相反的位置，前臂外旋，腕关节向手背弯曲。在右脚后撤形成支撑步时，身体和球拍完成准备姿势。

【击球动作】击球手臂伸展，前臂外旋，在挥拍到击球点之前的瞬间腕关节发力。击球点位于头顶，并且在击球手臂腕关节的前面。在击球的过程中，通过右脚蹬地将身体重心转移到左脚上，左臂在体侧向后下方摆动。

【收拍动作】前臂内旋，伴随右脚向前迈出的动作停止身体的向前运动。击球动作结束在左大腿外侧。

图 9-8-8

（2）反手击高远球。（图 9-8-9）

反手击高远球

【准备姿势】在场地中间从基本姿势状态通过右脚的第一步移动使身体向左转，背对网，身体重心在右脚上，使球处在身体右肩上方。

【引拍动作】在右脚落地之前，右脚在身体前面，击球手臂的肘部引至体前，腕关节和拍头也引至体前。

【击球动作】以上臂带动前臂，产生初速度，在肘部抬至与肩平行时，转为前臂带动腕部，通过手腕的闪动，自下而上地甩臂，同时两脚蹬地，转体，将球击出。

图 9-8-9

（3）正手平抽球。（图9-8-10）

【准备姿势】两脚平行站立，间距略宽于肩，右脚稍向右侧迈出一小步，上体向右侧稍倾，右臂向右侧摆，球拍上举，肘关节保持一定角度。

【引拍动作】当来球过网时，肘关节外摆，前臂稍向后外旋，手腕稍外展后伸，引拍至体侧。

【击球动作】击球时，前臂内旋，手腕伸直闪动，球拍由右后向右前方快速平扫来球。

正手平抽球

图9-8-10

（4）正手杀球。（图9-8-11）

【准备姿势】左手自然上举，抬头注视来球，右手持拍于体侧，屈膝，身体重心下降，准备起跳。起跳时，右肩后引，上体舒展。

【击球动作】击球时，跳至空中时用力收腹，腰腹带动上臂，上臂带动前臂，前臂带动手腕，用力挥拍击球。

【收拍动作】杀球后前臂顺势前收，形成鞭打动作。

正手杀球

图9-8-11

（5）正手搓球。（图9-8-12）

【准备姿势】右脚蹬跨步，正手握拍。

【引拍动作】球拍随着前臂伸向右前上方斜举。拍头平行于地面或稍向球网倾斜。

正手搓球

【击球动作】当球拍举至最高点时，前臂外旋，手腕由后伸至稍内收并闪动，搓击来球的右下底部，使球旋转翻滚过网。击球点低于球网上缘。

图 9-8-12

（6）扑球。（图 9-8-13）

【准备姿势】来球时，右脚在前，左脚脚跟蹬离地面，身体腾空，前臂向前上方举起，球拍正对来球方向。

【击球动作】击球时手臂由屈至伸，手腕由后向前闪动，配合手指的顶压，将球扑下。

【收拍动作】扑球后，球拍随手臂往右侧前下回收，同时屈膝缓冲，控制身体重心。

图 9-8-13

### 3. 接发球技术

（1）单打接发球的站位（图 9-8-14）。站在离发球线 1.5 米处。右区站位在靠中线的位置，左区站位在中间的位置。左脚在前，身体重心在左脚上，两膝微屈，身体半侧对球网，球拍在体前，两眼注视对方。

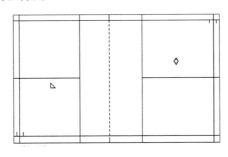

图 9-8-14

（2）双打接发球的站位（图 9-8-15）。双打的站位靠近前发球线，准备姿势与单打基本相同，但是双打速度快，因此，接发球时可以将球拍适当抬高一点，举到头前上方的位置，以便于迅速抢网。

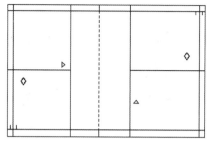

图 9-8-15

# 三、羽毛球基本战术

## （一）发球

### 1. 根据对方接发球站位来决定发球路线

对方接发球站位偏后，注意力在后场，网前出现空当，这时本方应发网前球；对方站位靠前，接发球注意力在前场，后场出现空当，此时本方可以发后场球；对方站位靠边线，本方可以采用突然性很强的平射球袭击对方的端线两角的位置，使对方措手不及，回球失误。不可一味地运用一种发球战术，要与其他种类的发球技术和发球线路一起使用，才能加强发球变化。

### 2. 根据对手的技术特长和接球规律发球

如果对方后场进攻能力很强，球路刁钻，但接网前球的能力相对较弱，此时本方就应以发网前球为主，有意识地限制对手发挥其后场进攻技术的优势；如果对方网前技术强，对本方威胁大，本方发球就要避开对方这一优势，以发后场球为主。

### 3. 发各区域球的战术特点

通常将发球区域分为1号、2号、3号、4号位置（图9-8-16）。发3号位球，便于拉开与对方距离，下一拍可将对方调动至对角网前；发4号位球，可以避免对方以快速的直线平高球攻击本方的后场边线角；发2号位球，对方出球角度小，便于判断对方的出球；发1号位球，有利于下一拍攻击对方左后场反手球，必须注意防范对手以直线球攻击本方左后场反手区；发1号、2号位置之间中路的网前球或追身球，效果很好。

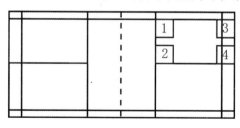

图 9-8-16

## （二）接发球

### 1. 单打接发球

一般情况下，接发后场高远球或平高球时，可用高球、吊球或杀球进行还击；接发平射球时，可用快速抽杀球或吊拦网前小球来还击；接发网前球时，可采用放网前球、勾对角球、推后场球还击。

### 2. 双打接发球

接发后场球，多数情况下采用大力杀球进攻，以快制快，也可用吊球调动对方，还可采用攻人的方法进攻；接发前场小球的方法是快速抢网前的制高点，可利用推球、扑球，或是搓球、拨半场球等方法进行还击。

## （三）后场击球

利用熟练的高球、吊球、杀球、劈球等技术，通过准确地将球击到对方场区的四角来调动对方，使对方在场内来回奔跑移动，寻找机会大力发起进攻。

## （四）前场击球

可将前场的搓球、勾对角球和推、挑后场球及扑球等击球技巧配合运用，调动对方，打对方空位，使对方措手不及。

## （五）中场击球

中场击球，要求判断、反应、起动和出手都要快，引拍预摆动作幅度相应小一些。接杀球可借助对方来球力量击球，击球力量不宜太大，重要的是"巧"字，突出手指、手腕的爆发力。

# 四、羽毛球竞赛规则简介

## （一）比赛场地

羽毛球场地应是一个长方形，用宽 40 毫米的线画出（图 9-8-17）。线的颜色应是白色、黄色或其他容易辨别的颜色。所有的线都是它所界定区域的组成部分。从场地地面起，网柱高 1.55 米。当球网被拉紧时，网柱应与地面保持垂直。不论是单打还是双打比赛，网柱都应放置在双打边线上。网柱及其支撑物不得延伸进入除边线外的场地内。

球网应由深色优质的细绳编织成。网孔为均匀分布的正方形，边长 15 ～ 20 毫米。球网上下宽 760 毫米，全长至少 6.1 米。球网的上沿应用 75 毫米的白布带对折成夹层，且用绳索或钢丝从中穿过。夹层的上沿必须紧贴绳索或钢丝。绳索或钢丝应牢固地拉紧，并与网柱顶取平。从场地地面起，场地中心点处网高 1.524 米，双打边线中心点处网高 1.55 米。球网两端与网柱之间不应有空隙。

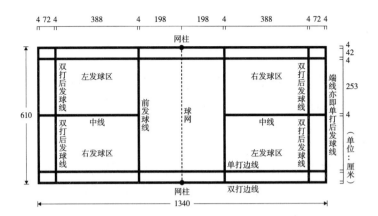

**图 9-8-17**

（二）计分方法

（1）除非另有规定，一场比赛应以三局两胜定胜负。

（2）除（4）（5）的情况外，先得 21 分的一方胜一局。

（3）一方"违例"或球触及该方场区内的地面成"死球"，则另一方胜这一回合并得 1 分。

（4）20 平后，领先 2 分的一方胜该局。

（5）29 平后，先得 30 分的一方胜该局。

（6）一局的胜方在下一局首先发球。

（三）发球

（1）合法发球：发出的球应向上飞行过网，如果未被拦截，球应落在规定的接发球区内（即落在界线上或界线内）。① 一旦发球员和接发球员做好准备，任何一方不得延误开始发球；② 发球员球拍头的向后摆动一旦停止，任何对发球开始的迟延都是延误；③ 发球员和接发球员，应站在斜对角的发球区界线以内，脚不得触及发球区和接发球区的界线；④ 从发球开始，至发球结束，发球员和接发球员的两脚都必须有一部分与场地的地面接触，不得移动；⑤ 发球员的球拍，应首先击中球托；⑥ 发球员的球拍击中球的瞬间，整个球应低于距场地地面高度 1.15 米；⑦ 自发球开始，发球员挥拍必须连贯向前，直至发球结束；⑧ 发球员发球时，应击中球。

（2）一旦运动员站好位置准备发球，发球员的球拍头开始向前挥动，即为发球开始。

（3）一旦发球开始，发球员的球拍击中球或未能击中球，均为发球结束。

（4）发球员应在接发球员准备好后才能发球，如果接发球员已试图接发球，即视为已做好准备。

（5）双打比赛发球时，发球员和接发球员的同伴应在各自的场区内。其站位不限，但不得阻挡对方发球员或接发球员的视线。

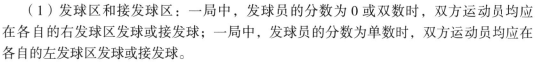

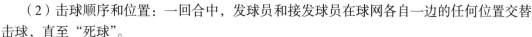

## （四）单打

（1）发球区和接发球区：一局中，发球员的分数为 0 或双数时，双方运动员均应在各自的右发球区发球或接发球；一局中，发球员的分数为单数时，双方运动员均应在各自的左发球区发球或接发球。

（2）击球顺序和位置：一回合中，发球员和接发球员在球网各自一边的任何位置交替击球，直至"死球"。

（3）得分和发球：发球员胜一回合则得 1 分，随后发球员再从另一发球区发球；接发球员胜一回合则得 1 分，随后接发球员成为新发球员。

## （五）双打

（1）发球区和接发球区：一局中，发球方的分数为 0 或双数时，发球方均应从右发球区发球；一局中，发球方的分数为单数时，发球方均应从左发球区发球；接发球方按其上次发球时的位置站位；接发球员应是站在发球员斜对角发球区的运动员；发球方每得 1 分，原发球员则变换发球区再发球。

（2）击球顺序和位置：发球被回击后，发球方的任何一人和接发球方的任何一人在球网各自一边的任何位置交替击球，直至"死球"。

（3）得分和发球：发球方胜一回合则得 1 分，随后发球员继续发球；接发球方胜一回合则得 1 分，随后接发球方成为新发球方。

## （六）违例

以下情况均属"违例"。

（1）不合法发球。

（2）球发出后：停在网顶；过网后挂在网上；被接发球员的同伴击中。

（3）比赛进行中，球：落在场地界线外（即未落在界线上或界线内）；未从网上越过；触及天花板或四周墙壁；触及运动员的身体或衣服；触及场地外其他物体或人；被击时停滞在球拍上，紧接着被拖带抛出；被同一运动员两次挥拍连续两次击中，但一次击球动作中球被拍框和拍弦面击中不属"违例"；被同方两名运动员连续击中；触及运动员球拍，而未飞向对方场区。

（4）比赛进行中，运动员：球拍、身体或衣服，触及球网或球网的支撑物；球拍或身体，从网上侵入对方场区；球拍或身体，从网下侵入对方场区，导致妨碍对方或分散对方的注意力；妨碍对方，即阻挡对方随球过网的合法击球；故意分散对方注意力的任何举动，如喊叫、做手势等；运动员严重违犯或屡犯"比赛连续性、行为不端及处罚"的规定。

# 第九节　网球运动

## 一、网球运动概述

现代网球运动诞生于英国。1877 年，英国在温布尔登举行了第 1 届草地网球锦标赛，以亨利·琼斯为首的裁判委员会草拟的比赛规则是现代网球比赛规则的基础，其中的盘制、局制和换位法一直沿用至今。1913 年，世界网球的最高组织——国际网球联合会成立。网球是 1896 年第 1 届现代奥运会九大比赛项目之一，1924 年退出奥运会，直到 1988 年，网球运动才被重新列入奥运会正式比赛项目。

19 世纪末，网球运动传入中国。1949 年后，中国网球运动得到了快速发展。1953 年，中国网球协会成立。1986 年，中国女子网球队在第 10 届亚运会的团体赛中夺冠，从此结束了中国在亚运会上无网球金牌的历史。在 2008 年北京奥运会上，李娜取得网球女子单打比赛第四名的成绩，并在 2011 年的法国网球公开赛和 2014 年的澳大利亚网球公开赛上获得女子单打冠军。2018 年雅加达亚运会，徐一璠/杨钊煊夺得冠军，这是中国队时隔 12 年再夺亚运会女双冠军，也是历史上第三次登顶。2022 年，张之臻成为第一位闯入世界单打 100 强的中国大陆男子球员；17 岁的商竣程的世界排名则升到了前 200 位。在 2022 年美国网球公开赛上，首次出现了 5 位中国球员共同跻身单打 32 强的盛况。2023 年 2 月，在国际职业网球联合会世界 250 巡回赛达拉斯站男子单打决赛中，吴易昺获得了冠军，为中国男子网球夺得历史上首座巡回赛冠军奖杯。2023 年 6 月，在法国网球公开赛中，王欣瑜、谢淑薇获得了女子双打的冠军。

## 二、网球基本技术

### （一）握拍方法

现代网球运动握拍方法有 4 种，即东方式握拍、大陆式握拍、西方式握拍和双手反拍握拍。

**1. 东方式握拍**

（1）东方式正手握拍：左手先握住拍颈，使球拍与地面垂直，然后右手手掌也垂直于地面，在齐腰高的地方与球拍相握。五指紧握拍柄，拇指在中指旁边，食指稍展开。（图 9-9-1）

（2）东方式反手握拍：手掌移到拍柄上部，食指关节跨在右斜面上部，拇指放在拍柄左侧面，在击球时起到稳定作用。（图 9-9-2）

**2. 大陆式握拍**

与用东方式握拍击球不同之处是，用大陆式握拍正、反拍击球时握拍方法一致，即手掌大部分放在拍柄的右上斜面上。（图 9-9-3）

**3. 西方式握拍**

西方式握拍俗称"大把抓"，即将球拍平放在地面上，用手在拍柄底端

东方式握拍

大陆式握拍

西方式握拍

顺手一把抓起便是（图9-9-4）。用西方式握拍正、反拍击球时，握拍方法一致，而且正、反拍击球都在同一拍面上。

### 4. 双手反拍握拍

右手采用东方式正手握拍，右手在下，左手在上。（图9-9-5）

上面介绍的几种握拍法，各有长处，各有特点，运动员可根据不同的击球技术，采用不同的握拍方法。要根据个人情况，在实践中试验和应用，选择最适合自己的握拍方法。

双手反拍握拍

图9-9-1　　　图9-9-2　　　图9-9-3　　　图9-9-4　　　图9-9-5

### （二）正手击球

【准备动作】面对对方场区，两脚开立，间距略宽于肩。两膝微屈，上体略前倾，脚跟稍抬起，身体重心落在两脚掌间。右手握拍柄，左手扶拍颈，持拍于体前。两眼注视来球。

【击球动作】以左脚为轴开始转身并向后拉拍，拍头高于手腕，左臂自然前伸以保持身体平衡。在开始向前挥拍时，左脚应向要击球的方向迈步，右臂以肩为轴向前挥拍，拍面在击球时与地面垂直，并尽量使拍面和球有较长时间的接触。击球后，球拍应继续随球挥动，挥拍动作结束在左肩上方，右腿摆动跟进，身体恢复成准备姿势。（图9-9-6）

图9-9-6

### （三）反手击球

#### 1. 单手反手击球

【准备动作】同正手击球的准备动作。

【击球动作】向左侧转体、转肩并变换成东方式反手握拍，向后拉拍，右脚向左前方跨步，右肩对网，身体重心前移。向前再向上挥拍击球，击球点在右腿前腰部高度，击球时拍面垂直于地面，挥拍轨迹为朝目标方向由下至上。随挥动作结束在身体的右前方。（图9-9-7）

图 9-9-7

### 2. 双手反手击球

【准备动作】准备动作与单手反手击球相同，只是双手握在拍柄上。

【击球动作】转肩，向后拉拍并变换为双手握拍。身体重心转移到左脚上。球拍拉向后方并低于来球的击球高度，右脚向来球迈出。双手向前挥动并击球，击球点比单手击球略靠后。击球时右臂伸直，拍面垂直于地面。击球后球拍应沿目标方向继续挥出，动作完成时两手高于肩。

## （四）截击球

截击球是指在来球在空中飞行，还没有落地时就加以还击的一种打法，通常在球网和中场之间拦击。

### 1. 正手截击球

打截击球应该采用大陆式握拍方法，因为截击球速度快，没有足够的时间变换握拍，所以正、反手截击球准备动作相同。

肩部稍做转动，球拍与肩平行，后拉拍要稳固，不得过肩。在向前挥拍的同时，左脚朝球迈步，保持手腕固定并在身体前方击球。随挥动作要短，以便快速回到准备接下一个球的位置。（图 9-9-8）

正手截击球

图 9-9-8

### 2. 反手截击球

肩部稍微转动，球拍与肩平行，后拉拍要稳固。在向前挥拍时右脚朝球迈出，保持手腕固定并在身体前方击球。随挥动作要短，以便快速回到准备接下一个球的位置。（图 9-9-9）

反手截击球

图 9-9-9

## （五）发球

现代网球运动中，发球是最重要的技术之一，是唯一由自己掌握的击球技术。1分的得失常取决于发球的好坏。发球既可以直接得分，也可以为进攻创造条件。（图 9-9-10）

发球技术

图 9-9-10

### 1. 握拍
发球握拍采用东方式正手握拍法。

### 2. 准备动作
两脚开立齐肩宽，在底线后侧身站立。右脚与底线基本平行，左脚正对右网柱。右手手腕和手臂放松，握拍于体前，左手握球并在拍颈处托住拍。

### 3. 抛球
左臂放松持球，自然、平稳地向上抛球，抛球和挥拍几乎同时开始；左手手臂达到肩部高度时，手指自然松开，使球借助惯性自然上升。抛球的高度要合理，力争在最高点击球。

### 4. 击球动作
两臂同时向下和向上运动，球从伸展的左手中向上竖直抛出，右臂在身体左前方屈肘上举。抛球后，身体开始向前转动，球拍在身后做绕环动作，接着向前挥动击球。尽量伸展身体，在最高点击球的后部。击球时，身体重心向前转移。随挥动作结束在身体左侧下方。

## （六）高压球

高压球是将对方挑来的高球加以扣杀的一种技术。用大陆式握拍法，抬头注视来球，侧身转体，用短促的垫步调整位置，左手高举指向击球点，右手举起球拍向后拉拍，球拍后摆做搔背动作，球拍在右肩的前上方对准球心挥出。击球后击球臂继续伸直跟进摆动，随挥动作结束在身体左侧下方。

高压球

## （七）挑高球

挑高球可分为防守性挑高球和进攻性挑高球两种。防守性挑高球是为了赢得时间，摆脱困境。进攻性挑高球是在对方上网时，将球挑到对方后场较深处，使之被动或失误。

准备时将球拍做充分的后摆。击球时向上挥拍打球的下部，手腕绷紧，挥拍动作要尽可能地向前、向上送出。

挑高球

## （八）放小球

放小球通常采用大陆式握拍方法。放小球的准备动作和正、反手击球一样。侧身对网，利用前臂带动手腕的力量使球拍沿着球的下部急剧滑动，缓冲球的前冲作用，使球随着球拍的下切动作向后旋转。正、反拍都可以放小球，动作要领是一样的，最重要的是突然性和隐蔽性，不能让对方看出本方的意图。

## （九）接发球

接发球是网球运动中较难掌握的一项技术。一次错误的回击常常会失去1分。相反，一个巧妙的接发球又能挫减发球者进攻的锐气，改变本方被动局面，甚至可以化被动为主动。

在接发球的全过程中，眼睛要始终注视来球，直到完成回击动作。接发球时不要做大幅度的后摆动作，主要是要控制好拍面的角度并紧握球拍，以免身体被震而转动。选择合适的落点对控制对手发球后抢攻有重要意义。

# 三、网球基本战术

## （一）单打基本战术

通常单打比赛开始时，双方都会用自己最擅长的技术迎战，在摸透对方的战术后再改变战术策略，以达到使对方失去节奏、消耗对方体力、最终赢得比赛的目的。

### 1. 发球战术

发球是最不受对方制约的技术，一定要充分利用，争取拿下发球局，掌握主动权。然而，一成不变的发球会使对方很容易适应，并找到应对的方法，也许本方侥幸能拿下第一个发球局，但第二个、第三个发球局就非常危险了。因此，发球时，应将内角、外角、中路三种路线灵活运用，并结合上旋、侧旋、平击等多变的击球方式。

### 2. 接发球战术

面对快速的发球，不要急于加力回球，这样往往失误较多。如果对方反手击球能力较弱，那就打对方的反手；如果对方发球动作较大就打追身球，令其没有时间调整步法，最终化被动为主动。

### 3. 发球上网战术

如果能准确、快速地发出外角球，那就准备上网。注意不要直接冲到近网处，以免没有回旋的余地，可以先在发球线附近停顿一下，再冷静地根据对方回击球的情况采取下一步行动。上网的要点：选择适当的时机，把球发到外角时，对方接球的另一侧是空场，也就是说，对方要想把球回到场内，必须把球从靠近发球区的这一侧的球网上方回过来，否则球一定出界，因此只需防住本方发球区域的来球就可以；如对方的回球质量不高，可以截一个深球或者放一个小球到对方的空场区轻松得分。

## （二）双打基本战术

双打比赛和单打比赛有很大的差别，双打更多地依赖配对的两个球员的默契配合及网前的截击技术取胜。网球双打比赛通常有以下常用的战术。

### 1. 双上网进攻型

男子职业选手通常采用双上网进攻型战术，这也是近年来职业网球双打比赛中运动员采用最多的战术。发球方发球后上网，接发球方也采用积极的进攻型接发球上网，双方四人均来到网前，通过小斜线截击或其他方式得分。① 发球者：发出刁钻的一发后上网，在发球线处截击，将球打到接发球方脚下，待接发球回球时跟进到网前，在网前打出直接得分球。② 接发球者：选择进攻型的接发球，把球回到发球者脚下，同时迅速上网，在发球线处截击，把球打到对方中间，再来到网前，找机会打出得分球。③ 发球者搭档：根据发球落点，适时调整网前位置，盯住接发方，判断回球方向，及时上前抢网，同时注意防守双打边线和单打边线之间区域的直线穿越球。④ 接发球搭档：在发球线附近，防守发球者搭档的截击球，同时要提防发球方第一次截击球，根据来球，来到网前打出小斜线或高压球得分。

### 2. 双上网防守型

男子职业选手均采用双上网防守型战术。在双上网进攻型战术中，两人太靠近球网时会无法照顾到挑高球，因此该战术重点是接发球方接发上网后，即来到发球线附近，防守发球方的挑高球，且大部分球由接发球者处理，接发球搭档则伺机打出截击球或高压球得分。

## 四、网球竞赛规则简介

### （一）比赛场地和设施

网球场地（图 9-9-11）为长方形，长度为 23.77 米，单打比赛的场地宽度为 8.23 米，双打比赛的场地宽度为 10.97 米。场地由一条悬挂在绳索或金属绳上的球网从中间处分隔开，所使用的绳索或金属绳附着或悬挂在 1.07 米高的两根网柱上。球网应充分伸展开，填满两个网柱之间的空间，网孔的大小应确保球不能从中间穿过。球网中心的高度应为0.914 米，并且用中心带向下绷紧固定，绳索或金属绳和球网的上端应当用一条网带包裹住，中心带和网带均应完全为白色。

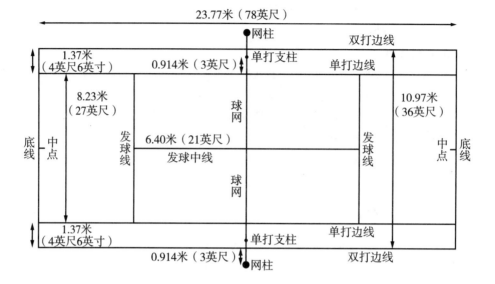

注：所有场地的测量值应以各条线的外沿为基准。

**图 9-9-11**

### （二）其他规则简介

#### 1. 站位和发球的选择

在准备活动开始前，通过掷币的方式决定比赛的第一局的站位、发球/接发球权。掷币获胜的运动员/队可以选择：

（1）在比赛的第一局中发球或接发球，在这种情况下，对手应选择第一局的场地站位。

（2）选择比赛第一局的场地站位，在这种情况下，对手应选择发球或接发球。

（3）要求对手做出以上任意一种选择。

#### 2. 发球动作

在即将做出发球动作前，发球员必须静止站在底线后（即远离球网的一侧），双脚位于中点的假定延长线和边线的假定延长线之间。

然后，发球员应当用手将球向任意方向抛出，并在球落地前用球拍将球击出。在球拍击到球或挥空的那一刻，视为整个发球动作已经完成。对于只能使用一只手臂的运动员，可以用球拍完成抛球。

#### 3. 发球次序

在常规局结束后，该局的接发球员在下一局中发球，该局的发球员在下一局中接发球。

双打比赛中，在每一盘第一局开始前，由先发球的一队决定哪一名运动员先在该局发球。同样，在第二局开始前，他们的对手也应当决定由谁在该局先发球。第一局发球员的搭档在第三局发球，第二局发球员的搭档在第四局发球。这个轮换次序一直延续到该盘结束。

### 4. 交换场地

运动员应在每一盘的第一局、第三局和随后的每一个单数局结束后交换场地。运动员还应在每一盘结束后交换场地，但当一盘结束后双方所得局数之和为偶数时除外，在此情况下，运动员须在下一盘第一局结束后交换场地。在平局决胜局中，运动员应在每6分后交换场地。

### 5. 运动员失分

如果出现下列情况，运动员将失分。

（1）发球员连续两次发球失误。

（2）在活球状态下，运动员在球连续两次触地前未能将球回击过网。

（3）在活球状态下，运动员回击的球落到有效击球区外的地面或在落地前触碰到有效击球区外的其他物体。

（4）在活球状态下，运动员回击的球在落地前触到永久固定物。

（5）接发球员在发球员发出的球尚未落地时回击。

（6）运动员故意用他的球拍托带或接住处于活球状态的球，或故意用球拍触球超过1次。

（7）在活球状态下的任何时候，运动员或他的球拍（无论球拍是否在他手中），或他穿戴的、携带的任何物品触到球网、网柱/单打支柱、绳索或金属绳、中心带或网带，或他对手的场地。

（8）运动员在球尚未过网时击球。

（9）在活球状态下，除运动员手中的球拍外，球触及运动员的身体或他穿戴的、携带的任何物品。

（10）在活球状态下，球触到了运动员的球拍，但球拍不在他的手中。

（11）在活球状态下，运动员故意并实质性地改变了球拍的形状。

（12）双打比赛中，在一次回击球时，同队的两名运动员都触到了球。

### 6. 压线球

如果球压到了场地界线，那么视为这个球落在由该界线组成的场地区域之内。

### 7. 活球

除非呼报发球失误或重赛，从球被发球员击出的一刻开始，直到该分分出胜负为止，球处于活球状态。

# 第十节　健美操

## 一、健美操概述

### （一）健美操的起源与发展

健美操运动起源于 20 世纪 60 年代末，英文为 "aerobics"，意思是 "有氧运动"。20 世纪 80 年代初，美国的简·方达编写了《简·方达健美术》。此书对健美操运动在全世界的普及与发展起到了积极的作用。

现代健美操运动于 20 世纪 80 年代传入我国。随着我国经济的发展，人民生活水平的提高，尤其是我国实施全民健身计划以来，健身已成为人们生活中不可缺少的一部分。健美操作为一项很有特色的运动，在我国全民健身活动中占有非常重要的地位，是近年来非常流行的一项体育运动。

### （二）健美操的分类

健美操分为竞技健美操和健身健美操两大类（表 9-10-1）。竞技健美操是一种更高水平的健美操运动，更具有观赏性。它比健身健美操技术难度更高，更能体现出力与美相结合的特色。竞技健美操是一项竞技体育项目。健身健美操以有氧运动为主，锻炼形式多种多样，适合大众练习。

表 9-10-1　健美操的分类

| 分　类 | | | 内　容 |
|---|---|---|---|
| 竞技健美操 | 自编竞技健美操 | | 男子单人操、女子单人操，混合双人操，三人操、集体五人操 |
| | 规定竞技等级健美操 | | 成年组、青少年组 |
| 健身健美操 | 徒手健美操 | 一般健美操 | 传统有氧健美操等 |
| | | 不同风格健美操 | 搏击操、拉丁操、街舞健身操等 |
| | 表演性健美操 | 器械健美操 | 踏板操、哑铃操、橡皮筋操、健身球操等 |
| | | 特殊场地健美操 | 水中健美操、固定器械健美操等 |

## 二、健身健美操的基本动作

健身健美操的基本动作是由上肢动作、基本手型和基本步法组成的。下面主要介绍后两种。

## （一）基本手型

健美操的基本手型包括并掌、开掌、花掌、立掌和拳。（图 9-10-1）

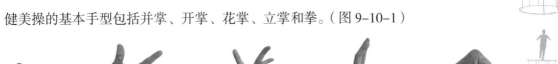

| 并掌 | 开掌 | 花掌 | 立掌 | 拳 |

图 9-10-1

## （二）基本步法

健美操的基本步法是根据人体运动时对地面的冲力大小来划分的，包括低冲击力步法、高冲击力步法和无冲击力步法。

### 1. 低冲击力步法

低冲击力步法包括 4 类：踏步类、点地类、迈步类和抬腿类。

（1）踏步类的基本步法有踏步（图 9-10-2）、走步（图 9-10-3）、V 字步（图 9-10-4）、漫步（图 9-10-5）等。

图 9-10-2          图 9-10-3

图 9-10-4           图 9-10-5

（2）点地类的基本步法主要有脚跟点地、脚尖向前或向侧点地。（图 9-10-6）

（3）迈步类的基本步法主要有并步（图 9-10-7）、迈步屈腿（图 9-10-8）、迈步踢腿（图 9-10-9）和交叉步（图 9-10-10）。

图 9-10-6          图 9-10-7

图 9-10-8

图 9-10-9

图 9-10-10

（4）抬腿类的基本步法主要有吸腿（图 9-10-11）、踢腿（图 9-10-12）、弹踢（图 9-10-13）、后屈腿（图 9-10-14）等。

图 9-10-11

图 9-10-12

图 9-10-13

图 9-10-14

### 2. 高冲击力步法

高冲击力步法包括 4 类：迈步起跳、双脚起跳、单脚起跳和后踢腿跑。

（1）迈步起跳的基本步法有并步跳（图 9-10-15）、迈步吸腿跳（图 9-10-16）、迈步后屈腿跳（图 9-10-17）等。

图 9-10-15

图 9-10-16

图 9-10-17

（2）双脚起跳的基本步法有并立纵跳（图 9-10-18）、开合跳（图 9-10-19）、弓步跳（图 9-10-20）等。

（3）单脚起跳的基本步法有钟摆跳（图 9-10-21）、踢腿跳（图 9-10-22）等。

（4）跑步类的基本步法有后踢腿跑（图 9-10-23）、小马跳（图 9-10-24）等。

图 9-10-18　　　　　　　　　　图 9-10-19

图 9-10-20　　　　　　　　　　图 9-10-21

图 9-10-22　　　图 9-10-23　　　　图 9-10-24

### 3. 无冲击力步法

无冲击力步法是指两脚不离开地面的动作。它包括双膝弹动（图 9-10-25）、半蹲（图 9-10-26）、弓步（图 9-10-27）、提踵（图 9-10-28）等。

图 9-10-25　　　图 9-10-26　　　　图 9-10-27　　　　图 9-10-28

## 三、健美操大众锻炼标准第三套三级套路

《全国健美操大众锻炼标准》第三套三级套路图解和说明如下。

**组合一**

| 动　作 |  |
|---|---|

| 节　拍 | | 下肢步法 | 上肢动作 |
|---|---|---|---|
| 预备姿势 | | 站立，两脚并拢 | 两臂体侧自然下垂 |
| 一 | 1～4 | 1右脚向右侧迈步，2左腿后屈腿同时右转90°，3左腿向侧落地，4右腿后屈腿 | 1～2右臂摆至侧平举，左臂摆至胸前平屈，3～4同1～2，但方向相反 |
| | 5～8 | 5右腿向侧落地，6右转180°同时左腿后屈腿，7左腿向侧落地，8右腿后屈腿 | 两手叉腰 |

| 动　作 | |
|---|---|

| 节　拍 | | 下肢步法 | 上肢动作 |
|---|---|---|---|
| 二 | 1～2 | 1/2 V字步 | 1右臂侧上举，2左臂侧上举 |
| | 3～8 | 3、6漫步，8右转90° | 两臂随脚的动作自然前后摆动 |

| 动　作 | |
|---|---|

续表

| 节 拍 | | 下肢步法 | 上肢动作 |
|---|---|---|---|
| 三 | 1～8 | 左脚、右脚各交叉步1次，4右转90° | 1两臂前平举，2两臂胸前平屈，3同1，4击掌，5～8同1～4 |

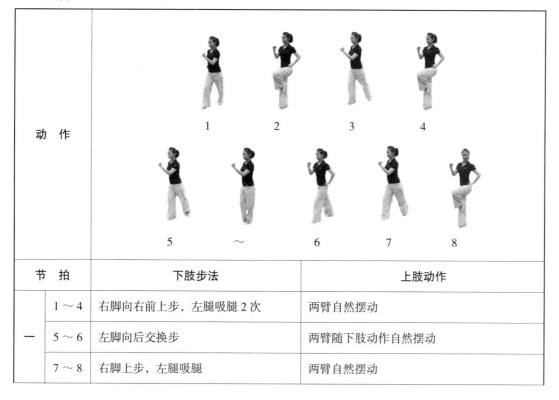

| 节 拍 | | 下肢步法 | 上肢动作 |
|---|---|---|---|
| 四 | 1～4 | 向右侧并步跳，左脚1/2后漫步 | 1～2两臂侧上举，3～4右臂摆至体前，左臂摆至体后 |
| | 5～8 | 左转90°，左脚开始小马跳2次 | 5～6右臂上举，7～8左臂上举 |

**组合二**

| 节 拍 | | 下肢步法 | 上肢动作 |
|---|---|---|---|
| 一 | 1～4 | 右脚向右前上步，左腿吸腿2次 | 两臂自然摆动 |
| | 5～6 | 左脚向后交换步 | 两臂随下肢动作自然摆动 |
| | 7～8 | 右脚上步，左腿吸腿 | 两臂自然摆动 |

| 动 作 |  |
|---|---|

| 节 拍 | | 下肢步法 | 上肢动作 |
|---|---|---|---|
| 二 | 1～4 | 左脚向右侧交叉步，再右脚向左侧交叉步 | 两臂随步法屈伸 |
| | 5～8 | 右转45°，做漫步 | 5～6两臂侧屈外展，7～8两臂经体前交叉下摆至身体侧后方 |

| 动 作 | |
|---|---|

| 节 拍 | | 下肢步法 | 上肢动作 |
|---|---|---|---|
| 三 | 1～4 | 左脚开始十字步，同时左转90° | 两臂自然摆动 |
| | 5～8 | 左脚开始向侧并步跳2次 | 两臂自然摆动 |

续表

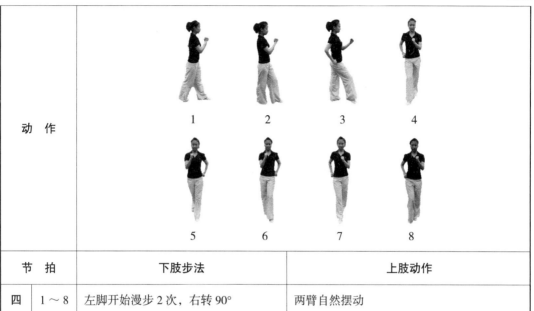

| 节　拍 | | 下肢步法 | 上肢动作 |
|---|---|---|---|
| 四 | 1～8 | 左脚开始漫步 2 次，右转 90° | 两臂自然摆动 |

## 组合三

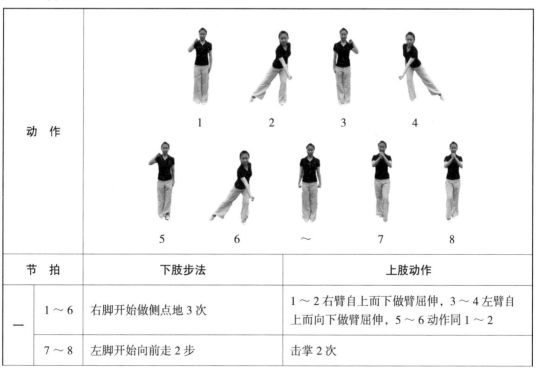

| 节　拍 | | 下肢步法 | 上肢动作 |
|---|---|---|---|
| 一 | 1～6 | 右脚开始做侧点地 3 次 | 1～2 右臂自上而下做臂屈伸，3～4 左臂自上而向下做臂屈伸，5～6 动作同 1～2 |
| | 7～8 | 左脚开始向前走 2 步 | 击掌 2 次 |

| 动　作 | |
|---|---|

| 节　拍 | | 下肢步法 | 上肢动作 |
|---|---|---|---|
| 二 | 1～4 | 左腿吸腿跳2次 | 1两臂侧上举，2两臂胸前平屈，3同1，4叉腰 |
| | 5～8 | 吸右腿跳，向后落地，自左侧向后转体180°，吸左腿 | 两手叉腰 |

| 动　作 | |
|---|---|

| 节　拍 | | 下肢步法 | 上肢动作 |
|---|---|---|---|
| 三 | 1～4 | 1～3左脚开始向前走3步，4吸腿跳，同时左转体180° | 1～3叉腰，4击掌 |
| | 5～8 | 5～7右脚开始向前走3步，8吸腿 | 5～6两臂同时经体前下摆，7～8两臂经肩侧屈外展至体前击掌 |

续表

| 动　作 | 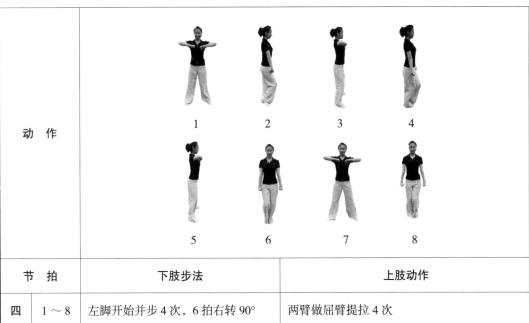 |
|---|---|

| 节　拍 | | 下肢步法 | 上肢动作 |
|---|---|---|---|
| 四 | 1～8 | 左脚开始并步 4 次，6 拍右转 90° | 两臂做屈臂提拉 4 次 |

### 组合四

| 动　作 | |
|---|---|

| 节　拍 | | 下肢步法 | 上肢动作 |
|---|---|---|---|
| 一 | 1～4 | 1～3 右脚上步，4 左腿吸腿 | 两臂做向前冲拳、后拉 2 次 |
| | 5～8 | 5～7 左腿开始向前走 3 步，8 右腿吸腿 | 5～6 两臂向前冲拳后经体前向下摆，7 两臂经肩侧屈外展，8 击掌 |

| 动 作 | | | | | | |
|---|---|---|---|---|---|---|
| | | 1 | 2～3 | 4 | 5～6 | 7～8 |
| 节 拍 | | 下肢步法 | | 上肢动作 | | |
| 二 | 1～4 | 右脚向侧迈步，2～3向右前1/2漫步，4右脚向侧迈步 | | 1两臂侧上举，2～3两臂随脚的动作自然摆动，4同1 | | |
| | 5～8 | 右脚向左前方做漫步 | | 两臂自然摆动 | | |
| 动 作 | | | | | | |
| | | 1 2 3 4 5 6 7 8 | | | | |
| 节 拍 | | 下肢步法 | | 上肢动作 | | |
| 三 | 1～6 | 右脚开始上步，吸腿3次 | | 1两臂经肩侧屈外展，2击掌，3～6同1～2 | | |
| | 7～8 | 左脚前1/2漫步 | | 两臂自然摆动 | | |
| 动 作 | | | | | | |
| | | 1 2 3 4 5 6 7 8 | | | | |
| 节 拍 | | 下肢步法 | | 上肢动作 | | |
| 四 | 1～8 | 1左转90°，向左做侧交叉步，4转体180°，接侧交叉步 | | 1～4两臂外展、内收、外展、击掌，5～8同1～4 | | |

# 第十一节　定向越野

## 一、定向运动的起源与发展

定向运动起源于北欧的瑞典。"定向"一词在 1886 年首次被使用。定向越野是定向运动项目中的一种，是在野外自然环境中进行的户外休闲竞技运动。

最初的定向运动只是一项军事训练，即军人们在野外辨别方向、选择道路和越野行进。后来，在瑞典和挪威的军营中，军人们利用军用地图开展了最初的定向运动竞赛。

定向运动从军营走向社会始于 20 世纪初。瑞典的一位童子军领袖吉兰特于 1918 年组织了一次名为"寻宝游戏"的活动，引起了人们极大的兴趣。从此，该项活动在北欧广泛开展起来。1919 年 3 月 25 日，一次影响深远的定向运动比赛在瑞典斯德哥尔摩南部的丛林中举行，当时的参赛人数达到 217 人。这场比赛的组织模式较为完善，规格较高，标志着定向运动作为一项独立的体育项目的诞生。

到了 20 世纪 30 年代，定向运动已在瑞典、挪威、芬兰、丹麦等国有了较好的发展，并于 1932 年举行了第一次世界定向运动比赛。

1943 年，定向运动传入英国。1946 年，定向运动传入美国。在随后的 20 年间，加拿大、澳大利亚、法国、德国等国都相继开展了这项运动。从此，定向运动在西方国家蓬勃发展。

1961 年，国际定向越野联合会（以下简称"国际定联"）在丹麦首都哥本哈根成立。该次会议还确定了正式的比赛项目，制定了一系列的比赛规则和技术规范。国际定联的成立，标志着定向运动进入了崭新的发展时期。

现在，每年一次的世界定向锦标赛发展越来越成熟，影响也越来越大。国际军事体育理事会已将定向运动列为世界军人运动会的正式比赛项目之一。定向运动比赛也是国际大学生体育联合会大力推广的运动项目。

1992 年，中国以"中国定向运动委员会"的名义加入国际定联，成为正式会员。1995 年，"中国定向运动委员会"正式更名为"中国定向运动协会"。2018 年，中国定向运动协会与中国无线电运动协会合并，更名为"中国无线电和定向运动协会"。该协会积极推动定向运动在国内的发展，每年都会在全国范围内组织全国定向运动锦标赛和全国城市定向运动系列赛。赛事的组织工作与国际惯例接轨，裁判规则和技术标准完全按照国际定联颁布的规范实施。目前，定向运动在我国也初具规模，并且呈现出强劲的发展势头。

## 二、定向越野的器材和场地

开展不同等级、不同项目的定向运动，其所需的器材和场地也不尽相同。下面介绍的是个人徒步定向越野所需的基本器材和场地条件，原则上它们也适用于其他定向运动项目。

## （一）器材

### 1. 号码布

号码布的尺寸一般不超过25厘米×25厘米，号码数字的高度不应低于10厘米，字迹要清晰，字体要端正。此外，正规的比赛还要求选手将号码布佩戴于前胸及后背两处。

### 2. 指北针

指北针多由组织者提供，若要求自备，则可能会对其性能、类型做出原则上的规定。当今世界上的指北针类型主要有简单式、液池式、透明式、照准式和电子式。

目前，国际上的定向越野比赛常使用由透明有机玻璃材料制作的指北针。

### 3. 检查卡片

检查卡片主要用于判定运动员的成绩，用厚纸片制成，分为主卡和副卡两个部分。主卡由运动员在比赛中携带，并按顺序将每个检查点的点签图案印在空格中，到达终点时交给裁判人员验证。运动员在出发前须将副卡交给工作人员保管，以备公布成绩时使用。

### 4. 地图

地图是定向越野比赛最重要的工具。它的质量直接影响到运动员比赛的成绩，关系着比赛的公正性和专业性，因此，国际定联专门为国际定向比赛制定了《定向地图国际规范》。

### 5. 检查点标志

检查点用于检验运动员是否按规定跑完全程，为此，应设置专门的检查点标志。组织者应将检查点在地图上准确地标示出来。

检查点标志由三面正方形标志旗连接组成（图9-11-1）。每面小旗沿对角线分开，左上为白色，右下为橙色。小旗的尺寸为30厘米×30厘米，可以用硬纸壳、胶合板、金属板、布等材料制作。标志旗通常要编上代号（国际上过去曾使用数字做代号，现已规定用英文字母），以便选手在比赛时根据旗上的代号来判断自己是否找到了正确的检查点。

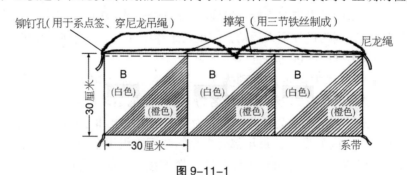

图 9-11-1

### 6. 标志旗的悬挂

标志旗的悬挂高度一般从标志旗上端计算，距地面80～120厘米。（图9-11-2）

### 7. 点签

点签是与检查点配合而起作用的。它提供给运动员一个到达位置的凭据。点签的样式很多，但最常见的还是印章式点签和钳式点签（图9-11-3）。

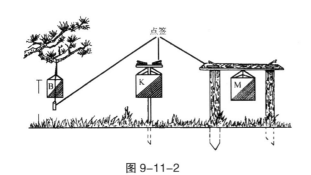

图 9-11-2

图 9-11-3

印章式点签上雕刻有不同的图案或代码，最好选用能自动上印油的印章，否则在比赛时应另备印泥。钳式点签用弹性材料制成，顶端装有钢针；钢针的不同排列，使点签可以印出不同的图案印痕。

除了上述器材，国际定联还制定了一套检查点说明符号，以帮助运动员在某些等级较高或规模较大的比赛中正确地寻找检查点。这些检查点说明符号会在比赛前由主办方提供给运动员。

### （二）场地

#### 1. 比赛区域的地形

地形是地物和地貌的总称。地物是指地面上的固定性物体，如建筑物、道路、河流、树木等。地貌是指地面的高低起伏状态，如山地、丘陵、平地、洼地等。地形对定向越野比赛的难易程度和用时长短有较大的影响，因此要根据比赛需要选择地形。

定向越野比赛区域的地形要求如下。

（1）要有与比赛的等级相适应的难度，并确保运动员在该地形中能够充分发挥自己的定向越野技能。

（2）比赛区域必须是所有选手都不熟悉或不太熟悉的地形，以避免赛区当地的选手因熟悉地形而在比赛中不正当获益。为保证这一点，有的国家规定：三年内不得在同一地点举行第二次比赛。

（3）比赛区域的选择与确定在赛前必须严格保密。通常情况下，合格的定向越野比赛区域应具备以下特点：中等起伏的森林地，植被适度；地形变化多样的有限通视地域；参赛者不熟悉的人烟稀少地区。当然，在组织一般的休闲类定向越野活动时，城市公园、近郊区及未耕种或未长成的田地也是可供选择的地点。

#### 2. 起点和终点

定向越野比赛的起点和终点最好设置在同一处，这样能方便开展比赛的组织工作。起点和终点一般设在地势平坦且面积足够大（与比赛规模相适应）的开阔地上。作为终点通道的地段要平坦并有足够的长度，这样才能让裁判人员和观众看清楚跑回来的选手。

#### 3. 比赛路线

定向越野比赛路线通常按环形设计。定向越野比赛路线的距离只是个相对准确的数字，原因是它是根据从起点经各检查点至终点的图上最短水平距离计算的。比赛路线的距离一般要根据运动员的水平和比赛时间确定。

## 三、国际定向越野地图

### （一）定向越野地图的比例尺

比例尺是地图上重要的参数之一，要想学会识别、使用定向越野地图，首先应了解地图的比例尺。

#### 1. 比例尺的概念

地图上某线段的长度与相应实地水平距离之比，称为地图比例尺。用公式表示：

地图比例尺 ＝ 图上距离／相应实地水平距离

例如，某幅地图的比例尺是 1：10000，若图上两点间距离为 1 厘米，则实地该两点的水平距离应为 10000 厘米，即 100 米。

#### 2. 比例尺与图幅范围

比例尺的大小通常是按比值的大小来衡量的。比值的大小，可按比例尺分母来确定，分母小则比值大，比例尺就大；分母大则比值小，比例尺就小。例如，1：10000 大于 1：15000，1：25000 小于 1：10000。一幅地图，当图幅面积一定时，比例尺越大，其包括的实地范围就越小，图上显示的内容就越详细；比例尺越小，图幅包括的实地范围就越大，图上显示的内容就越简略。比例尺越大，图上量测的精度越高；比例尺越小，图上量测的精度也就越低。国际定联规定，定向越野一般采用 1：15000 比例尺地图，为适应特殊地形的需要，也可使用其他比例尺地图。

#### 3. 实地距离的计算

实地距离可以通过以下方式获得。

（1）用指北针量读。当利用刻有"直线比例尺"的指北针量读时，可根据刻在尺上的数值在图上直接读出相应实地的距离。

（2）根据数字比例尺换算。先用直尺在图上量取两点之间的距离，然后用公式换算。换算的公式：

实地距离 ＝ 图上长度 × 比例尺分母

例如，在比例尺为 1：10000 的定向越野地图上量得某两点间的距离为 3 毫米，则实地水平距离：3 毫米 ×10000=30000 毫米（30 米）。

当量算某两点间的弯曲距离（如公路）时，可将曲线切分成若干短直线，然后分段量算并相加。

（3）用里程表量读。量取两点间的曲线距离时，还可使用专用的里程表。

（4）估算法，又叫心算法或目估法。这种方法在定向越野比赛中最实用。要掌握它，需要具备以下 3 个方面的能力：① 能够目估距离，包括图上的距离和实地的距离。在图上，能够辨别 0.5 厘米以上长度的差异；在实地，目估距离的误差不超过该距离总长度的 1/10，如某两点间的准确距离为 100 米，则目估出的距离应为 90～110 米。② 熟知几种图上常用的尺寸单位与相应实地水平距离的对应关系，如在比例尺为 1：15000 地图上，1 毫米相当于实地 15 米，2 毫米相当于实地 30 米，1 厘米相当于实地 150 米，等等。③ 能够精确地目估高差，包括图上的高差和实地的高差。在图上，能够辨别各种等高距的差异；在实地，目估高差的误差不超过实际高差的 1/10，如某两点间的准确高差为 50 米，则目估出的高差应为 45～55 米。采用目估法时，图上距离越长，估计误差就越大，因此可采用分段目估。

## （二）越野地图的标记

定向越野地图的标记主要分为以下3类。

### 1. 地名注记

在定向越野地图上，地名的标示并不重要，除非地名（包括村镇、河流、高地等）对运动员判定方向和确定站立点有用，否则一般不标示。

### 2. 高度注记

高度注记分为等高线注记（标注在等高线上）、高程注记（地面高程注记常绘有注记点，水面高程注记旁则不绘注记点）和比高注记三种。

### 3. 图外说明注记

定向越野地图的图外说明注记包括比例尺、等高距、图名、图例、出版单位、出版时间、成图方法、用图要求等。由于实地设置了固定的检查点标志，在定向越野常设场地所用的地图上有时印有简易检查卡、检查点说明、赞助商广告等，便于业余爱好者随时使用。

## （三）定向越野地图的符号

识别定向越野地图的符号对于正确地使用定向越野地图是十分重要的。识别符号不能仅靠机械记忆，还需要了解它们的制定原则，了解符号的图形、色彩和表意之间的逻辑联系，这样才能根据符号联想出每一种地面物体的外形、特点和专门功能。

如同其他地形图一样，定向越野地图也要求完整而详细地表示出地貌、水系、建筑物、道路、植被和境界线，即"地图的六大要素"。根据定向越野比赛的特殊需要，国际定联将定向越野地图的符号分成5类。

### 1. 地貌符号

地貌符号用棕色表示。这类符号包括小丘、小洼地、土崖、冲沟、陡坡、土垠等表示地面详细形态的专门符号。（图9-11-4）

### 2. 岩壁、石块符号

岩壁、石块是地貌的特殊形式，它们既可以为读图和确定点位提供有用的参照物，又可以向运动员表明危险或是可奔跑通行的路线。为使岩石与石块符号明显地区别于其他地貌符号，这一类符号使用了黑色。（图9-11-5）

首曲线，示坡线
记曲线，等高线注记
间曲线
土崖（土坎）
高土崖（高土坎）
土垠
冲沟（壕沟）；小冲沟
圆形土堆；狭长土堆
小凹地；土坑/土洞
坑洼地面
突出的特殊地貌

禁止翻越的石崖（岩壁）
可穿越的石崖
岩坑；山洞
石块；大石块；石群
巨石或岩柱
石块地
碎石地
空旷的沙地
裸岩地

图9-11-4          图9-11-5

### 3. 水体、沼泽符号

水体、沼泽符号用蓝色表示。这类符号包括露天的明水系和水生或沼泽。（图 9-11-6）

### 4. 植被符号

植被情况的详细区分和全面表示非常重要。植被情况是按下列基本原则表示的。

（1）白色（空白）表示一般性起伏地上的树林的密度适度，地面上无阻碍行进的灌木丛或杂草丛，可以按正常速度奔跑的地区。

（2）黄色表示空旷的地域，分为空旷地、半空旷地和凌乱的空旷地。

（3）绿色表示树林中密度较大的地区。按可跑性分为：慢跑地区，使正常跑速降低 20% ～ 50%；难跑地区，使正常跑速降低 50% ～ 80%；通行困难地区，使正常跑速降低 80% ～ 100%。上述可跑性的区分均取决于树林的生态，如树种、密度，以及矮树、草丛、蕨类、荆棘、荨麻等的生长情况。（图 9-11-7）

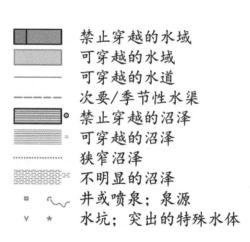

| | |
|---|---|
| 禁止穿越的水域 | 空旷地 |
| 可穿越的水域 | 稀乔木/灌木空旷地 |
| 可穿越的水道 | 凌乱空旷地 |
| 次要/季节性水渠 | 凌乱稀乔木/灌木空旷地 |
| 禁止穿越的沼泽 | 好跑树林 |
| 可穿越的沼泽 | 慢跑植被（含单向好通行植被） |
| 狭窄沼泽 | 通视性好的慢跑矮植被 |
| 不明显的沼泽 | 慢行植被（含单向好通行植被） |
| 井或喷泉；泉源 | 通视性好的慢跑矮植被 |
| 水坑；突出的特殊水体 | 难行植被（含单向好...） |
| | 禁行植被 |
| | 耕地；明显的种植界线 |
| | 果园 |
| | 葡萄园或类似种植区 |
| | 明显的种植界线 |
| | 明显的植被界线 |
| | 突出的大树；突出的灌木或树 |
| | 突出的特殊植被 |

图 9-11-6　　　　　　　　　　　图 9-11-7

### 5. 人工地物

人工地物包括各种道路、房屋、栅栏、境界线等地图符号，使用黑色或棕色表示。（图 9-11-8）

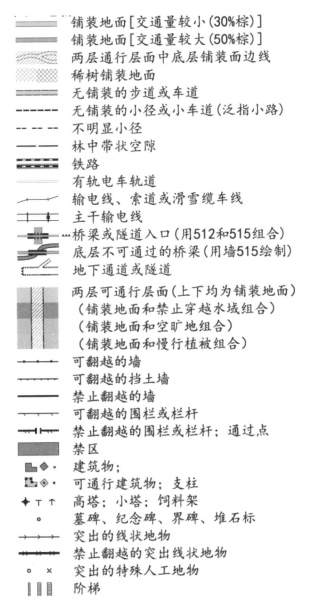

铺装地面[交通量较小(30%棕)]
铺装地面[交通量较大(50%棕)]
两层通行层面中底层铺装面边线
稀树铺装地面
无铺装的步道或车道
无铺装的小径或小车道(泛指小路)
不明显小径
林中带状空隙
铁路
有轨电车轨道
输电线、索道或滑雪缆车线
主干输电线
桥梁或隧道入口(用512和515组合)
底层不可通过的桥梁(用墙515绘制)
地下通道或隧道
两层可通行层面(上下均为铺装地面)
(铺装地面和禁止穿越水域组合)
(铺装地面和空旷地组合)
(铺装地面和慢行植被组合)
可翻越的墙
可翻越的挡土墙
禁止翻越的墙
可翻越的围栏或栏杆
禁止翻越的围栏或栏杆;通过点
禁区
建筑物;
可通行建筑物;支柱
高塔;小塔;饲料架
墓碑、纪念碑、界碑、堆石标
突出的线状地物
禁止翻越的突出线状地物
突出的特殊人工地物
阶梯

图 9-11-8

## （四）定向越野地图上的其他内容

### 1. 磁北线

磁北线（MN线）是地图上表示地磁的方向线。它不仅可以用来标定地图的方向、测量目标的方位角，还可以用于概略地判明行进路线的方向和距离。

磁北线在地图上用 0.175 毫米的黑色平行线表示。在 1：15000 比例尺的定向越野地图上，要求两条相邻磁北线间的距离约相当于实地 500 米；在 1：10000 比例尺的地图上，要求两磁北线间的距离约相当于实地 250 米。要求磁北线在地图上的长度贯通整个赛区。

**2. 比赛路线符号**

比赛路线是指在定向越野比赛前根据设计临时标绘的内容，在较正规的定向越野比赛用图上，比赛路线符号一律用透明紫色表示。对于高等级的比赛，国际定联规定必须在赛前将路线符号加印在比赛用图上，其他等级的比赛则可以用红色圆珠笔手工填绘。

### （五）读图的一般规则

**1. 要完整、正确地理解越野图**

越野图不是地面客观存在的机械反映，而是制图工作者采用取舍、概括、放大、移位等制图方法完成的。因此，越野图上物体的数量、形状、大小、精确位置等与实地并非总是完全一致的，具体体现：① 在多种地物聚集的地方只表示对运动有价值的信息，其他地物通常不表示或仅象征性地选择表示；② 山背上、河岸边的细小凸凹，图上不可能全部表示，仅表示出它们的概略形状；③ 公路、铁路等线状地物，其符号的宽度是放大了的，地图比例尺越小，放大程度越高。这必然引起线状地物两旁其他符号的移位，因此这些符号的位置就不可能十分精确。

**2. 要有选择地了解地图的内容**

读图时不能毫无重点，什么都看，而应有选择地把注意力集中在有助于正确判别方向和准确快速到达目标的内容上。可以先综合扫视一下图上的比赛地域，而后确定需要重点了解的内容，进而获取需要的信息。

**3. 要对各类符号进行综合阅读**

不能孤立地看待地物或地貌的单个符号，而应将它们与地貌和其他地形要素联系起来阅读，即不仅要了解它们的性质，还要了解它们之间的距离、高差等空间位置关系，从而明确这些要素对竞赛的综合影响。

**4. 要注意读图与记图的关系**

读图时，要边理解边记忆，对在竞赛中可能有助于判定方位与确定站立点的各种要素更应如此。优秀的读图能力应是，在比赛中不用频繁地查看地图就能在自己的头脑中清楚地再现从图上得到的信息，并根据记忆快速而准确地确定自己在图上的位置及下一步的运动路线和方向。

**5. 要考虑实地的可能变化**

虽然越野图的测制十分强调现实性，但由于人工或自然的原因造成图上信息与实际地形不符的情况是不可避免的，有时实地地形变化是近期发生的。因此，读图时必须根据图廓外注明的测图时间，考虑图上表现内容落后于实地变化的可能性。一般来说，测图时间距离使用时间越长，图上与实地之间的差异就会越大。

## 四、定向越野的技能

### （一）国际定向越野地图与指北针的使用

地图和指北针是定向越野运动中使用的主要工具。以下重点介绍定向地图和指北针在实地的使用，包括实地判定方位、标定地图、确定站立点在地图上的位置等内容。

### 1. 实地判定方位

实地判定方位是指在实地辨明东、西、南、北方向。了解实地的方位是使用地图的前提。

（1）利用指北针判定方位。将指北针放平，待磁针完全静止后，磁针的红色一端即N端为北面，S端为南面。如果测定方位的人面向北面，则其左为西，右为东，背后为南。

如果想测某一点的方位时，可将指北针上的零刻度对准目标，当磁针静止后，N端所指的刻度便是测量点至目标的方位角度，如磁针N端指向36°，则表示目标在测量位置的北偏东36°。

（2）利用地物判定方位。在野外，凡有地物或植物生长的地方，同样可以根据日常生活习惯和自然客观规律进行方位判定。例如，在北半球，人们居住的房屋或用于朝拜的庙宇大门通常都朝南开设；树木一般朝南的一侧枝叶茂盛，色泽鲜艳，树皮光滑，向北的一侧则相反；长在石头上的青苔喜阴湿，以北面为旺盛；积雪多半是朝南的一面先融化；等等。

（3）利用太阳和手表判定方位。在天气晴朗的日子，上午9时至下午4时，可将手表指示的时间折半后，用折半后时间对准太阳，此时手表上的12时刻度的字头即指向北方。其口诀："时间折半对太阳，12字头对北方"。但是要注意：一是将手表平置；二是在南纬、北纬20°～30°地区的中午前后不宜使用此方法；三是要使用当地时间。

### 2. 标定地图

标定地图就是给地图定向，使地图的方位与实地的方位一致。通过标定地图，就可以将地图上的地物、地貌符号与实地的地物、地貌一一对应。这不仅可以帮助参与者迅速地查看地图，了解实地地物的分布情况、地貌的起伏程度及它们之间的相互关系，还可以帮助参与者根据地图上的路线在实地选择具体的运动路线。这一技能的使用将贯穿整个运动过程。常用的标定地图的方法有概略标定地图、利用指北针标定地图、利用地物标定地图。

（1）概略标定地图。地图上的方位是上北、下南、左西、右东。当人们在实地正确辨别方向后，只要将越野图的上方对向实地的北方，地图即已被标定。这种方法简单易学，是定向越野比赛中最常用的方法。

（2）利用指北针标定地图。定向地图上标有磁北线，磁北线用红色粗线条表示，箭头指向地图的上方。利用指北针标定地图时，通过转动地图，应使指北针上的红色指针与磁北线的方向一致。

（3）利用地物标定地图。

【利用直长地物标定地图】直长地物是指较长的线状地物，如铁路、公路、土垣、沟渠、高压线等。运动员利用路边的沟渠来标定地图时，平移并转动地图，使图上的沟渠与实地的沟渠方向大致重合，地图即已被标定。

【利用明显地形点标定地图】在实地找出一个与地图上地物符号相应的明显地物，如小桥、亭子、独立的建筑等，然后转动地图使图上的站立点至目标的连线与实地的站立点至目标的连线相重合，即可标定地图。

### 3. 确定站立点在地图上的位置

在野外，我们要时刻注意确定自己站立的地点在地图上的位置。这是参加定向越野者必须掌握的一项基本技能。其主要方法：通过标定地图，将地图与现有的地物、地貌进行逐一对照，来确定自己的方位。

（1）直接确定。当自己处在明显地形点上时，只要在图上找出该地形点，即可确定站立点，这是最常用的方法。

（2）利用位置关系来确定。当站立点位于明显地形点附近时，可以利用位置关系来确定站立点。利用位置关系确定站立点主要是依据两个要素：一是站立点至明显地形点的方向；二是站立点至明显地形点的距离。在地形起伏明显的地方，还可以结合高差情况进行判定。

（3）利用交会法确定。当站立点附近无明显地形点时，可以利用交会法确定站立点位置。按不同情况，它又可以具体分为90°法、截线法、连线法、后方交会法和磁方位角交会法。这些方法的优点是不需要判断或测量距离也能确定出较为准确的站立点位置。下面介绍3种常用的方法。

当运动员站在线状地物上时，可以利用90°法、连线法来确定站立点。若无线状地物可用，还可用后方交会法来确定站立点。

【90°法】当待测点位于线状地形（如沟渠、谷底线、山背线等）时，若在与运动方向相垂直的方向上有一个明显的地形点，则线状地形符号与垂直方向线的交点即为站立点。

【连线法】当运动员在线状地物上运动，同时待测的位置恰好是在某两个明显地形点的连线上时，可以利用连线法确定站立点的位置。

【后方交汇法】若在待测点上无线状地物可利用，地图与实地相应地都有两个以上的明显地形点，且地形较开阔、视线良好，则可以采用后方交会法确定站立点。例如，在地图上取一个山顶为标志，与实地相应山顶在地图上做一直线，再将地图上的树丛与实地相应的树丛在地图上做一连线，两条直线的交会点就是站立点。

## （二）合理选择比赛路线

定向地图上各检查点的连线是显示方位的直线，然而参赛者沿这条方位直线前进，一般是不可能直接到达目的地的，必须依照地图上各种符号和色彩的提示选择路线。不同的人，技术水平不同，体能状况不同，所选择的路线也不尽相同。

### 1.选择路线的标准

省体力、省时间，最稳妥、最能发挥自己的特长，尽量不失误或减少失误，顺利完成赛程并最终夺取胜利，是选择路线的基本标准。

### 2.选择路线的原则

（1）充分利用道路，坚持"有路不越野"的原则。

（2）对于地形起伏不大、树林稀疏可跑的地段，坚持"选近不选远"的原则。

（3）对于地形起伏较大、树林密集、障碍大的地段，坚持"统观全局，提前绕行"的原则。

（4）坚持"依线又依点"的原则。